H. Larrey

HISTOIRE
DE
L'EXPÉDITION DE RUSSIE.

HISTOIRE

DE

L'EXPÉDITION DE RUSSIE.

Par M. *****

AVEC UN ATLAS, UN PLAN DE LA BATAILLE DE LA MOSKWA,
ET UNE VUE DU PASSAGE DU NIÉMEN.

Quæ priores eloquentiâ percoluêre rerum fide tradentur.
TACITE, *Vie d'Agricola.*

TOME SECOND.

A PARIS,

CHEZ PILLET AINÉ, IMPRIMEUR-LIBRAIRE,
RUE CHRISTINE, N° 5;

ET CHEZ ANSELIN ET POCHARD, LIBRAIRES,
rue Dauphine, n° 9.

1823.

HISTOIRE DE L'EXPÉDITION DE RUSSIE.

SUITE DU LIVRE II.

Malgré l'espoir que nourrissait Napoléon, il se prépara à commencer sa retraite si la négociation entamée n'avait pas le résultat qu'il en attendait. D'abord, il forma le projet de se retirer directement sur Smolensk, après avoir détruit toutes les ressources qui se trouvaient encore dans Moskou et aux environs; la crainte de ne pouvoir nourrir son armée sur une route dévastée le fit renoncer à ce projet. Il se décida ensuite à se retirer sur Witepsk avec la majeure partie de ses forces, en passant par Woloklamsk, Zubtzow et Biéloi; le reste de l'armée aurait effectué sa retraite sur Smolensk. Pouvant dérober plusieurs marches à son adversaire, et trouver des vivres sur une route nouvelle, il est probable que la partie de son armée qui l'aurait suivi n'aurait souffert que des fatigues,

occasionées par la rapidité des marches, la continuité des bivouacs et la rigueur de la saison. Wintzingerode, qui se trouvait de ce côté, aurait été surpris, et n'ayant point d'infanterie (*a*), n'aurait pu que harceler l'armée avec sa cavalerie. Tous les ordres de mouvement furent écrits, et Murat reçut l'ordre de faire reconnaître le débouché qui pouvait le conduire sur Mojaïsk. « Il est bien important, lui
» mandait Napoléon, de procurer à vos trou-
» pes pour plusieurs jours de vivres. Il y a à
» Moskou mille quintaux de farine, et beau-
» coup d'eau-de-vie à votre disposition ; ordon-
» nez que toutes les voitures dont vous pour-
» rez disposer viennent prendre ces provi-
» sions (*b*). »

Napoléon abandonna bientôt le plan de retraite sur Witepsk, et se décida à se porter sur Kaluga, pour se retirer de là sur Smolensk. Il

---

(*a*) Il avait eu d'abord trois mille recrues d'infanterie ; mais ils rejoignirent l'armée de Kutusof.

(*b*) La lettre dans laquelle Napoléon donnait ces ordres à Murat est du 14 à dix heures du soir. Ce qui était relatif aux vivres était inexécutable, parce que Murat n'avait pas à sa disposition une assez grande quantité de voitures pour ce genre de service ; aussi, quoiqu'il eût déjà fait venir quelques petits convois de vivres de Moskou, une partie de ses troupes n'en étaient pas moins réduites à manger du cheval.

fit donc commencer l'évacuation des blessés. La division Broussier, du corps d'Eugène, et la cavalerie légère de ce corps furent envoyés à Fominskoé (15 octobre). Junot reçut l'ordre de brûler, sans qu'on s'en aperçût, les fusils qui étaient en dépôt à l'abbaye de Kolotskoi, et de se préparer à faire sauter les caissons de munitions qu'il ne pourrait faire atteler. Il devait aussi retenir toutes les troupes qui arriveraient de Smolensk, et se tenir prêt à évacuer Ruza, Mojaïsk et l'abbaye de Kolotskoi, du 20 au 22 octobre. Baraguay-d'Hilliers reçut l'ordre de partir de Smolensk le 21, pour se rendre à Jelnia, avec sa division, et y établir des magasins de vivres. Le 17, on distribua, pour la première fois, du cuir, du linge, du pain et de l'eau-de-vie (*a*). Tandis que Napoléon prenait ces dispositions, il passait en revue les corps stationnés dans Moskou, et leur distribuait de l'avancement et des décorations. Ces faveurs, après quelque repos, indiquaient ordinairement que les opérations militaires allaient reprendre toute leur activité. Ce conquérant excitait ainsi l'émulation parmi ses troupes au moment même

---

(*a*) Cette distribution était tardive, celle du cuir surtout, car il fallait du tems pour en tirer parti.

où elles allaient avoir l'occasion de se distinguer. Il passait une de ces revues, le 18 octobre, lorsqu'il reçut une dépêche de Murat, qui lui apprenait qu'au point du jour, au moment où il s'y attendait le moins, Kutusof venait de l'attaquer avec la totalité de ses forces. La revue cessa à l'instant, et Napoléon donna sur-le-champ l'ordre de départ. L'armée fut bivouaquer, le soir même, sur la vieille route de Kaluga; elle y occupait plus d'une lieue. Les corps étaient rangés dans l'ordre suivant, qui était celui de la marche pour le lendemain : celui d'Eugène, désigné pour faire l'avant-garde, celui de Davout, la vieille garde et celui de Ney, qui marchait à l'arrière-garde. Mortier fut, comme précédemment, chargé de la défense de Moskou. Il ne lui fut laissé que la division Laborde, les cavaliers démontés, et cinq cents chevaux. Napoléon lui ordonna de s'établir dans le Kremlin, d'y réunir pour un mois de vivres, et de travailler avec la plus grande activité à en achever l'armement. Il devait réunir tous les malades à l'hôpital des Enfans-Trouvés, et les faire garder, ainsi que les magasins, par de forts détachemens. « De-
» main, écrivait Napoléon à Berthier, quand
» l'armée sera partie, il (Mortier) fera faire,

» par la municipalité (*a*), une proclamation
» pour prévenir les habitans que les bruits d'é-
» vacuation sont faux; que l'armée se porte
» sur Kaluga, Tula et Bransk, pour s'emparer
» de ces points importans et des manufactures
» d'armes qui s'y trouvent, engager les habi-
» tans à maintenir la police, et empêcher qu'on
» ne vienne achever la ruine de la ville. » Ce
fut ainsi, et après être resté trente-quatre jours
dans Moskou, que Napoléon quitta cette capitale, cherchant à persuader que son absence ne
serait que momentanée; son départ fut hâté
de quelques jours par l'attaque inopinée de Kutusof.

La principale cause d'une prolongation de
séjour si extraordinaire, fut, ainsi que je l'ai
fait connaître, la persuasion qu'Alexandre allait
traiter de la paix; mais sa confiance dans sa
fortune et dans son armée, les idées inexactes
qu'il s'était formées de la nation russe, un tems
magnifique à une époque où il est ordinairement
pluvieux, y contribuèrent aussi (*b*). Il faut en
outre remarquer que, quoique d'une activité

(*a*) La municipalité cessa d'exercer le jour du départ de l'armée. Presque tous les membres qui la composaient suivirent l'armée française.

(*b*) Il n'y eut presque point de pluies à une époque où il en

sans égale à la guerre, lorsqu'il s'était arrêté, il aimait à attendre les événemens, prêt à saisir la première occasion favorable. Il lui coûtait d'abandonner Moskou, sans que la possession de cette capitale, sur laquelle il avait fondé de si grandes espérances, lui eût procuré le moindre avantage; semblable, sous certains rapports, à ces joueurs qui finissent par se ruiner entièrement en cherchant à regagner ce qu'ils ont perdu (a).

tombe ordinairement assez pour rendre les chemins en quelque sorte impraticables.

(a) Je ne parle point de l'espoir que la Suède et la Turquie déclareraient la guerre à la Russie quand elles apprendraient l'entrée de l'armée française à Moskou, puisque Napoléon sut dans les premiers jours d'octobre que ces deux puissances s'en tenaient avec la Russie à l'exécution des derniers traités. Il s'était flatté aussi que les Tatars et les Kosaques se révolteraient; c'était peu connaître l'état auquel ces peuples se trouvent réduits.

L'on m'a assuré que Murat avait mandé à plusieurs reprises à Napoléon que les Kosaques qui se trouvaient dans l'armée russe allaient abandonner cette armée et se ranger sous ses drapeaux. Il est difficile de deviner sur quels fondemens reposait un pareil espoir, car assurément ils ne ménageaient point la cavalerie de Murat.

Depuis son départ de Paris jusqu'à son départ de Smolensk, Napoléon montra cette activité extraordinaire tant physique que morale qui lui était habituelle. Mais depuis son départ de Smolensk jusqu'à son départ de Moskou, il sembla tout-à-fait changé sous ce rapport,

LIVRE II.

Kutusof, convaincu qu'il ne pouvait espérer de tenir Napoléon plus long-tems dans l'erreur, s'était décidé à attaquer inopinément Murat. Tout lui avait été favorable dans cette entreprise : l'infériorité des forces de son adversaire, sa sécurité, sa position hasardée, à trois journées de l'armée de Napoléon, et jusqu'au relâchement qui s'était introduit dans le service, par suite de l'armistice de fait qui existait depuis quelques jours.

Les deux généraux occupaient les mêmes positions depuis le 4 octobre. Mais l'armée du général russe, qui à cette époque ne comptait que soixante-six mille hommes de troupes régulières, s'élevait actuellement à plus de cent mille hommes, tandis que celle de Murat n'en comptait plus que vingt mille, parmi lesquels il y avait huit mille hommes de cavalerie, dont les chevaux étaient dans un très-mauvais état (*a*).

A dix-huit lieues de Moskou, et sur la vieille route de Kaluga, on trouve le village de Win-

---

(*a*) L'on se souvient que Murat avait sous ses ordres le corps de Poniatowski, la division Claparède, la division Dufour, la cavalerie légère des premier et troisième corps, et les quatre corps des réserves de cavalerie commandés par les généraux Nansouty, Sébastiani, Saint-Germain et Latour-Maubourg.

kowo; il est situé sur la rive gauche de la Tchernischna, ruisseau qui se jette, à une demi-lieue de là, dans la Nara. Cette rivière, après avoir reçu la Tchernischna, coule pendant près de deux lieues sur la droite, et à une faible distance de la route, puis elle reçoit le ruisseau d'Istia, et changeant tout à coup de direction, elle traverse la route au bourg de Tarutino, qu'elle laisse à gauche.

Kutusof s'était retranché en arrière de la Nara et de l'Istia; il avait conservé un pont à Tarutino, où il avait placé une division d'infanterie, et il occupait avec de la cavalerie une partie du terrain compris entre la Tchernischna et la Nara, et celui qui est situé au delà de l'Istia.

Murat avait pris position sur les bords de la Tchernischna, depuis l'embouchure de ce ruisseau jusqu'au village de Tétérinka. Il avait placé en avant du ruisseau la division Claparède, qui occupait Winkowo; à droite de ce village était une division de cavalerie, dont les postes s'étendaient jusqu'à la Nara, et à gauche, une autre division de cavalerie; le corps de Poniatowski campait à gauche de cette dernière division, à une demi-lieue de Winkowo; et le corps de cavalerie de Sébastiani occupait Tétérinka; en arrière du ruisseau l'on trouvait, à droite de la route, le corps de cavalerie de Saint-Germain (*a*); à gauche, la division Dufour; et plus loin, le corps de cavalerie de Nansouty. Celui de Latour-Maubourg était placé en observation, une lieue en arrière de la droite, entre la route et la Nara. Murat avait établi son quartier général entre la division Dufour et le corps de Nansouty. Les avant-postes, depuis la Nara jusque vis-à-vis de Poniatowski, étaient distans d'environ une demi-lieue de la Tchernischna; devant Sébastiani, ils étaient très-rapprochés, à cause d'un bois assez étendu (*b*) que les Français n'occupaient point; de ce bois les Russes pouvaient distinguer facilement tout ce qui se passait dans le camp de Sébastiani. Déjà, le 7 octobre, des Kosaques l'avaient attaqué; mais en très-petit nombre, et ils avaient été repoussés. L'on voit que la gauche de Murat était tout-à-fait en

---

(*a*) Les deux divisions à droite et à gauche de Winkowo étaient détachées des corps de Saint-Germain et de Nansouty. Saint-Germain avait remplacé Lahoussaye, dont il était l'ancien, dans le commandement du troisième corps.

(*b*) Ce bois avait peu de largeur.

l'air, circonstance qui pouvait lui devenir d'autant plus funeste, qu'une lieue en arrière de Winkowo, près du village de Spas-Kuplia, la route entrait dans un défilé formé par le rapprochement de deux bois, et que Tétérinka se trouvait plus près de ce défilé que Winkowo. On comptait deux lieues de Tétérinka à l'embouchure de la Tchernischna, position d'une étendue hors de proportion avec les troupes chargées de la défendre ; à la vérité cent quatre-vingt-sept bouches à feu (*a*) étaient attachées au petit corps d'armée de Murat; mais une quantité d'artillerie aussi disproportionnée avec le nombre des troupes, loin d'être avantageuse, ne pouvait que causer de grands embarras.

L'armée de Kutusof était composée des mêmes corps qui avaient combattu à la bataille de la Moskwa (*b*), et augmentée de quelques

(*a*) Le nombre des bouches à feu était à peu près le même qu'au commencement de la campagne, tandis que le nombre des soldats était bien diminué.

(*b*) L'on se souvient qu'à cette bataille l'armée russe était composée des 2e, 3e, 4e, 5e, 6e, 7e et 8e corps d'infanterie, des 1er, 2e, 3e, 4e, 5e et 6e corps de cavalerie, et du corps de Kosaques de Platof. Deux des corps de cavalerie étaient détachés ; ainsi, pour le moment, l'armée de Kutusof ne comptait que quatre corps de cavalerie.

régimens de Kosaques et de milices. Ce général, ayant fait construire plusieurs ponts à Spaskoé, une lieue au dessous de Tarutino, fit passer la totalité de son armée sur la rive gauche de la Nara, pendant la journée du 17 octobre et la nuit du 17 au 18. Platof, réunissant sous son commandement le premier corps de cavalerie et les meilleurs régimens de Kosaques, appuya à droite, et se dirigea de manière à déborder entièrement la gauche de Murat. Bagawout et Strogonof (a) devaient attaquer cette gauche de front pour seconder Platof; le bois qui couvrait cette partie de la position, et qui n'était point gardé, favorisait tellement ces mouvemens, que Murat n'en eut pas connaissance. Le reste de l'armée russe était rangée sur plusieurs lignes, la gauche appuyée à la Nara, la droite s'étendant derrière le bois dont je viens de parler.

Au point du jour Platof déboucha du bois, en arrière de la gauche de Murat, et lança une partie des Kosaques sur le corps de Sébastiani, qui, ayant été surpris, perdit ses bagages, son

(a) L'on sait que Bagawout commandait le deuxième corps d'infanterie; Strogonof avait remplacé dans le commandement du troisième Tutchkof, tué à la bataille de la Moskwa. Beningsen avait reçu le commandement de ces deux corps.

artillerie et une partie de ses troupes. Dans le même tems les Russes attaquaient sur le reste de la ligne; mais les avant-postes, y étant plus éloignés des troupes, elles eurent le tems de prendre les armes. Platof, avec le premier corps de cavalerie et ce qui lui restait de Kosaques, se dirigea sur Spas-Kuplia, pour s'emparer du défilé, seule retraite de Murat. Bagawout passa la Tchernischna à Tétérinka, et se dirigea sur la grande route entre Winkowo et Spas-Kuplia; Strogonof le suivait immédiatement. A gauche de Bagawout, Osterman (*a*) traversait le ruisseau à la suite de Poniatowski, qu'il avait attaqué; et plus loin, trois corps de cavalerie et une division de grenadiers et chasseurs le franchissaient également; un de ces deux corps à droite de Winkowo, les deux autres corps et la division de grenadiers et chasseurs à gauche de ce village, pour tourner la droite des Français. Toutes les troupes qui occupaient les bords de la Tchernischna avaient effectué précipitamment leur retraite, moins par suite de l'attaque de front qu'elles avaient essuyée, qu'à cause de celle que les Russes dirigeaient

(*a*) L'on se souvient que ce général commandait le quatrième corps d'infanterie.

sur leurs derrières. Si Murat ne parvenait point à arrêter le mouvement des deux corps de Bagawout et de Strogonof, sa situation devenait désespérée; il le sentit, et ce courage plus impétueux que réfléchi, qui ne l'abandonnait jamais, le servant mieux que n'aurait pu le faire tous les conseils de la prudence, il se précipite avec les carabiniers sur la tête de la colonne de Bagawout, et la renverse. Le général russe, surpris d'une attaque aussi vigoureuse qu'imprévue, s'arrêta, et engagea un feu d'artillerie. Dès lors Murat devint maître de ses mouvemens, et put mettre de l'ordre dans sa retraite. Platof s'était emparé du défilé; Claparède et Latour-Maubourg l'en chassèrent, et rétablirent la communication. La retraite s'effectua, non sans éprouver de grandes pertes, mais plus heureusement que les commencemens du combat n'auraient pu le faire espérer. Murat perdit beaucoup de bagages, trente-six bouches à feu et une partie de sa cavalerie (*a*). Cinq des corps d'infanterie de l'armée russe n'avaient point passé la Tchernischna. Kutusof se

(*a*) On sent quel effet une journée aussi pénible, sans prendre de nourriture, dut produire sur des chevaux déjà épuisés par les privations et les fatigues; aussi eut-elle, pour ces animaux, des suites très-funestes.

contenta de faire suivre Murat par Platof; le reste de son armée se réunit sur la rive gauche de la Tchernischna, où elle bivouaqua. Le général russe, loin de mériter des louanges pour le succès qu'il venait d'obtenir, est blâmable d'avoir laissé échapper le corps de Murat. S'il eût dirigé sur Spas-Kuplia, à la suite de Platof, deux des cinq corps d'infanterie, qu'il ne put utiliser, et qui restèrent sur la rive gauche de la Tchernischna, c'en était fait du corps français. Que si seulement Strogonof eût exécuté ce mouvement au lieu de suivre Bagawout, Kutusof pouvait espérer ce même résultat, puisque la force de chacun des corps d'infanterie de l'armée russe était à peu près égale à la totalité de l'infanterie de Murat.

Avant que de continuer, et pour ne plus interrompre le récit d'opérations qui s'annonçaient sous un aspect si imposant, je vais faire quelques réflexions sur celles qui les avaient précédées (a). J'ai fait voir que Kutusof, au lieu d'attendre Napoléon dans une position dé-

---

(a) Pour bien apprécier les réflexions que je vais faire, il ne faut point perdre de vue que la prolongation du séjour de Napoléon à Moskou, événement si heureux pour les Russes, ne pouvait même être soupçonnée par Kutusof, puisqu'elle était hors de toutes les probabilités.

fensive, aurait dû profiter des avantages incalculables que lui offrait, dans la situation où il se trouvait alors, une offensive brusque et inattendue. La bataille de la Moskwa reçue et perdue, il n'aurait pas dû se retirer sur Moskou, comme il le fit, surtout dans l'état de désordre où sa retraite nocturne avait mis son infanterie : si Napoléon avait été instruit de cette circontance, il l'aurait poursuivi sans relâche, et aurait pris dans Moskou une grande partie de ce qui lui restait d'infanterie (*a*). Pouvant alors s'étendre jusqu'à Kaluga, et communiquer directement de cette ville avec Smolensk et Mohilow, il se serait établi dans l'intérieur de la Russie.

Kutusof, après avoir laissé sur la route de Moskou un corps d'infanterie, un de cavalerie et le tiers de sa cavalerie irrégulière, aurait dû se retirer, par Wéréia et Borowsk, sur Kaluga, le plus lentement possible. Dans le même tems il aurait dirigé deux détachemens (*b*) sur

---

(*a*) L'on a vu que l'on fit dans cette capitale un grand nombre de prisonniers, quoique Kutusof eût eu le tems de remettre de l'ordre dans son infanterie.

(*b*) Ces détachemens auraient dû être composés chacun de quatre à cinq mille hommes d'infanterie, de quinze cents à deux mille hommes de cavalerie, de douze bouches à feu,

les communications de Napoléon, ce qui ne pouvait éprouver aucun obstacle, puisque ce conquérant n'occupait que la seule route de Smolensk (*a*). Ils auraient suivi des chemins de traverses, et pour la facilité de la marche, l'un aurait pris à droite, l'autre à gauche de la route de Smolensk; ils se seraient portés sur différens points de cette route, selon les localités, et y auraient détruit les convois de munitions, dont on ne pouvait se passer, puisque les corps d'armée avaient épuisé presque toutes les leurs à la bataille de la Moskwa. Ils auraient aussi détruit les convois de vivres, ceux de bagages, et attaqué les détachemens qui rejoignaient, ainsi que ceux qui tenaient garnison dans les lieux d'étapes (*b*); enfin ils auraient empêché que l'on ne fût à la maraude dans les lieux où ils se trouvaient. Si Napoléon avait détaché des troupes à leur poursuite, ils se seraient retirés dans

---

dont six d'artillerie à cheval, et de deux régimens de Kosaques.

(*a*) Il faut cependant excepter le point où il se trouvait, puisque les deux corps qu'il faisait marcher sur ses flancs s'éloignaient depuis une lieue jusqu'à trois de la grande route, plus ou moins, selon les localités.

(*b*) La plupart de ces convois n'étaient que peu ou point escortés, et une partie des détachemens qui tenaient garnison dans les lieux d'étapes, étaient de moins de cent hommes.

l'intérieur des terres, par le chemin de traverse le plus rapproché, se faisant couvrir par leur cavalerie, et auraient reparu bientôt après sur un autre point, où ils auraient attaqué de nouveau les convois et les détachemens.

Pour assurer les communications, il aurait fallu laisser dans chaque étape trois mille hommes, qui auraient été obligés de s'y retrancher, et ne faire marcher que des convois de cinq mille hommes au moins avec du canon. Napoléon ne pouvait détacher de son armée une aussi grande quantité de troupes; il aurait donc été obligé de se replier sur Smolensk (*a*). Loin que Kutu-

---

(*a*) L'on doit se souvenir que Dorochof, qui avait au plus deux mille hommes d'infanterie, avait forcé Napoléon à envoyer une division d'infanterie, les chasseurs de sa garde et de l'artillerie à trois lieues et demie de Moskou, et trois lieues et demie plus loin, mille hommes d'infanterie, les dragons de la garde et de l'artillerie. Quoiqu'il eût fait beaucoup de mal à Napoléon, je pense qu'il pouvait lui en faire encore davantage s'il eût été moins timide; sa seule entreprise hardie fut l'attaque de Wéréia, qui réussit.

Si Napoléon se fût arrêté à Smolensk, et qu'on eût émis l'opinion qu'il aurait pu se diriger directement de cette ville sur Moskou avec toute son armée réunie sur la grande route qui y conduit, et sans avoir détruit l'armée russe, l'on aurait été taxé de folie, et avec raison. Il fallait, pour que Napoléon parvînt à pénétrer jusqu'à Moskou, que son adversaire manquât à toutes les dispositions qui auraient pu l'en empêcher.

sof eût employé ces moyens, si simples et si faciles, pour forcer son adversaire à la retraite, il ne fit gêner sa communication depuis Mojaïsk jusqu'à Smolensk, que par quelques faibles détachemens de cavalerie. Aussi pas un seul des détachemens d'infanterie laissés dans les lieux d'étape ne fut enlevé. Ces dispositions auraient été encore plus efficaces si Kutusof se fût retiré jusqu'à Mojaïsk sans combattre (*a*). On ne saurait néanmoins lui reprocher d'avoir livré la bataille de la Moskwa, puisque le vœu de la nation et de l'armée l'y avaient en quelque sorte contraint. Napoléon était tellement convaincu qu'il ne pouvait continuer à s'éloigner de Smolensk, si Kutusof se portait sur ses communications, qu'après avoir dépassé Mojaïsk, il arrêta brusquement ses corps d'armée, parce que n'ayant point de nouvelles de ce général, il craignait qu'il ne se fût retiré sur Kaluga, où qu'il ne se fût porté sur ses communications avec la totalité ou une partie de son armée. De nos jours, la nécessité des munitions et la grande consommation qu'on en fait, force à entretenir une communication non interrom-

(*a*) Alors seulement l'armée étant beaucoup plus forte, on aurait porté l'infanterie des détachemens dont je viens de parler à huit ou dix mille hommes.

pue avec ses dépôts. Chez les anciens, cela était avantageux, mais n'était point indispensable : Xénophon, quoiqu'entièrement privé de communications avec la Grèce, quoique séparé d'elle par de vastes pays ennemis, pouvait espérer de la revoir, et se promettre la victoire tant que ses soldats conservaient leur courage et leurs armes.

Kutusof, décidé à se retirer sur Moskou, fit sagement de commencer des retranchemens (23) comme s'il eût voulu recevoir une nouvelle bataille; il pouvait espérer que cette démonstration déciderait Napoléon à se retirer : rien au contraire ne saurait justifier sa retraite sur Riazan, au travers de Moskou, et sa marche autour de cette capitale pour venir occuper la route de Kaluga. Il laissa ainsi cette route pendant plusieurs jours à la disposition de son adversaire, et s'exposa à être attaqué pendant une marche de flanc, exécutée à une trèspetite distance de l'armée française. Que si, comme il a été dit, son but était d'enflammer le courage des siens en les remplissant d'indignation et de rage par la vue du désastre de Moskou, il est plus blâmable encore, d'abord parce qu'aucunes considérations ne doivent faire faire de fausses marches qui peuvent avoir des résultats désastreux; ensuite parce que les effets d'un pareil spectacle sur les troupes devaient être entièrement opposés (24) à ceux qu'il espérait en obtenir. Etait-ce donc pour enflammer le courage du soldat romain, qu'Annibal, avant les batailles de la Trébie et du Trasimène, mit tout à feu et à sang autour des armées romaines, et qu'il renouvela depuis les mêmes excès aux portes de Rome, à la vue d'une armée consulaire qui n'osa s'y opposer?

Kutusof, s'étant décidé à abandonner Moskou sans livrer une nouvelle bataille, aurait dû prendre avec son armée la vieille route de Kaluga, en tournant autour de Moskou, et faire retirer son arrière-garde seulement par cette capitale, et de là sur Kolomna, pour tromper Napoléon sur la véritable direction de sa retraite. Arrivé à Desna, il aurait gagné, par un chemin de traverse, la nouvelle route de Kaluga (a), pour prendre position à Borowsk : dans le même tems, il aurait envoyé sur Mojaïsk, par Wéréia, un corps assez nom-

---

(a) Kutusof n'aurait pu se retirer directement par la nouvelle route de Kaluga, puisque Poniatowski l'occupait alors à quelques lieues de Moskou.

LIVRE II.

breux pour s'en emparer (*a*); Wintzingerode aurait secondé cette opération. Par suite de ces dispositions, Mojaïsk serait tombé au pouvoir de Kutusof le 21 ou le 22 septembre. L'armée de ce général s'élevait alors à soixante-dix mille hommes; celle de Napoléon à quatre-vingt-dix mille (*b*), sans y comprendre plus

---

(*a*) Le corps de Junot, qui occupait Mojaïsk, était d'environ mille hommes.

(*b*) Voici quelle était la situation de l'armée à l'époque du 20 septembre; elle est extraite d'un rapport adressé le 28 septembre par Berthier à Napoléon :

	hommes.
L'infanterie de la vieille garde, d'après une feuille d'appel du 20 septembre.	4,831
Les 1re, 3e et 5e divisions du 1er corps, *idem*.	13,821
Le 3e corps d'armée, non compris la cavalerie légère, *idem*.	6,243
Le 5e corps d'armée, *idem*.	6,923
Le 1er corps des réserves de cavalerie, *idem*.	2,721
Le 2e *idem* et la cavalerie légère du 3e corps, *idem*.	4,263
Le 4e *idem* des réserves de cavalerie, *idem*.	1,775
Total.	40,577

Les autres feuilles d'appel au 20 septembre n'étant pas parvenues, on y a suppléé en prenant les présens sous les armes, suivant les états de situation ou par des évaluations approximatives.

SAVOIR :

	hommes.
Le corps de Mortier, état du 26 septembre.	9,875
La cavalerie de la garde, environ.	4,000
Le 4e corps d'armée, état du 20 septembre.	27,326

de vingt mille blessés ou malades (*a*); mais les chevaux de sa cavalerie étaient tellement épui-

	hommes.
D'autre part.	41,201
La 4ᵉ division du 1ᵉʳ corps, état du 20 septembre.	4,997
La 2ᵉ division du 1ᵉʳ corps et la cavalerie légère de ce corps, environ.	6,000
Le 3ᵉ corps des réserves de cavalerie, environ. . .	3,000
Total.	55,198
D'autre part.	40,577
Total général.	95,775

Ainsi, l'armée qui était sous les ordres immédiats de Napoléon, s'élevait encore à quatre-vingt quinze mille sept cent soixante-quinze hommes présens sous les armes, dont environ dix-sept mille de cavalerie; mais si l'on fait attention que l'état que nous venons de donner comprend indubitablement un grand nombre de blessés et de malades qui étaient restés avec leurs régimens, on en conclura que le nombre des combattans, à l'époque du 20 septembre, ne devait pas s'élever à plus de quatre-vingt-dix mille. Par cette même raison, j'ai porté à vingt mille le nombre des blessés et malades, quoiqu'il n'y en eût alors qu'environ quinze mille dans les hôpitaux de Moskou.

L'on se souvient que l'armée avait été renforcée depuis la bataille de la Moskwa par la division Pino, du quatrième corps, et par la division Laborde, de la jeune garde. Il était aussi arrivé quelques régimens de marche.

L'on a pu remarquer que le corps de Junot et les blessés et malades qui étaient à Mojaïsk, ou plus en arrière, ne sont pas compris dans l'évaluation ci-dessus.

(*a*) Lorsque le repos et les excès succèdent aux fatigues et aux privations, il en résulte un grand nombre de maladies,

LIVRE II.

sés qu'elle ne pouvait plus tenir tête à celle des Russes. L'armée, d'ailleurs, n'était point encore rétablie de ses fatigues ; elle n'avait de munitions que pour une seule bataille ; sa marche était embarrassée par six cent sept bouches à feu, et deux mille quatre cent cinquante-cinq voitures d'artillerie (a) qu'elle traînait à sa suite, et par plus de cinq mille voitures de bagages, d'équipages militaires, de vivres et de luxe. C'est dans cet état de choses que Napoléon, coupé de ses communications, entouré par la cavalerie ennemie, aurait été obligé de quitter brusquement Moskou. Il aurait pu se porter sur Borowsk, ou sur Mojaïsk, ou se retirer sur Witepsk par Woloklamsk, Zubtzow et Biéloi. Dans le premier cas, il aurait

---

(a) J'ai évalué approximativement la force de la partie du parc général qui était à Moskou, n'ayant pu me la procurer exactement, à deux bouches à feu et trois cents voitures. L'état des bouches à feu de l'armée de Moskou, le 7 octobre, était le suivant :

Pièces de 12.	58	
Idem de 6	264	
Idem de 4	52	servies par l'artill. de la jeune garde.
Idem de 3	122	servies par l'artillerie régimentaire.
Obusiers de 6 pouc. 4 lig.	10	
Idem de 5 pouc. 6 lig. . .	119	
Total.	605	

eu en tête l'armée russe, et sur son flanc droit un corps qui occupait sa seule communication directe.

Dans le second cas, il aurait trouvé toute l'armée russe réunie à Mojaïsk, puisque Borowsk est moitié moins éloigné de cette ville que Moskou. Kutusof aurait fait rétrograder un corps, par la grande route, jusqu'à Wiazma, et se serait dirigé sur cette ville avec son infanterie, par des chemins de traverse qui se trouvent de chaque côté de la route ; toute sa cavalerie aurait été employée à harceler Napoléon, et à empêcher ses troupes de s'écarter de la grande route, afin de les affamer.

Dans le troisième cas, Napoléon pouvait gagner une, deux ou trois marches sur Kutusof, selon l'époque à laquelle ce général aurait été instruit, et la promptitude avec laquelle il aurait pris sa résolution. Ce dernier parti était le seul qui offrît des chances de salut ; mais il aurait fallu marcher avec une grande rapidité ; ce qui aurait exigé le sacrifice d'une partie des voitures et peut-être d'une partie de l'artillerie.

Si Kutusof devait se diriger sur Borowsk pour y prendre position immédiatement après avoir abandonné Moskou, il le devait, à plus forte raison, lorsqu'il eut atteint Krasnopachra, au lieu de se retirer, comme il le fit, jusque derrière la Nara. En prenant cette dernière position, il laissait à son adversaire la facilité de se retirer par la route de Witepsk que nous avons désignée, ou par la route de Smolensk. Ainsi Napoléon pouvait effectuer sa retraite sans éprouver d'autres malheurs que de grandes pertes en hommes et en chevaux, qu'il aurait facilement réparées. Par une fatalité dont les événemens militaires offrent quelques exemples, les fautes de Kutusof tournèrent à son avantage, à cause de l'opiniâtreté avec laquelle Napoléon prolongea son séjour à Moskou; et si, après le combat de Winkowo, le général russe se fût dirigé à marches forcées sur Moskou, par les deux routes de Kaluga, pour resserrer Napoléon de manière à l'empêcher de lui dérober une seule marche, et qu'en même tems il eût dirigé sur Mojaïsk une division qui, conjointement avec Wintzingerode, en aurait chassé Junot, c'en était fait de ce conquérant et de son armée.

FIN DU DEUXIÈME LIVRE.

NOTES

DU LIVRE DEUXIÈME.

(1) Page 250.

« *Que ce conquérant avait des vues sur la Turquie.* » Nul doute que Napoléon ne fût dans l'intention de faire, plus tard, la guerre à la Turquie. Indépendamment des raisons que nous venons de donner, nous ajouterons qu'il avait fait faire des reconnaissances militaires de ce pays, par des officiers qui l'avaient traversé sous différens prétextes, et que peu après la paix de Tilsit, dans un moment d'abandon qui ne lui était point ordinaire, il répondit à l'un des principaux personnages qui l'accompagnaient, et qui lui disait qu'il était devenu l'arbitre des destinées de l'Europe, et qu'il ne lui restait plus qu'à jouir en paix de sa gloire : « La paix ! elle est à Constantinople. » Enfin il paraît certain qu'à Tilsit Napoléon et Alexandre étaient tombés d'accord d'expulser les Turcs de l'Europe, et de partager leurs provinces conjointement avec l'Autriche.

(2) Page 255.

« *La petite Russie offrit dix-huit mille Kosaques.* » Cette province s'appelait l'Ukraine russe lorsqu'elle appartenait aux Kosaques. Elle est composée des deux gouvernemens de Pultawa et de Tchernigow. Ses habitans descendent en grande partie des Kosaques de l'Ukraine; mais depuis Pierre-le-Grand ils ont été obligés de s'adonner à l'agriculture. Leur offre prouva qu'ils conservaient encore le souvenir de leurs anciennes mœurs. Indépendamment de ces dix-huit mille Kosaques, qui furent prêts à marcher au bout d'un mois, ils fournirent des recrues pour l'armée de ligne et pour la milice.

(3) Page 255.

« *Ces troupes ne devaient servir que jusqu'à l'évacuation du territoire russe.* » Cette promesse de rentrer dans leurs foyers après l'évacuation du territoire rendait la levée de ces troupes beaucoup plus facile, parce que ce qui éloigne le plus le paysan russe du service est la certitude, en devenant soldat, de ne jamais revoir ses pénates.

(4) Page 255.

« *Plus des trois quarts des recrues périrent avant d'avoir rejoint l'armée.* » La Russie est le pays de l'Europe où la mortalité parmi les recrues est la plus forte; c'est une suite naturelle du peu de soin qu'en prennent ceux qui en sont chargés. Ils ont intérêt à la mort de ces malheureux, parce que le désordre qui règne dans l'administration leur permet de les laisser figurer sur les contrôles long-tems après qu'ils sont morts, et de bénéficier ainsi de ce que le gouvernement accorde pour leur entretien et leur subsistance.

(5) Page 262.

« *A poursuivre les Russes jusqu'à cette capitale.* » Il est avantageux de se diriger rapidement sur la capitale de l'ennemi, et de poursuivre son armée sans relâche, lorsque l'habitant ne s'insurge point, lorsqu'on se croit certain de la victoire, en cas que l'on en vienne à une affaire générale, lorsqu'on a assez de monde pour garder ses derrières et assurer ses communications, mais surtout lorsque le pays à parcourir offre des ressources, et qu'on ne s'éloigne pas trop de sa base d'opérations.

La rapidité d'une telle marche étonne l'ennemi et le frappe de terreur. Ses plans devenant inexécutables, il est obligé d'improviser ses défenses. Les corps qu'il a sur les points latéraux à celui par lequel on pénètre, craignant d'être coupés, se retirent précipitamment. Le découragement et le désordre sont ordinairement la suite de ces mouvemens rétrogrades.

Lorsque Napoléon, en 1805 et 1809, se dirigea sur Vienne, l'armée autrichienne d'Italie, craignant d'être coupée, effectua sa retraite, quoique d'abord elle eût obtenu des succès. En 1806 toute la Prusse fut envahie de la même manière; mais ce système de guerre a eu de funestes résultats en Espagne, parce que l'habitant y était insurgé, et que l'armée ennemie avait toujours une retraite assurée par la mer. L'on y occupa promptement la plupart des grandes routes sans que la conquête du pays s'ensuivît. L'on était obligé d'avoir des garnisons à toutes les étapes, et d'escorter les convois, les courriers et les militaires isolés. L'on avait parcouru et ravagé le pays; mais on ne l'avait pas soumis. Les insurgés faisaient à l'armée française une petite guerre qui employait une partie de ses troupes, et empêchait d'en disposer pour les grandes opérations. Cette armée essuya ainsi des pertes si fortes qu'elles furent la principale cause de ses re-

NOTES DU LIVRE II.

vers. L'application du même système de guerre en Russie ne pouvait être que plus funeste encore. J'ai fait voir combien il était difficile d'y exister quand on y marche en masse, et les pertes incroyables qu'y fit l'armée en hommes et en chevaux. L'immense étendue de cet empire s'oppose à ce que l'on puisse couper facilement les corps détachés. Si les Russes se retirèrent d'abord sur tous les points lorsque Napoléon se dirigea avec l'armée principale sur Witepsk, c'est qu'il leur était partout très-supérieur en nombre. Mais lorsque la diminution de son armée eut à peu près rétabli l'équilibre, on vit Wittgenstein attaquer Polotzk, Tormassof pénétrer en Lithuanie, et si Barklay, continuant à se retirer, se fût contenté d'attirer à lui des renforts de cavalerie, et qu'il eût dirigé tous ceux en infanterie et artillerie sur les corps d'armée qui combattaient en arrière des flancs de Napoléon, il l'aurait forcé à battre en retraite bien avant son arrivée à Moskou.

La résolution que venait de prendre Napoléon, de pénétrer jusqu'à Moskou, était en opposition avec l'opinion qu'il avait manifestée à Wilna, dans une conversation avec un seigneur polonais. Ce seigneur lui ayant dit qu'il irait facilement à Moskou dans l'année même : « Il vaudrait mieux, répondit-il, y aller en deux années. »

(6) PAGE 295.

« *Il parlait d'un ton sec et brusque, et par phrases entrecoupées.* » Cette manière de parler rendait son commandement dur, et il lui arrivait souvent, lorsqu'il éprouvait de la contrariété ou du mécontentement, de traiter ses généraux avec grossièreté; ceux-ci en agissaient de même avec leurs subordonnés, et tout ce qui avait un commandement, quelque petit qu'il fût, les imitait. Je ferai remarquer à ce sujet que la grossièreté des supérieurs envers leurs subordonnés, qui peut être nuisible sous plusieurs rapports, est avantageuse en ce qu'elle économise le tems. Ce ne fut point Napoléon qui introduisit ce changement; il datait du commencement de notre révolution.

Le bouleversement qui avait eu lieu alors dans l'ordre social avait élevé aux premiers emplois militaires subitement, et sans qu'ils fussent obligés de passer par les grades intermédiaires, une foule d'hommes sans éducation. Leurs manières étaient communes, leur commandement brusque, souvent grossier; mais ils étaient braves, avaient la pratique de la guerre, et plusieurs d'entre eux s'étant livrés à l'étude dans leurs momens de loisirs, devinrent des guerriers remarquables. On avait perdu ces manières et cette politesse qui avaient si long-tems distingué les officiers français; mais l'on avait gagné sous le rapport militaire. Quant au soldat, il était resté le même, le plus intelligent de tous les soldats de l'Europe; d'une propreté inconnue à ceux des autres nations; d'une gaîté inaltérable; préférant, en pays ennemi, obtenir de ses hôtes ce qui lui était nécessaire par de bons procédés que par la violence; terrible seulement pour l'ennemi et pendant le seul tems du combat.

(7) Page 314.

« *Sa présence, qui y aurait été si utile quand on se les disputait, devenait alors indifférente.* » Je suis loin de prétendre que Napoléon aurait dû s'exposer comme un simple général. Je sais aussi qu'on est plus commodément à pied qu'à cheval pour consulter les cartes, et se servir de lunette ; qu'enfin le général en chef d'une aussi grande armée ne doit se déplacer que quand il le juge absolument nécessaire, parce que les officiers qui viennent lui faire des rapports ou lui demander des ordres le trouvent plus facilement quand il reste long-tems dans la même place. Mais assurément Napoléon tomba dans l'excès contraire en restant onze heures dans un endroit situé à trois quarts de lieue des points où se décidait le sort de la bataille.

Voici ce que l'on avait observé sur sa manière d'être habituelle pendant les batailles. Les premiers coups de canons lui causaient une joie qui se peignait vivement sur son visage. Arrivé sur le point où il jugeait convenable de s'arrêter, il y restait immobile, recevant des rapports, donnant des ordres, examinant avec une grande attention, tantôt à la vue simple, tantôt avec le secours d'une lunette, ce qui pouvait l'intéresser. Les succès, les revers, la mort de ses généraux, rien ne pouvait troubler son impassibilité; il semblait absorbé par les soins du commandement. S'il jugeait sa présence nécessaire sur un autre point, il s'y transportait rapidement, et s'y arrêtait comme précédemment.

(8) Page 315.

« *Exemple mémorable de l'influence des bonnes institutions militaires et d'une bonne méthode de guerre.* » On est étonné que des troupes italiennes, hollandaises, etc., peu estimées jusqu'alors, aient rivalisé de courage avec les troupes françaises, illustrées depuis si long-tems. Ce résultat fut dû principalement à ce qu'elles avaient adopté les institutions militaires et la méthode de guerre des Français. Ces deux causes ont une influence plus grande et plus prompte depuis que l'on ne combat plus corps à corps, et qu'il n'est plus absolument nécessaire, pour constituer de bonnes armées, que les soldats soient animés de ce courage personnel, qui leur était indispensable dans les armées romaines. De nos jours les meilleures troupes sont celles qui ont les meilleurs cadres; il suffit donc d'avoir assez de sujets pour former des cadres braves, disciplinés et aguerris. Je dois ajouter cependant que l'exemple des troupes françaises, le désir de les égaler, la confiance qu'inspirait un général habitué à vaincre, furent autant de causes secondaires qui contribuèrent à la bonne conduite que tinrent ces troupes.

(9) Page 317.

« *Si quelques batteries n'eussent été obligées de ralentir leur feu, d'autres de le cesser entièrement par suite du manque de munitions.* » L'artillerie étant, dans les batailles, placée en avant de l'infanterie, et par conséquent exposée à ses regards, a sur elle une influence morale : si une batterie fait un mouvement en avant, l'infanterie suit (*a*); si elle fait un mouvement rétrograde, l'infanterie en est intimidée; c'est par cette raison que dans un

---

(*a*) C'est-à-dire que les chefs de bataillons suivent le mouvement de l'artillerie. L'on s'aperçoit que je parle du cas particulier, mais qui se présente assez souvent dans l'armée française, où un commandant de batterie prend sur lui de se porter en avant.

grand nombre de combats et de batailles, on a vu des commandans de batterie rester en position, quoiqu'ils eussent brûlé toutes leurs munitions, et qu'une partie de leurs pièces fussent démontées : en se retirant, ils auraient découragé l'infanterie. L'influence morale de l'artillerie est d'autant plus grande que l'infanterie est moins bonne ; aussi quand de l'artillerie est attachée à de mauvaise infanterie, je serais tenté de croire qu'elle est encore plus utile par cette influence que par le mal qu'elle fait à l'ennemi.

(10) PAGE 331.

« *Ils envoiaient le sort de ceux qu'elle avait frappés d'un seul trait.* » Un colonel, qui rejoignait le corps d'armée auquel il appartenait, vit sur la porte de l'abbaye de Kolotskoi plusieurs blessés ; ils s'y étaient traînés pour demander du pain aux troupes qui passaient : un chef de bataillon amputé lui en demanda. Après avoir dépassé cette abbaye, il trouva, dans le voisinage de la route, un grand nombre de blessés abandonnés ; les uns étaient dans des maisons et des granges, d'autres sur des voitures, le plus grand nombre en plein champ. A environ deux lieues de Mojaïsk, cinq cents de ces malheureux étaient réunis autour d'une grange occupée par quelques-uns d'entre eux; depuis plusieurs jours, ils n'avaient pris aucun aliment ; un officier et vingt-cinq hommes les gardaient ; deux chirurgiens devaient en avoir soin ; mais l'officier n'avait point de vivres à leur donner, les chirurgiens rien de ce qui était nécessaire pour les panser. Ils avaient en vain envoyé demander des secours à Mojaïsk ; on y était hors d'état de leur en donner.

(11) Page 335.

« *Aussi ne put-on plus, sans s'exposer, parler en public une langue étrangère.* » Un conseiller, qui passa par Moskou peu avant que Napoléon se fût emparé de cette capitale, pensa être mis à mort par le peuple pour avoir parlé français en public. Il était très-petit, et avait le nez pointu ; Rostopchin avait dit dans une proclamation que les Français n'étaient pas plus lourds qu'une gerbe de blé ; les Russes ont ordinairement le nez large et écrasé ; le conseiller avait donc, aux yeux du peuple, tous les caractères auxquels il pouvait reconnaître un Français : on eut beaucoup de peine à le tirer de ses mains.

(1) Page 347.

« *D'où l'on découvre Moskou à une demi-lieue devant soi.* » Moskou, sous le rapport de l'antiquité, le cédait à Kiow, à Nowogorod, à Wladimir et à beaucoup d'autres villes ; les chroniques russes en parlent pour la première fois en 1147, et ne font remonter son origine qu'à peu d'années avant cette époque. Ses accroissemens furent rapides ; en 1248, elle était déjà capitale d'une des petites principautés qui servaient d'apanages aux princes russes. En 1326, le prince Jean Danielowitz s'y fixa, et elle a toujours été depuis capitale de la grande principauté, berceau de l'empire de Russie. Moskou éprouva deux pestes cruelles en 1367 et en 1770, et elle fut ravagée à différentes époques par de nombreux incendies ; ceux de 1367 et 1473, et surtout de 1547 la réduisirent presque entièrement en cendres. Elle tomba deux fois au pouvoir des

NOTES DU LIVRE II.

Tatars en 1237 et en 1382; ils la réduisirent en cendres, égorgèrent une partie de ses habitans, emmenèrent le reste en captivité. Les Polonais s'en emparèrent aussi en 1610, et la conservèrent deux ans. Ces nombreux désastres, réparés promptement, n'empêchèrent point sa prospérité de s'accroître. Lorsque Napoléon s'en empara, elle s'étendait sur les deux rives de la Moskwa, et avait neuf lieues de circonférence, en y comprenant les faubourgs; elle contenait des jardins, des prairies, des terres labourées et même des terres en friche; aussi était-elle moins peuplée que son étendue ne semblait le promettre. L'hiver, on y comptait trois cent cinquante mille ames, l'été deux cent cinquante mille seulement, parce que, pendant cette saison, la noblesse, suivie d'un grand nombre d'esclaves, allait habiter ses terres. Les églises, les édifices publics et beaucoup de maisons, d'hôtels et de palais étaient construits en briques; un plus grand nombre encore l'était en bois. L'architecture de ces bâtimens n'avait point un caractère particulier; c'était un mélange de celle de tous les peuples de l'Europe et de l'Asie. La même variété se remarquait dans le costume des habitans, parmi lesquels il y avait un grand nombre d'étrangers qu'attirait le commerce : il en résultait un aspect très-singulier, et qui n'était pas sans agrément. La ville se divisait en deux parties bien distinctes; la première, appelée le Kremlin, était une antique citadelle, bâtie sur une colline qui domine la ville, et est située sur la rive gauche de la Moskwa; sa forme était triangulaire; elle avait une demi-lieue de circonférence et était entourée d'une muraille en briques, haute et épaisse, qui avait été bâtie en 1367. Au delà de cette muraille, mais seulement dans la partie qui n'est point arrosée par la Moskwa, régnait un fossé. Le Kremlin ne contenait que des établissemens ou édifices publics ; les plus remarquables étaient le palais des tzars, l'arsenal, l'église cathédrale de l'Assomption et la chapelle d'Ivan, surmontée d'un clocher qui dominait toute la ville, et était un objet de vénération pour les Russes. La deuxième partie, occupée par les habitans, entourait le Kremlin ; les rues en étaient longues, ordinairement larges, toujours sinueuses et mal pavées. Au delà étaient trente faubourgs, presque tous composés de chétives cabanes en bois. Aucune ville ne présentait, d'une manière plus frappante, le contraste du luxe le plus opulent et de la plus profonde misère. Moskou contenait un plus grand nombre d'églises qu'aucune autre ville de l'Europe ; toutes étaient surmontées de cinq clochers en forme de dômes, dont un grand au milieu de quatre petits ; la plupart de ces dômes étaient dorés, argentés ou peints en vert. Ce grand nombre de clochers, la réverbération du soleil sur les dômes, le mélange de la verdure et des bâtimens, présentaient une vue magnifique au voyageur qui arrivait à Moskou.

(13) Page 355.

« *Et des pétards dans plusieurs tuyaux de poëles, entre autres dans ceux de l'hôtel de Rostopchin.* » Napoléon ayant appris que l'hôtel de Rostopchin était au nombre de ceux que l'incendie avait épargnés, ordonna d'y mettre le feu : cet ordre ne fut point exécuté, parce que cet hôtel était occupé par un général de la garde, qui aurait été embarrassé pour trouver un logement. Les prières du curé de la colonie française, dont l'église, bâtie en bois, était située tout près de cet hôtel, contribuèrent sans doute aussi à le sauver.

(14) Page 358.

« *Ils se voyaient exposés aux violences du soldat.* » Je dois dire, à la louange des soldats français, que ce furent eux qui se permirent le moins d'excès ; ils étaient les moins pillards de tous les soldats de différentes nations qui composaient l'armée de Napoléon. En Allemagne, l'habitant trouvait moins onéreux et moins désagréable d'avoir à loger deux soldats français qu'un soldat allemand.

(15) Page 363.

« *Ainsi ils peuvent frapper arbitrairement un noble dans sa personne ou ses propriétés, et ne pourraient pas, sans courir de grands dangers personnels, attenter d'une manière sérieuse aux prérogatives de la noblesse.* » Cela résulte de ce que la noblesse, occupant tous les emplois civils et militaires, sert aux empereurs d'intermédiaire pour exercer leur autorité.

Les mêmes réflexions peuvent s'appliquer à l'autorité des sultans, qui passe pour être si absolue ; elle est plus restreinte encore que celle des empereurs de Russie ; ils ne sauraient porter atteinte ni aux coutumes, qui, étant réglées par la religion, les assujétissent, ainsi que le moindre musulman; ni aux priviléges des ulemas et des janissaires, par l'intermédiaire desquels ils gouvernent, et qui représentent en quelque sorte la nation turque. Les empereurs russes peuvent, à la vérité, élever des étrangers, des bourgeois, même des paysans de la couronne aux emplois les plus éminens; mais aussitôt qu'ils les occupent, ils sont classés parmi les nobles, en partagent tous les avantages, et, par suite, devraient en embrasser les intérêts: cependant, tenant tout du souverain, étant vus avec jalousie, et souvent traités avec dédain par les grands seigneurs d'ancienne extraction, craignant qu'un nouveau souverain ne leur retirât ce dont ils sont en possession, ils n'adoptent point ordinairement les intérêts de leur nouvelle caste, et se montrent aveuglément dévoués aux volontés de leur maître. Pierre-le-Grand fut le premier qui employa ce moyen pour s'affranchir de la tutelle de la noblesse; ses successeurs l'ont souvent imité depuis.

(16) Page 364.

« *Il lui demandait de grands sacrifices; il fut contraint de condescendre à ses désirs en plusieurs points.* » Le gouvernement russe changea alors réellement de nature, et devint aristocratique, le plus énergique de tous les gouvernemens : Sparte, Rome et Carthage, chez les anciens; Venise, l'Angleterre, et, sous quelques rapports, le gouvernement constitutionnel de France, chez les modernes, en offrent la preuve.

(17) Page 365.

« *Pensait que Napoléon n'oserait pas pénétrer jusqu'à Moskou.* » Les espérances de Kutusof et de Rostopchin, qui ne s'évanouirent qu'au dernier moment, n'étaient pas sans fondement, ainsi qu'on a pu en juger par la situation respective des deux armées après la bataille de

NOTES DU LIVRE II.

la Moskwa. Je rapporterai, à ce sujet, l'opinion de Napoléon lui-même; elle est extraite d'une longue lettre que Berthier écrivit, le 27 septembre, à Bessières, qui commandait un corps d'observation à quelques lieues de Moskou. Je n'ai pu me procurer la lettre de Bessières à laquelle répondait Napoléon. Il paraît que ce maréchal lui témoignait la crainte que Kutusof ne se dirigeât sur Mojaïsk, et qu'il émettait l'opinion qu'après la bataille de la Moskwa ce général aurait dû se retirer directement sur Kaluga. « L'idée de marcher sur Mojaïsk ne
» paraît à sa majesté qu'une fanfaronnade. Une armée
» victorieuse, dit-elle, ne se croirait pas dans une si-
» tuation morale pour tenter une pareille opération ;
» comment croire qu'une armée vaincue, qui a aban-
» donné sa plus belle ville, ait l'idée d'un pareil mou-
» vement? Quant au mouvement de retraite de l'ennemi,
» après la bataille, sur Kaluga, cela aurait été évidem-
» ment inviter l'armée française à marcher sur Moskou;
» mais Kutosof a fait ce qu'il devait faire, en se retirant
» par Moskou; il a remué de la terre sur plusieurs
» bonnes positions, et a cherché à nous faire croire que
» pour entrer à Moskou, il fallait une deuxième bataille.
» Cette mesure était tellement bonne, que si l'état remis
» par Lariboissière, commandant l'artillerie, avait porté
» vingt mille coups de canon de moins, l'empereur se
» serait arrêté, quoique le champ de bataille ait été un
» des plus beaux que nous ayons vus, parce qu'il est im-
» possible d'enlever des redoutes sans artillerie et beau-
» coup de munitions. » Non-seulement je ne partage point les deux opinions émises par Napoléon; mais je pense même que c'était par politique et par amour-

propre qu'il les émettait. Je trouve dans la même lettre, un peu plus loin que le passage cité ci-dessus, la preuve que loin de croire la marche sur Mojaïsk insensée, Napoléon la redoutait, puisque Berthier (c'est-à-dire Napoléon) y donne à Bessières l'instruction suivante : « Il » est convenable, si vous parlez avec les plénipoten- » tiaires, que vous leur disiez que l'empereur aurait bien » voulu que leur armée marchât sur Mojaïsk, parce qu'ils » se seraient trouvés entre deux armées. » Je terminerai ces réflexions par faire remarquer que l'épithète de *beau*, employée au lieu de celle d'*horrible*, pour indiquer que le champ de bataille était couvert d'une quantité extraordinaire de cadavres, rappelle ce mot si connu de Vitellius, que le corps d'un ennemi mort sent toujours bon. Des personnes dignes de foi m'ont dit avoir remarqué, dans la lettre que Napoléon écrivit dans le tems à Maret pour lui apprendre le gain de la bataille de la Moskwa, cette phrase : « Le champ de bataille, couvert de trente « mille morts, était superbe. » L'épithète de *superbe* y était employée dans le même sens que celle de *beau* dans la lettre à Bessières.

(18) Page 365.

» *Il fit lui-même mettre le feu à ses deux maisons de campagne.* » L'une était située tout près de Moskou, l'autre à Woronowo, sur la vieille route de Kaluga. Ce fut près de cette dernière que l'on trouva un poteau, auquel était fixé un écriteau qui contenait ces mots : « J'ai em- » belli pendant huit ans cette campagne, et j'y ai vécu » heureux au sein de ma famille. Les habitans de cette » terre, au nombre de mille sept cent vingt, la quittent

» à votre approche; et moi je mets le feu à ma maison,
» pour qu'elle ne soit pas souillée par votre présence.
» Français, je vous ai abandonné mes deux maisons de
» Moskou, avec un mobilier d'un demi-million de rou-
» bles; ici vous ne trouverez que des cendres. »

(19) Page 367.

« *Plusieurs de ces établissemens, échappés à la fureur de l'incendie, furent d'un grand secours.* » Ces établissemens étaient l'hôpital Galitzin, l'hôpital Paul, l'hôpital de l'Impératrice-Mère, et celui que l'on établit dans la maison des Enfans-Trouvés. Les médecins et chirurgiens de l'hôpital de l'Impératrice-Mère étaient restés à leur poste, et faisaient le service conjointement avec les médecins et chirurgiens français. Je ne cite ce fait que parce qu'il est unique.

(20) Page 369.

« *Et le pays qui environne la ville.* » Le pays qui environne Moskou est plus peuplé qu'aucun de ceux que l'armée avait parcourus depuis le Niémen, et les maisons des paysans y ont un air d'aisance. En général le paysan russe est mieux logé, mieux nourri, mieux habillé que le paysan polonais, surtout que celui du grand-duché de Varsovie, auquel on prétend avoir rendu la liberté, et qui assurément ne s'en doute guère. Alexandre ayant défendu de vendre isolément des paysans, ils sont invariablement attachés à la terre; c'est la seule loi qui existe relativement aux droits respectifs des seigneurs et des paysans; mais l'usage a réglé impérieusement cette matière ; ainsi, par exemple, l'usage s'oppose à ce qu'on rende à la culture des terres les paysans qui sont nés dans la domesticité ; aussi, quoique beaucoup de seigneurs aient un beaucoup plus grand nombre de domestiques qu'il ne leur serait nécessaire, ils ne les en conservent pas moins. Sans entrer dans le détail de ce que l'usage a réglé, je rapporterai ce qu'il y a d'apparent : c'est que le paysan russe est passablement logé, vêtu convenablement à son climat ; qu'il peut faire quelques économies s'il est laborieux, qu'il ne manque jamais du nécessaire, et est soigné s'il est malade ; que ceux qui désirent se livrer au commerce le peuvent, les seigneurs ayant intérêt à leur en accorder la permission. Ils sont gais, paraissent contens de leur sort, et sont très-attachés à leurs pénates : aussi ne craignent-ils rien autant que d'être choisis pour le service militaire. Le paysan français, lorsqu'il a une petite propriété, qui, réunie à son travail, lui procure ainsi qu'à sa famille le strict nécessaire, est plus heureux que le paysan russe, puisqu'il est libre ; mais je ne pense pas qu'il en soit ainsi du journalier qui ne possède aucune propriété, et a une femme et des enfans ; le prix de sa journée, qui suffit à peine à son entretien lorsqu'il est sans famille, et seulement quand le blé est à bas prix, devient insuffisant lorsqu'il a de la famille ; il faut alors que sa femme et ses enfans mendient. Ils éprouvent des privations, non-seulement par le manque d'alimens, mais encore par celui de vêtemens et de bois de chauffage ; s'ils tombent malades, ils n'ont de secours à prétendre de personne ; enfin ils ne sont pas plus libres que le paysan russe, car la misère les fixe irrévocablement dans le lieu où ils se trouvent.

(21) PAGE 395.

« *Et lui aurait donné la facilité de prêcher la liberté aux paysans pour exciter une insurrection.* » Puisque les hommes vivent en société, il n'existe point de liberté absolue, mais une liberté légale. C'est donc prêcher le renversement de l'ordre social établi que de prêcher la liberté aux dernières classes de la société. Elles ne distinguent pas la liberté de la licence, et comme on ne peut pas substituer à l'instant un nouvel ordre de choses à l'ancien, on doit obtenir pour résultats l'insurrection, le pillage, le meurtre et l'incendie. L'histoire fournit beaucoup de faits à l'appui de cette opinion, et récemment encore quelques mots de liberté, adressés par Napoléon aux paysans polonais, avaient produit ce résultat.

(22) PAGE 395.

« *Parce qu'une pareille insurrection l'aurait privé des ressources du pays.* » C'étaient les domestiques que Napoléon aurait surtout pu espérer de soulever; il est très-incertain qu'il eût réussi à l'égard des paysans; l'on doit se souvenir que les Kosaques, dans le tems où ils formaient un état indépendant assez puissant pour faire la guerre aux Russes, aux Polonais et aux Turcs, étaient sous ce rapport beaucoup plus à craindre pour les Russes que Napoléon, puisque cette nation, composée d'hommes libres, parlant la même langue que les Russes, habitant un pays voisin, excitait continuellement les paysans à la révolte, et accueillait ceux qui abandonnaient leurs foyers pour se réunir à eux; ils n'en ont pas moins été asservis par les Russes.

L'exemple de ce qui venait de se passer en Pologne ne détruit point cette opinion; les seigneurs ayant accueilli Napoléon comme un libérateur, n'en parlaient qu'avec admiration, et le peignaient à leurs paysans sous les couleurs les plus favorables. Ce fut ce qui donna à ce conquérant, dans les premiers momens de l'invasion, un grand pouvoir sur l'esprit de ces hommes bornés.

(23) Page 19.

« *Fit sagement de commencer des retranchemens.* » Il est très-rare de nos jours qu'il soit avantageux de se retrancher. Les Romains enveloppaient leurs armées d'un retranchement; mais elles avaient peu de cavalerie, et l'infanterie combattait dans un ordre profond; actuellement l'infanterie et la cavalerie combattent habituellement dans un ordre mince, et l'on intercale dans leurs lignes une nombreuse artillerie, qui augmente encore leur étendue. Lorsque les armées sont en présence, elles occupent ordinairement à peu près le terrain qui leur est nécessaire pour combattre; elles sont beaucoup plus nombreuses, surtout en cavalerie, que celles des Romains, et sont suivies d'une grande quantité de voitures, d'artillerie et de munitions qui les embarrassent. Enfin elles sont obligées de conserver une communication avec leurs dépôts, à cause des munitions, qui leur sont indispensables. Par toutes ces raisons on ne peut les envelopper d'un retranchement comme les armées romaines. Quand on se retranche, ce qui est rare, ce n'est que sur quelques points de sa ligne; souvent l'on n'a eu le tems que d'ébaucher les retranchemens, et ils ne sont susceptibles

NOTES DU LIVRE II. 45

d'aucune résistance notable. Mais que cela soit ainsi ou autrement, ils peuvent toujours être tournés de près ou de loin, et l'on se voit alors forcé de les abandonner. Souvent on le fait trop tard, d'où il résulte les plus grands malheurs, et ordinairement avec précipitation, ce qui amène le désordre ou le découragement, quelquefois l'un et l'autre. Quoi qu'il en soit, toutes les fois que l'on abandonne de la sorte des retranchemens, il doit en résulter un fâcheux effet sur le moral du soldat.

(24) Page 20.

« *Les effets d'un pareil spectacle sur les troupes devaient être entièrement opposés à ceux qu'il espérait en obtenir.* » La vue de l'incendie de Moskou était plus propre à frapper les troupes russes de terreur qu'à exalter leur courage. On ne manquerait pas d'exemples à l'appui de cette assertion, même chez les nations qui excluaient les prolétaires de la profession des armes, et cela est fondé en raison. En effet, les militaires exposant journellement leur vie et leur liberté, tous les autres intérêts disparaissent devant ceux-là. Trois choses contribuent principalement aux succès : la confiance que chaque régiment en particulier a dans son courage, c'est le résultat de l'esprit de corps; la confiance mutuelle des régimens, les uns à l'égard des autres, d'où naît une espérance générale de la victoire; enfin la confiance dans celui qui commande. La perte de Moskou remplissait les Russes du sentiment de leur infériorité, puisque leur général n'avait abandonné cette capitale que parce qu'il se croyait hors d'état de la défendre, et l'incendie, attribué aux

Français, devait leur persuader qu'un ennemi qui ne ménageait rien se croyait certain de la victoire; il devait donc en résulter, sinon un sentiment de terreur, au moins une diminution de confiance mutuelle et de confiance dans le général, et, par suite, du découragement. Je dois néanmoins ajouter que le soldat russe étant de tous les soldats de l'Europe celui qui est doué de l'obéissance la plus passive, est par cela même moins susceptible de terreur et de découragement.

Ces raisons, appliquées uniquement aux armées modernes, acquièrent encore plus de force, parce que presque tous les sous-officiers y étant sortis de la classe des prolétaires, ont peu d'intérêts communs avec les citoyens, et, par suite, sont assez indifférens aux maux que la guerre fait peser sur leur pays.

SUITE DES LETTRES DE NAPOLÉON ET DE BERTHIER

que j'ai cru devoir citer.

Napoléon au major-général.

Smolensk, le 22 août 1812.

Répondez au baron Bignon que le résultat de tout cela est que le gouvernement fait peu de chose; que l'organisation n'avance pas, que l'administration est de peu de ressource, et qu'enfin le pays ne m'est que de peu d'utilité, etc. (Le reste de la lettre offre peu d'intérêt).

Sur ce, etc.

Signé NAPOLÉON.

Napoléon au major-général.

Smolensk, le 24 août 1812.

Mon cousin, je suppose que le général Hogendorp n'a pas de femme avec lui. S'il avait fait venir sa femme, elle doit rentrer en France, ou du moins rester en Allemagne, et sur les derrières.

Sur ce, etc.

Signé NAPOLÉON.

Napoléon au major-général.

Smolensk, le 24 août 1812.

Mon cousin, vous trouverez ci-joint un bon sur l'intendant pour fournir au prince Schwartzenberg une seconde avance de 500,000 fr. Faites connaître au prince ma satisfaction de la victoire qu'il a remportée; que demain je marche sur l'ennemi, qui a l'air de prendre position à vingt lieues d'ici, sur la route de Moskou; que je désire qu'il fasse en sorte que les troupes que l'ennemi a en Wolhynie ne viennent pas se porter sur moi; que je lui recommande de les occuper. Ecrivez au général Reynier dans le même sens. Vous ferez connaître au prince de Schwartzenberg que j'ai demandé à l'empereur d'Autriche que tous les avancemens se fissent dans son corps, et qu'il leur fût accordé des récompenses; que je me réserve, de mon côté, d'en accorder sur le rapport qu'il me fera; que j'attends ses propositions. Ecrivez au duc de Tarente pour lui faire connaître ce qui s'est passé et que je me mets en marche. Ecrivez aussi au général Saint-Cyr; faites-lui savoir que j'attends ses propositions pour accorder des récompenses à son corps d'armée ; qu'il résulte des bulletins russes que Wittgenstein n'a que deux divisions, formées de bataillons de réserve qui ne sont composés que de recrues.

Sur ce, etc.

Signé **NAPOLÉON**.

Napoléon au major-général.

Dorogobuj, le 26 août 1812.

Mon cousin, écrivez au duc de Bellune de se rendre de sa personne à Wilna, afin d'y voir le duc de Bassano, et d'y prendre connaissance des affaires et de l'état des choses ; que je serai après demain à Wiazma, c'est-à-dire à cinq marches de Moskou ; qu'il y aura probablement une bataille qui nous conduira à Moskou ; qu'il est possible que, dans cet état de choses, les communications viennent à être interceptées ; qu'il faut donc que quelqu'un prenne alors le commandement et agisse selon les circonstances ; que j'ai ordonné qu'on dirigeât sur Minsk le 129e régiment, le régiment illyrien, le régiment westphalien qui était à Kœnigsberg, et les deux régimens saxons ; que j'ai, en outre, placé entre Minsk et Mohilow la division Dombrowski, forte de douze bataillons et d'une brigade de cavalerie légère ; qu'il est important que son corps s'approche de Wilna, et qu'il se dirige selon les circonstances, afin d'être à même de soutenir Smolensk, Witepsk, Mohilow et Minsk ; que la division Dombrowski doit être suffisante pour maintenir la communication de Minsk, par Orsza, jusqu'à Smolensk, puisqu'elle n'a à contenir que la division russe du général

Hertel, qui est à Mozyr, forte de six à huit mille hommes, la plupart recrues, et contre laquelle d'ailleurs le général Schwartzenberg peut opérer ; que les nouveaux renforts que j'envoie à Minsk pourront aussi subvenir à tous les inconvéniens, et, dans tous les cas, le mouvement du duc de Bellune sur Minsk et Orsza, et de là sur Smolensk, me paraît propre à maintenir tous les derrières ; que j'ai quatre mille hommes de garnison à Witepsk et autant à Smolensk ; que le duc de Bellune, prenant ainsi position entre le Dniéper et la Dwina, sera en communication facile avec moi, pourra promptement recevoir mes ordres, et se trouvera en mesure de protéger les communications de Minsk et de Witepsk, ainsi que celles de Smolensk sur Moskou ; que je suppose que le général Gouvion Saint-Cyr a suffisamment des deuxième et sixième corps pour tenir en échec Wittgenstein et n'en avoir rien à craindre ; que le duc de Tarente peut se porter sur Riga pour investir la place ; enfin que j'ordonne aux quatre demi-brigades de marche, formant neuf mille hommes, qui faisaient partie de la division Lagrange, de se diriger sur Kowno ; qu'ainsi ce ne serait que dans le cas où le général Gouvion Saint-Cyr serait battu par le général Wittgenstein et obligé de repasser la Dwina, que le duc de Bellune devrait marcher à son secours d'abord ; que, ce cas excepté, il doit suivre sa direction sur Smolensk.

Sur ce, etc.

Signé NAPOLÉON.

NOTES DU LIVRE II.

Le prince de Neufchâtel et de Wagram au général Barclay de Tolly.

Rybki, le 28 août 1812.

Monsieur le général, M. Orlof, officier aux gardes, envoyé en parlementaire pour avoir des nouvelles du général Tutchkof, a été envoyé mal à propos de l'avant-garde à Smolensk au moment des opérations de l'armée, ce qui a fait juger devoir diriger son retour par les avant-postes de notre droite, qui se dirige sur Wiazma. Il doit donc être arrivé à l'heure qu'il est ; mais j'ai eu l'attention de donner des nouvelles du général Tutchkof, en faisant passer une lettre de ce général, qui est parti pour Metz en bonne santé. A cette occasion, je renouvelle à votre excellence la proposition que je lui ai faite d'établir un cartel d'échange, et de régler les communications des deux armées, et la manière dont doivent être traités les parlementaires. Sa majesté voit avec peine les maux que souffre le pays ; elle voudrait que l'empereur de Russie laissât des gouverneurs civils pour prendre soin du peuple et des propriétés, et de diminuer par là les maux de la guerre : c'est l'usage qui a été suivi dans toutes les guerres. Au surplus, en faisant cette proposition à votre excellence, je m'acquitte d'un devoir cher au cœur de mon souverain.

L'empereur, monsieur le baron, à qui j'ai communiqué cette lettre, me charge de vous prier de faire ses complimens à l'empereur Alexandre, s'il est à l'armée, ou au premier rapport que vous lui ferez. Dites-lui que ni les

vicissitudes de la guerre, ni aucune circonstance ne peuvent altérer l'estime et l'amitié qu'il lui porte.
Signé ALEXANDRE.

Napoléon au major-général.

Mojaïsk, le 11 septembre 1812.

Mon cousin, écrivez au duc de Bellune que le 8ᵉ régiment westphalien, le régiment saxon de Low, celui de Rechten, le 3ᵉ régiment de marche d'infanterie, formé à Kœnigsberg, les troisièmes bataillons des 4ᵉ, 7ᵉ et 9ᵉ régimens polonais, les 8ᵉ, 9ᵉ, 10ᵉ et 11ᵉ régimens de marche, de cavalerie, doivent tous être dirigés sur Smolensk; que l'ennemi, attaqué au cœur, ne s'amuse plus aux extrémités; qu'il fait tout pour nous empêcher d'entrer à Moskou, et montre la résolution de tout faire pour nous en chasser le plutôt qu'il lui sera possible. C'est donc de Smolensk à Moskou qu'il faut se porter, les nombreuses troupes qui arrivent derrière et celles du grand-duché de Lithuanie étant suffisantes pour garder les derrières. Il est nécessaire également que le duc de Bellune se tienne prêt avec tout son corps d'armée réuni, pour se porter de Smolensk à Moskou, afin de renforcer l'armée à mesure que l'ennemi renforcera la sienne. Witepsk n'a besoin de rien. Si peu de troupes qu'il y ait, l'ennemi le laissera tranquille. Je n'y tiendrai même personne aussitôt que mon hôpital sera évacué. Il faut donc que le duc de Bellune dirige tout, bataillons, escadrons, artillerie, hommes isolés, sur Smolensk, pour de là pouvoir venir sur Moskou.

Sur ce, etc. *Signé* NAPOLÉON.

NOTES DU LIVRE II.

Le prince de Neufchâtel et de Wagram à S. M. le roi de Naples.

Au château près Tatarki, le 13 septembre 1812.

L'empereur est inquiet de n'avoir pas de nouvelles de l'ennemi. Si vous ne le trouvez pas devant vous, il est à craindre qu'il ne soit à votre droite, sur la route de Kaluga, et il serait possible qu'il se jetât sur nos derrières. On ne sait pas ce que fait le prince Poniatowski, qui devrait être à deux lieues sur votre droite. Ordonnez-lui d'envoyer sa cavalerie sur la route de Kaluga à Moskou. L'empereur arrête ici le corps du prince d'Eckmulh et celui du duc d'Elchingen, jusqu'à ce qu'il sache où est l'ennemi. Sa majesté attend donc avec impatience de vos nouvelles, et particulièrement sur ce qui se passe sur notre droite, c'est-à-dire sur la route de Kaluga à Moskou.

Signé ALEXANDRE.

Le prince de Neufchâtel et de Wagram à S. M. le roi de Naples.

Moskou, le 22 septembre 1812, à 4 heures du soir.

Votre aide de camp vient de remettre à l'empereur votre lettre de ce jour, à cinq heures du matin. Vous trouverez ci-joint un second rapport du duc d'Istrie. L'empereur attend avec impatience des nouvelles positives. Des Kosaques ont paru sur la route de Smolensk à six ou sept lieues d'ici. Ils étaient une trentaine, qui ont surpris un convoi d'une quinzaine de caissons, qu'ils ont brûlés. Sa majesté vient de me dicter la lettre ci-jointe pour le général Sébastiani. Elle vient de prononcer la peine de mort pour tout officier qui parlementerait sans autorisation avec les avant-postes ennemis. Sa majesté veut qu'on ne corresponde avec les ennemis qu'à coups de canons et de carabines. Je vous réitère que l'empereur est très-impatient de savoir à quoi s'en tenir sur les mouvemens de l'ennemi.

Signé ALEXANDRE.

Le prince de Neufchâtel et de Wagram au duc d'Istrie.

Moskou, le 22 septembre 1812, à 4 heures du soir.

Monsieur le maréchal, je vous envoie un rapport du général Sébastiani, que vient de faire passer le roi, et d'où il résulte que l'ennemi continuerait son mouvement sur Kolomna. Le roi de Naples a dû arriver à son avant-garde ; il aura poussé vivement l'ennemi ; ainsi dans la nuit nous aurons des renseignemens positifs. L'empereur désire que dans la nuit vous lui envoyiez aussi des renseignemens sur tout ce que vous aurez appris, et particulièrement des nouvelles du prince Poniatowski, et des rapports qu'il vous aura faits sur ce qu'il saura des Russes. Vous aurez su ce qui s'est passé sur la route de Mojaïsk ; mais cela n'est autre chose qu'une quarantaine de Kosaques, qui ont surpris dans un village une quinzaine de nos caissons, qu'ils ont fait sauter. L'empereur a envoyé le major Letort avec deux cent cinquante dragons sur la route de Mojaïsk, où nous avons couché. Le major Letort a ordre d'arrêter toute la cavalerie de marche, ce qui lui fera bientôt quinze cents à deux mille hommes, avec lesquels il protégera la route. Toute l'armée est prête à se mettre en mouvement, et l'empereur est décidé à rejeter l'ennemi derrière l'Oka. Les renseignemens ultérieurs qu'on recevra dans la nuit, du roi et de vous, décideront le parti que sa majesté prendra; si l'armée marchera sur la route de Tula ou sur celle de Kolomna. Si l'on suit celle de Tula, la cavalerie que vous avez, celle de la garde, les Polonais de Poniatowski, la division d'infanterie Frédéric se trouveront par votre position former l'avant-garde. Envoyez-nous surtout des renseignemens le plus tôt que vous pourrez.

Signé ALEXANDRE.

Le prince de Neufchâtel et de Wagram au duc d'Istrie.

Moskou, le 23 septembre 1812, à 4 heures du matin.

J'ai mis sous les yeux de l'empereur votre lettre d'hier à onze heures du soir. En conséquence, sa majesté attend de nouveaux renseignemens avant de mettre l'armée en mouvement. Le prince Poniatowski a dû arriver hier de bonne heure à Podol, et si vous n'en avez pas de nouvelles, c'est à cause des Kosaques qui rôdent. Les mouvemens que vous avez ordonnés à votre cavalerie doivent infailliblement donner des nouvelles des Polonais du prince Poniatowski. Sa majesté attend aussi les rapports que le roi lui aura faits hier au soir, mais qui ne peuvent arriver que vers cinq ou six heures du matin de l'avant-garde. Sa majesté approuve tout ce que vous vous proposez de faire. Faites nettoyer Desna. Les cinq à six cents Kosaques qui ont infesté la route de Mojaïsk nous ont fait bien du mal; ils ont fait sauter quinze caissons, et pris deux escadrons de marche de cavalerie, c'est-à-dire environ deux cents chevaux : ces escadrons appartenaient à une colonne de marche que conduit le général Lanusse, qui les avait imprudemment portés sur sa droite. Ils ont voulu ensuite attaquer un plus grand convoi d'artillerie, mais la fusillade les a éloignés. Comme je vous l'ai mandé hier, le major Letort s'est rendu hier à la maison du prince Gallitzin avec deux cents chevaux sur la route de Mojaïsk. D'après les renseignemens de votre dernière lettre, et d'après ceux donnés par le roi, sa majesté vient d'ordonner au général Saint-Sulpice de partir avec tous ses dragons pour appuyer le major Letort, si cela est nécessaire, ce qui sera probablement superflu, mais qui est sans inconvénient; car les marches que vous faites faire par Podol et Desna doivent entièrement éloigner les Kosaques de la route de Mojaïsk.

Signé ALEXANDRE.

Le prince de Neufchâtel et de Wagram à S. M. le roi de Naples.

Moskou, le 23 septembre 1812, à 4 heures du matin.

Sire, l'empereur a reçu votre lettre du 22 septembre, à huit heures du soir. Il attend avec impatience de vos nouvelles, ainsi que de celles du duc d'Istrie. Des renseignemens particuliers nous font croire que l'ennemi n'est plus à Podol. Si cela est vrai, le prince Poniatowski doit y être arrivé hier au soir, et votre majesté saura à quoi s'en tenir. Le duc d'Istrie, de son côté, doit être aujourd'hui à Podol. Des nouvelles particulières disent également que l'ennemi aurait évacué Desna, et se serait porté sur Serpuchow et Kaluga. Votre majesté ne doit avoir qu'un seul but, celui de se remettre avec son avant-garde sur les traces de l'ennemi, etc. (Ce qui suit offre peu d'intérêt.)

Signé ALEXANDRE.

Le prince de Neufchâtel et de Wagram au duc d'Istrie.

Moskou, le 26 septembre 1812.

Monsieur le maréchal, sa majesté s'attendait à recevoir des nouvelles du roi de Naples avant de vous expédier votre aide de camp; nous ne recevons que dans le moment la nouvelle que le roi est arrivé hier à cinq heures à Podol, où il s'est réuni au prince Poniatowski. Vous en aurez été instruit, et cela aura décidé l'ennemi à évacuer Desna, dont nous vous croyons maître en ce moment. Mettez le corps du prince Poniatowski et le troisième corps d'armée de cavalerie aux ordres du roi; et de votre personne, l'empereur désire que vous preniez position, en corps d'observation, avec la brigade Colbert, la cavalerie légère du premier corps, et la division d'infanterie, commandée par le général Frédéric, pour marcher au secours du roi de Naples, si cela était nécessaire, et pour intercepter les routes que l'ennemi pourrait prendre pour se porter sur notre ligne d'opérations, et qui échapperait au roi. Un autre corps d'observation, composé des dragons de la garde et d'un millier d'hommes d'infanterie, est au château du prince Gallitzin, où l'empereur a couché. Le général Guyot avec les chasseurs de la garde, deux brigades de cavalerie légère bavaroise, la division Broussier, d'infanterie, et six pièces de canon, est à mi-chemin de Moskou au château du prince Gallitzin, pour être à même de se porter où les circonstances l'exigeront. La canonnade que vous avez entendue hier matin sur votre droite, a eu lieu sur une reconnaissance de dragons de la garde, qui a été mal engagée par le major Martod, qui a été pris ou tué. Nous avons perdu dans ce mauvais engagement quelques dragons de la garde, pris ou tués, le major, un capitaine, un adjudant major, et une vingtaine de dragons blessés; nous avons aussi perdu quelques hommes d'infanterie. La reconnaissance mal engagée a été surprise par trois mille hommes de l'ennemi, qui avaient du canon. Mettez-vous en communication, si vous le jugez sans inconvénient, avec le corps d'observation qui est sur la route de Mojaïsk au château du prince Gallitzin (j'avais bien recommandé cependant au général Saint-Sulpice de ne pas compromettre les dragons de la garde). L'empereur donne l'ordre au roi de Naples de poursuivre l'ennemi, afin de l'éloigner à plusieurs marches de Moskou, et de le décider à prendre ses cantonnemens au delà de l'Oka. Tenez-vous constamment en correspondance avec le roi, et donnez-nous des nouvelles de tout ce que vous apprendrez. Jusqu'à ce que l'ennemi soit éloigné, le corps d'observation que vous commandez est bien important.

Signé ALEXANDRE.

Le commandant de Gjat ayant écrit au major-général, le 21 septembre, pour lui envoyer l'interrogatoire qu'il avait fait subir à l'intendant du comte Soltikof, et lui

demander de quelle manière il devait traiter cet intendant, Napoléon écrivit sur la lettre même un ordre ainsi
conçu : « On peut faire fusiller cet homme, et faire
brûler le château de Soltikof. »

Moskou, le 27 septembre 1812.

Signé **NAPOLÉON**.

Je n'ai point trouvé l'interrogatoire que l'on avait fait
subir à l'intendant du comte Soltikof; mais il est probable qu'il avait attaqué, avec des paysans, des Français
qui étaient à la maraude sur les terres du comte.

Le prince de Neufchâtel et de Wagram au duc d'Istrie.

Moskou, le 27 septembre 1812, à 7 heures du matin.

L'empereur a été fâché que vous ayez reçu à votre
quartier général les deux parlementaires qui apportaient
des lettres. A l'avenir vous ne devez recevoir personne
par les avant-postes; les lettres que feront parvenir les
prisonniers peuvent être reçues par les vedettes, et celui
qui les apporte renvoyé sur-le-champ. Tous les parlemen-
tages avec l'ennemi tournent toujours à notre désavantage, et ont un but pour celui qui les provoque. L'empereur pense que le mouvement de l'ennemi n'a eu qu'un
seul but, couvrir Kaluga, et se trouver immédiatement
sur la route de Kiow, par où il espère recevoir ses renforts. L'idée de marcher sur Mojaïsk ne paraît à sa majesté qu'une fanfaronade : une armée victorieuse, dit-elle,
ne se croirait pas dans une situation morale pour tenter
une pareille opération; comment croire qu'une armée

vaincue, qui a abandonné sa plus belle ville, ait l'idée d'un pareil mouvement ?

Quant au mouvement de retraite de l'ennemi, après la bataille, sur Kaluga, cela aurait été évidemment inviter l'armée française à marcher sur Moskou. Mais Kutusof a fait ce qu'il devait faire en se retirant par Moskou ; il a remué de la terre sur plusieurs bonnes positions, et a cherché à nous faire croire que pour entrer à Moskou il fallait une deuxième bataille. Cette mesure était tellement bonne que si l'état remis par Lariboissière, commandant l'artillerie, avait porté vingt mille coups de canon de moins, l'empereur se serait arrêté, quoique le champ de bataille ait été un des plus beaux que nous ayons vus, parce qu'il est impossible d'enlever des redoutes sans artillerie et beaucoup de munitions.

L'empereur trouve ridicule ce que disent les parlementaires, qu'ils n'ont perdu que mille officiers dans une bataille où les Russes ont eu quarante officiers généraux tués ou blessés, et quarante à cinquante mille hommes hors de combat de leurs meilleures troupes. Sa majesté observe que la plupart des officiers sont de Moskou; que tous les détails que l'on a disent qu'ils ont montré le désir de défendre cette capitale ; que ne l'ayant pas fait, c'est montrer l'impuissance de leur armée.

L'avant-garde de notre armée s'étant laissé endormir en concluant une espèce de suspension d'hostilité avec les avant-postes des Kosaques, il paraît simple à sa majesté que l'ennemi ait poussé sa cavalerie sur sa gauche pour nous faire du mal; la route de Mojaïsk aurait pu même être interceptée pendant plusieurs jours. L'ennemi n'a point poussé là son ambition ; il a placé de la cavalerie sur toutes les routes pour être bien gardé et prévenu de nos mouvemens.

Si l'ennemi reste en position sur la Pakhra, l'intention de l'empereur est de marcher pour lui livrer bataille ; mais on doit supposer qu'il n'attendra pas, et qu'il n'a d'autre but que de savoir si toute notre armée est devant lui. L'empereur désire, 1° que vous gardiez les deux parlementaires jusqu'à ce que le roi de Naples ait passé la Pakhra ; alors vous les ferez partir de nuit pour les avant-postes du roi de Naples, par lesquels ils retourneront à leur armée ; 2° que vous ne receviez plus de parlementaires, mais seulement les dépêches qu'ils porteront, et qu'il en soit de même des lettres que vous aurez à faire passer. L'intention qu'a l'empereur d'épargner des fatigues à ses troupes le porte à désirer de ne pas faire marcher son armée pour déloger l'ennemi : faites croire à tout le monde que sa majesté est arrivée avec son armée derrière elle.

Il est convenable, si vous parlez avec les parlementaires, que vous leur disiez que l'empereur aurait bien voulu que leur armée marchât sur Mojaïsk, parce qu'elle se serait trouvée alors entre deux armées.

Prévenez bien tous les généraux Lahoussaye, Chastel et Girardin qu'ils n'amènent plus, des avant-postes, des officiers ou soldats parlementaires ; on doit seulement recevoir les lettres en disant qu'on fera passer les réponses.

Je vous ai déjà prévenu que le général Saint-Sulpice était, avec les dragons de la garde, au château du prince Gallitzin ; que le général Guyot, avec les chasseurs de la garde, six pièces d'artillerie, deux brigades de cavalerie bavaroise et la division Broussier, du quatrième corps, était en position sur la route de Mojaïsk, à moitié chemin de Moskou au château du prince Gallitzin. J'ordonne au vice-roi d'envoyer le général Ornano, avec cinq cents chevaux de plus et six pièces d'artillerie, renforcer la brigade de cavalerie bavaroise qui est dans ce moment avec le général Guyot, et d'en prendre le commandement.

S'il arrivait des circonstances imprévues, vous êtes autorisé à écrire au général Ornano et au général Broussier de se porter sur la vieille route de Moskou à Kaluga, à votre hauteur, soit à Fedozino, soit à Szarapowo, avec leur cavalerie, infanterie et artillerie. Quant au général Guyot, aux chasseurs de la garde et à son artillerie, ils doivent rester en position sur la route de Moskou, à moitié chemin du château du prince Gallitzin, dans la même position qu'ils occupent.

Le prince de Neufchâtel et de Wagram à S. M. le roi de Naples.

Moskou, le 28 septembre 1812, à 2 heures de l'après-midi.

L'empereur vient de recevoir votre lettre d'hier, 27, à neuf heures du soir. Sa majesté a donné l'ordre à l'armée de se tenir prête à marcher dans la nuit, vu qu'il est deux heures, et qu'il serait trop tard de se mettre en mouvement aujourd'hui; d'ailleurs, d'ici à ce soir, l'empereur recevra de vos nouvelles et de celles de M. le duc d'Istrie, et ces dépêches le décideront à juger s'il est nécessaire de faire marcher l'armée. Le duc d'Istrie écrit également d'hier, à neuf heures du soir, de son quartier général, à quatre werstes en arrière de Gorki ; ainsi, votre majesté ne peut être tournée par Desna. Votre majesté sentira que ses dépêches sont attendues avec impatience. Le duc d'Istrie dit qu'il a aussi l'ennemi devant lui. Le général Lahoussaye est à Batutinka, derrière Gorki.

Le prince de Neufchâtel et de Wagram à S. M. le roi de Naples.

Moskou, le 4 octobre 1812, à 4 heures et demie du matin.

Sa majesté aurait désiré qu'on pût utiliser les chevaux pris aux voitures à la suite de la cavalerie pour atteler les caissons qu'on a laissés, ayant plus besoin d'artillerie que des voitures que traînent les troupes. L'empereur a accordé les grâces pour le cinquième corps ; il a vu avec plaisir la bonne conduite qu'ont tenue les Polonais. Sa majesté a reçu votre lettre du 2 octobre, à neuf heures du soir ; elle a vu avec plaisir que vous ayez occupé Woronowo. Comme vous annoncez devoir écrire le 3, dans la matinée, l'empereur attend votre lettre pour vous répondre. Sa majesté s'étant décidée à envoyer près du général en chef russe un de ses aides de camp, désire que vous fassiez écrire, par votre chef d'état major, au général commandant l'avant-garde ennemie, une lettre conçue en ces termes :

« L'empereur étant dans l'intention d'envoyer un de
» ses aides de camp généraux près du général en chef
» Kutusof, on désire connaître le jour, l'heure et l'en-
» droit où ce général veut le recevoir. » Cette lettre sera adressée au commandant de l'avant-garde, et l'on en

tirera un reçu. Comme de raison, Sire, l'empereur vous laisse le maître de choisir le moment où vous ferez cette démarche, afin de la faire en tems opportun, et qu'elle n'ait en rien l'air de tenir aux circonstances. L'aide de camp que sa majesté compte envoyer arrivera probablement ce soir à votre quartier général.

Signé ALEXANDRE.

Napoléon au major-général.

Moskou, le 5 octobre 1812.

Mon cousin, le mémoire de l'intendant général me paraît erronné. J'ai peine à croire qu'il faille quarante-cinq jours pour évacuer les blessés qui se trouvent à Mojaïsk, au couvent et à Gjat; car je remarque que dans ces quarante-cinq jours, en ne faisant rien, partie guérira, partie mourra; il n'y aurait donc que le surplus à évacuer, et l'expérience prouve que trois mois après une bataille il ne reste que le sixième des blessés. Ainsi, en comptant sur six mille hommes, il n'en resterait au bout de trois mois que mille à transporter. Mon intention est de rester maître de ma ligne d'opérations, et de faire évacuer mes blessés, etc. (La suite de la lettre offre peu d'intérêt.)

Sur ce, etc. *Signé* NAPOLÉON.

Napoléon au major-général.

Moskou, le 6 octobre 1812.

Mon cousin, faites connaître au duc de Bellune que je ne lui ai pas encore donné d'ordres pour son mouvement, parce que cela dépend du mouvement de l'ennemi; que l'armée russe de Moldavie, forte de trois divisions, ou de vingt mille hommes, infanterie, cavalerie et artillerie comprises, a passé le Dniéper dans les premiers jours de septembre; qu'elle peut se diriger sur Moskou pour renforcer l'armée que commande le général Kutusof, ou sur la Wolhinie, pour renforcer l'armée de Tormassof; que l'armée du général Kutusof, battue à la bataille de la Moskwa, est aujourd'hui sur Kaluga, ce qui pourrait faire penser qu'elle attend des renforts qui lui viendraient de la Moldavie par la route de Kiow; que, dans cette hypothèse, le duc de Bellune recevrait ordre de se réunir à la grande armée, soit par la route d'Ielnia et Kaluga, soit par tout autre; que si, au contraire, les vingt mille hommes de Moldavie s'étaient portés au secours de Tormassof, ce renfort porterait Tormassof à quarante mille hommes; mais que notre droite, que commande le prince de Schwartzenberg, serait encore d'égale force, puisque ce prince, avec les Autrichiens, les Polonais et les Saxons, a environ quarante mille hommes; que d'ailleurs j'ai demandé à l'empereur d'Autriche que le corps que commande le général autrichien Reuss à Lemberg, fît un mouvement, et que le prince Schwartzenberg reçût un renfort de dix mille hommes; que d'un autre côté, l'empereur renforce tant qu'il peut la garnison de Riga et le corps de Wittgenstein, afin de pouvoir déposter le maréchal Saint-Cyr de Polotzk, et le duc de Tarente de Riga et de Dünaburg; que des lettres qui arrivent du prince de Schwartzenberg, en date du 24, tendraient à prouver que l'armée de Moldavie au lieu de venir sur Moskou, s'est rendue à l'armée de Tormassof, et l'a renforcée ; qu'il est donc nécessaire de savoir ce qui se passera ; que dans cet état de choses, je désire que le duc de Bellune cantonne son corps de Smolensk à Orsza ; qu'il entretienne une correspondance exacte par toutes les estafettes avec le duc de Bassano, afin que ce ministre lui écrive et lui donne toutes les nouvelles qu'il aurait des différens points ; qu'il envoie un officier sage, discret et intelligent auprès du général Schwartzenberg et du général Reynier ; que cet officier apprendra du général Schwartzenberg ce qui se passe, et du général Reynier le véritable état des choses ; qu'il se mette en correspondance réglée avec le gouverneur de Minsk, et qu'enfin il envoie des agens dans différentes directions pour savoir ce qui se passe ; que la division Girard sera placée du côté d'Orsza, où elle se trouvera à quatre ou cinq marches de Minsk, à trois de Witepsk, à quatre ou cinq de Polotsk ; que l'autre division, qui sera entre Orsza et Smolensk, pourra l'appuyer rapidement, et qu'enfin la troisième division sera auprès de Smolensk ; que par ce moyen son corps d'armée se reposera et pourra se nourrir facilement ; qu'il faut le placer au haut de la route, afin de laisser la grande communication pour les troupes qui arrivent ; que, dans cette position, il sera également à même de se porter sur Minsk et Wilna, si le centre de nos communications et de nos dépôts était menacé, et si le maréchal Saint-Cyr était poussé à Polotzk, ou d'exécuter l'ordre qu'il recevrait de venir à Moskou par la route d'Ielnia et de Kaluga, si la prise de Moskou et le nouvel état des choses avait décidé l'ennemi à se renforcer d'une portion des troupes de Moldavie ; qu'ainsi le duc de Bellune formera la réserve générale pour se porter, soit au secours du prince de Schwartzenberg et couvrir Minsk, soit au secours du maréchal Saint-Cyr et couvrir Wilna, soit enfin à Moskou pour renforcer la grande armée; que le général Dombrowski, qui a une division de huit mille hommes d'infanterie et douze cents chevaux polonais, est sous ses ordres, ce qui portera son corps d'armée à quatre divisions; que la brigade de réserve de Wilna, composée de quatre régimens westphaliens, de deux bataillons de Hesse-Darmstadt, qui, vers la fin de ce mois, arrivent de la Poméranie suédoise, et de 8 pièces de canon, sera aussi sous ses ordres; qu'enfin, dans le courant de novembre, deux nouvelles divisions se réunissent, l'une à Varsovie, c'est la trente-deuxième division qui sera augmentée de trois bataillons de Würtzbourg, et restera commandée par le général Durutte; l'autre à Kœnigsberg, c'est la trente-quatrième division qui était en Poméranie sous les ordres du général Morand, et qui, augmentée également de quelques bataillons, sera également sous les ordres du général Loison. Ainsi, soit qu'il faille marcher au secours du prince de Schwartzenberg, ou au secours du maréchal Saint-Cyr, le duc de Bellune pourra toujours réunir une masse de quarante mille hommes; que, comme la correspondance de l'estafette est prompte, je serais toujours à même de donner mes ordres, et que ce ne serait que dans le cas où Minsk ou Wilna seraient menacés que le duc de Bellune devrait se mettre en marche, de son autorité, pour couvrir ces deux grands dépôts de l'armée; que le duc de Bellune, ayant le commandement général sur toute la Lithuanie et sur les gouverneurs de Smolensk et de Witepsk, doit pourtant activer la marche de l'administration, et surtout prendre des mesures efficaces pour que les réquisitions de blé et de fourrage aient lieu ; qu'il y a des fours à Mohilow, à Orsza, à Rasasna, à Dubrowna ; qu'il doit faire faire beaucoup de biscuit, et se mettre en situation d'avoir trente jours de vivres assurés pour son corps, sans prendre rien ni sur les transports militaires, ni sur les convois qui viendraient de l'armée. Le duc de Bellune aura soin d'avoir aussi une correspondance à Witepsk : il est maître d'y envoyer des troupes pour soutenir ce point et s'y maintenir. Il pourra de sa personne se porter à Mohilow, à Witepsk, à Smolensk, pour connaître le terrain et faire marcher l'administration. Si, par accident quelconque, la communication avec Moskou venait à être interceptée, il aurait soin d'envoyer de la cavalerie et de l'infanterie pour la rouvrir.

Sur ce, etc.

Signé NAPOLÉON.

Le *post-scriptum* suivant est écrit de la main de Napoléon :

Son quartier général devra être à Smolensk.

Napoléon au major-général.

Moskou, le 6 octobre 1812.

Mon cousin, le duc de Trévise demande des vivres pour les employés de la police, il en demande pour les enfans trouvés, il en demande pour les Russes qui sont aux hôpitaux, il en demande pour les habitans malades, etc., etc. ; toutes ces demandes sont fort légitimes, mais nul n'est tenu à l'impossible; il faut que la municipalité russe forme une compagnie russe, qui se rendra par détachemens dans les villages, et prendra des vivres en les payant. L'intendant général accordera l'argent nécessaire sur les fonds que j'ai mis à sa disposition; on fournira ici, à la municipalité, un magasin qui sera destiné pour la ville, et approvisionné ainsi qu'il vient d'être dit. Cette compagnie pourra s'appeler compagnie de police, et, si cela réussit, on pourra en former trois ou quatre autres semblables, lesquelles parcourreront les environs, et feront arriver ici, en payant, tout ce qui est nécessaire aux habitans, surtout aux hôpitaux; voilà le seul moyen de suffire à tout; parlez-en au sieur Lesseps, et qu'on ne perde pas un moment.

Sur ce, etc.

Signé **NAPOLÉON.**

Napoléon au major-général.

Moskou, le 6 octobre 1812.

Mon cousin, donnez ordre que les dix soldats russes qui ont été découverts dans une cave du onzième quartier soient fusillés, comme incendiaires; que cela soit fait demain à quatre heures du matin, sans éclat.

Sur ce, etc.

Signé **NAPOLÉON.**

Nota. Au bas de la lettre on a écrit ces mots : « Cet » ordre n'a point été exécuté; on a reconnu que c'étaient » des malades. »

NOTES DU LIVRE II.

Le prince de Neufchâtel et de Wagram au général en chef Kutusof (a).

Moskou, le 16 octobre 1812.

Le général Lauriston avait été chargé de proposer à votre altesse de prendre des arrangemens pour donner à la guerre un caractère conforme aux régles établies, et prendre des mesures pour ne faire supporter au pays que les maux indispensables qui résultent de l'état de guerre. En effet, la dévastation de son propre pays est nuisible à la Russie, autant qu'il affecte douloureusement l'empereur; votre altesse sentira facilement l'intérêt que j'ai à connaître la détermination définitive de son gouvernement.

Recevez, etc.   *Signé* ALEXANDRE.

Le prince Kutusof au prince de Neufchâtel et de Wagram (b).

Au quartier général, le 21 octobre 1812.

Mon prince, le colonel Berthemy, que j'ai admis dans mon propre quartier, m'a remis la lettre dont votre

(a) Napoléon avait dicté cette lettre.
(b) Il est probable qu'il y a erreur dans la date de la lettre de Berthier, que j'ai copiée sur un brouillon, et qu'elle n'a été expédiée que le 19. Ce qui me le fait soupçonner, c'est que la date de la lettre de Kutusof doit être exacte, puisque j'ai copié cette lettre sur l'original, et qu'il n'est pas probable qu'il ait fait attendre quatre jours sa réponse. L'on s'apercevra aussi que cette réponse n'est pas seulement relative au contenu de la lettre de Berthier, mais encore à des communications verbales que le porteur de cette lettre avait sans doute été chargé de faire.

altesse l'avait chargé pour moi ; tout ce qui fait l'objet de cette nouvelle démarche a déjà été soumis immédiatement à l'empereur, mon maître, et c'est, comme vous ne sauriez l'ignorer, mon prince, l'aide de camp général prince de Wolkonsky qui en a été le porteur. Cependant vu la distance des lieux, et la difficulté des routes dans la saison actuelle, il est physiquement impossible qu'il me soit déjà parvenu une réponse à cet égard. Je ne saurais donc que me référer personnellement à tout ce que j'ai eu l'honneur de dire à M. le général Lauriston sur la même matière. Je répéterai cependant ici une vérité dont vous apprécierez sans doute, mon prince, toute la force et l'étendue, c'est qu'il est difficile d'arrêter, malgré tout le désir qu'on peut en avoir, un peuple aigri par ce qu'il voit, un peuple qui depuis trois cents ans n'a point connu de guerre intérieure, qui est prêt à s'immoler pour sa patrie, et qui n'est point susceptible de ces distinctions entre ce qui est ou n'est pas d'usage dans les guerres ordinaires. Quant aux armées que je commande, je me flatte, mon prince, que tout le monde reconnaîtra, dans la manière dont elles agissent, les principes qui caractérisent toute nation loyale, brave et généreuse ; je n'en ai jamais connu d'autres dans ma longue carrière militaire, et je me flatte que les ennemis que j'ai eu a combattre ont toujours rendu justice à mes maximes à cet égard. Recevez, mon prince, l'assurance de ma plus haute considération.

Le maréchal commandant en chef les armées,

Signé prince KUTUSOF.

NOTES DU LIVRE II.

Napoléon au major-général.

Moskou, le 18 octobre 1812.

Mon cousin, faites connaître au duc de Trévise que je pars demain matin avec l'armée pour poursuivre l'ennemi ; que mon intention est que le duc de Trévise se loge au Kremlin, et y caserne
 1°. La division Laborde ;
 2°. La brigade du général Carrière, composée de quatre bataillons de cavalerie à pied, forte de près de quatre mille hommes ;
 3°. Deux compagnies de sapeurs ;
 4°. Une compagnie d'artillerie ;
 5°. L'artillerie de la division Laborde ;
Enfin une brigade de cinq cents hommes à cheval : avec cette force le duc de Trévise pourra garder la ville, mais avec la prudence convenable. L'intendant laissera un ordonnateur, plusieurs commissaires des guerres et des chefs de service. Le général du génie laissera un officier supérieur commandant. Le général d'artillerie laissera un officier supérieur d'artillerie et plusieurs officiers d'artillerie. Le duc de Trévise fera travailler avec la plus grande activité à l'armement du Kremlin, et mettra en batterie les pièces qui se trouvent ici ; il fera construire une petite batterie en terre sur le terre-plein, où il fera mettre ses pièces de campagne de manière à bien battre le pont de pierre ; il tiendra un fort poste au couvent du prince d'Eckmulh, dont la position est importante, parce qu'il commande un pont sur la Moskwa. Tous les malades qui se trouveront ici seront réunis aux

Enfans-Trouvés ; il doit y en avoir trois ou quatre cents ; il faudrait donc les faire garder en force. Le magasin d'eau-de-vie près du pont de pierre doit être également gardé par un fort détachement. Tous les magasins qui sont trop éloignés, le duc de Trévise les fera réunir au Kremlin. Les généraux, officiers supérieurs, officiers supérieurs d'administration qui se trouvent ici se logeront dans le Kremlin. Le commandant de la place et l'intendant pourront continuer à loger dans le logement du gouverneur et dans le logement que le duc de Trévise occupe près du Kremlin. Le duc de Trévise verra s'il faut faire garder le couvent du maréchal Ney. Il serait utile de garder, par un poste, la prison qu'a fait retrancher le vice-roi sur la route de Pétersbourg. Pour tout le reste, il réduira le service comme il l'entendra, en conservant de préférence ce qui sera le plus près du Kremlin. Demain, quand l'armée sera partie, il fera faire, par la municipalité, une proclamation pour prévenir les habitans que les bruits d'évacuation sont faux ; que l'armée se porte sur Kaluga, Tula et Briansk, pour s'emparer de ces points importans et des manufactures d'armes qui s'y trouvent ; engager les habitans à maintenir la police et empêcher qu'on ne vienne achever la ruine de la ville Il fera, dès demain, commencer les travaux au Kremlin, et veillera à ce qu'ils soient poussés avec la plus grande activité ; il fera faire de fortes patrouilles dans la ville, surtout du côté des portes de Mojaïsk et de Kaluga, afin de pouvoir recueillir tous convois ou régimens de marche qui seraient en route de Mojaïsk pour se rendre ici. La division Roguet restera ici la journée de demain ; elle partira demain soir, escortant le trésor et le quartier général de l'intendant. Le duc de Trévise fera dans la ville une police sévère; il fera fusiller tout soldat russe qu'on trouverait dans la rue : à cet effet, il fera donner l'ordre à tous ceux qui sont aux hôpitaux de n'en plus sortir. On ne mettra nulle part de petits postes, afin d'être à l'abri de la malveillance des paysans et des surprises des Kosaques. Enfin le duc de Trévise doit réunir le plus de vivres qu'il pourra; il fera confectionner beaucoup de biscuit; il s'assurera des vivres, au moins pour un mois, en farine, pommes de terre, choux-croute, eau-de-vie, vin, etc. Il doit conserver cet approvisionnement pour les circonstances urgentes, en faisant moudre à tous les moulins, pour que, s'il est possible, cela puisse alimenter son journalier. Ayez soin de donner au duc de Trévise un chiffre, afin que la correspondance avec lui puisse être libre et sûre.

Sur ce, etc.

Signé **NAPOLÉON.**

FIN DES NOTES DU DEUXIÈME LIVRE.

LIVRE TROISIÈME.

ARGUMENT.

Récapitulation succincte des événemens racontés dans les premier et deuxième livres. Napoléon se porte à la rencontre de Kutusof par la vieille route de Kaluga. Etat et force de l'armée française. Spectacle extraordinaire que présente cette armée à son départ de Moskou. Napoléon quitte la vieille route de Kaluga, passe sur la nouvelle en suivant un chemin de traverse, et se dirige sur Kaluga. Mortier évacue Moskou le 23 octobre, après avoir fait sauter les murailles du Kremlin et incendié une partie des bâtimens que contient cette forteresse. Kutusof devance Napoléon sur la nouvelle route de Kaluga. Combat de Malojaroslawetz le 24 octobre. Retraite de Kutusof. Conseil tenu par Napoléon le soir du combat; son indécision. Positions des deux armées. Napoléon se décide, le 26 à neuf heures du matin, à effectuer sa retraite sur Smolensk par Mojaïsk et Wiazma. Réflexions sur les opérations militaires depuis le départ de Moskou. Détails sur la marche de l'armée depuis Malojaroslawetz jusqu'à Wiazma. Kutusof dirige Miloradowitz sur Wiazma avec deux corps d'infanterie, et suit, avec le reste de son armée, des chemins de traverses parallèles à la route par laquelle se retire Napoléon. Maux qui accablent l'armée aussitôt après qu'elle a dépassé Mojaïsk. Combat de Wiazma le 3 novembre. L'armée française continue sa retraite. Augmentation du froid. Apparition de la neige. Tableau des cruelles extrémités auxquelles l'armée est réduite. Elle se désorganise et éprouve des pertes incroyables. Napoléon dirige Eugène sur Dukhowzina, et continue sa retraite sur Smolensk. Il arrive dans cette ville avec sa garde le 9 décembre, et s'y arrête pour y faire faire des distributions de vivres et y attendre les corps qui étaient encore en arrière. Combat du Wop le 9 décembre. Kutusof passe à Jelnia et se dirige sur Krasnoi. Réflexions sur les opérations militaires depuis le combat de Malojaroslawetz. Suite du récit des opérations des corps d'armée détachés. Napoléon continue sa retraite par Krasnoï et Orsza sur Minsk. Force de l'armée de Moskou à son départ de Smolensk. Situation critique de Napoléon. Combats entre Koritnia et Krasnoï les 15, 16 et 17 novembre. Napoléon est obligé d'effectuer sa retraite avant l'arrivée de Ney. Il apprend à Dubrowna la prise de Minsk par Tchitchagof, et retombe dans une situation encore plus critique que celle de laquelle il venait de se tirer. Dispositions ordonnées aux maréchaux Victor et Oudinot par suite de cet événement. Napoléon harangue, entre Dubrowna et Orsza, l'infanterie de la vieille garde. Il arrive à Orsza le 19 novembre, veut profiter du passage du Dniéper pour rallier son infanterie, et ne peut y parvenir. Le dégel succède aux froids rigoureux. Combat de Katowa le 18 novembre. Retraite de Ney par la rive droite du Dniéper ; il rejoint l'armée à Orsza.

Le premier livre de cette histoire nous a montré Napoléon contraignant les armées russes à se retirer sur tous les points avec une extrême précipitation, et poussant rapidement ses armes victorieuses jusqu'au delà du Dniéper et de la Dwina.

Le second livre nous a présenté des événemens non moins mémorables. Une invasion en Moskovie contre toutes les règles de l'art, mais favorisée en quelque sorte par les mauvaises dispositions du général russe; la sanglante journée de la Moskwa, dans laquelle Napoléon manqua entièrement à sa fortune ; la prise de Moskou; le sacrifice inouï de cette capitale au salut de la patrie; les armées de Moldavie et de Finlande, disponibles par suite de la paix avec la Turquie et de l'alliance avec la Suède, arrivant en Wolhinie et sur la Dwina, et y ramenant les succès ; Napoléon lui-même passant de l'offensive à la défensive, et, par suite d'un aveuglement inexplicable, restant trente-quatre jours au milieu des cendres de Moskou.

Nous avons vu que l'armée française avait quitté cette capitale dans l'après-midi du 18 octobre pour venir camper sur la vieille route de Kaluga; le reste de la journée et une partie de la nuit furent employés à exécuter ce mouvement. Le 19 au point du jour, toute l'armée se mit en marche dans la direction de Kaluga; elle comptait, en y comprenant les troupes réunies sous le commandement de Murat et le corps de Junot, environ cent quatre mille combattans (a).

L'infanterie belle, remplie du sentiment de sa supériorité, était rétablie de ses fatigues et composée presqu'entièrement de soldats éprouvés; l'on aurait pu faire le même éloge de l'artillerie si elle n'avait pas été très-mal attelée;

(a) J'ai évalué la force de l'armée française d'après la situa-

la cavalerie avait encore plus souffert : ce qui en restait, à l'exception de celle de la garde,

tion ci-jointe, que j'ai composée en réunissant les situations les plus rapprochées du 18 octobre que j'ai pu me procurer.

DÉSIGNATION des CORPS D'ARMÉE.	Officiers, s.-officiers et soldats d'infanterie présens sous les armes, y compris l'artillerie.	Officiers, s.-officiers et soldats de cavalerie présens sous les armes, y compris l'artillerie.	Nombre de bouches à feu d'artillerie de ligne et d'artillerie régimentaire.	Nombre de caissons, forges, charriots à munitions et autres voitures d'artillerie.	OBSERVATIONS.
Garde impériale.	17,871	4,609	112	275	La situation de la garde est du 15 octobre. On a compris dans l'infanterie de la garde la division de la Vistule et le bataillon des vélites de Turin, et dans la cavalerie les chasseurs portugais.
1er corps d'armée.	27,449	1,500	144	633	La situat. des deuxième et quatrième divisions est du 20 septembre. Celle du reste du corps est du 10 octobre; la force de la cavalerie légère a été donnée approximativement.
3e idem....	9,597	901	71	186	La situat. du troisième corps est du 10 octobre.
4e idem....	23,963	1,661	92	450	La situat. du quatrième corps est du 10 octobre.
5e idem....	4,844	868	49	239	La situat. du cinquième corps est du 21 octobre.
8e idem....	1,916	775	34	130	La situat. du huitième corps est du 16 octobre.
Brigade de cavaliers démoutés..	4,000	»	»	»	Situation approximative au 18 octobre.
1er, 2e, 3e et 4e corps des réserves de cavalerie.	»	5,000	67	157	Situation approximative après le combat de Winkowo.
TOTAUX....	89,640	15,314	569	2,070	

L'on voit que j'ai donné approximativement la force des réserves de cavalerie et de la brigade de cavaliers démontés le

qui s'élevait encore à quatre mille six cents hommes, était dans le plus mauvais état. C'é-

18 octobre. Les situations de la garde impériale, du cinquième corps et du huitième corps, sont données à des époques si rapprochées du 18 octobre, qu'elles peuvent être considérées comme exactes. Celles du premier, du troisième et du quatrième corps étant du 10 octobre, doivent différer en ce que l'infanterie devait s'être accrue par l'arrivée de quelques détachemens et la guérison de quelques blessés ou malades; mais elle avait dû perdre quelques hommes à la maraude, et la deuxième division du premier corps avait essuyé des pertes au combat de Winkowo; ainsi la différence entre la force de l'infanterie de ces corps le 10 et le 18 octobre, doit être très-faible. Quant à la cavalerie de ces trois corps, dont une partie aurait combattu à Winkowo, j'évalue sa diminution à mille hommes; ainsi la force de l'armée française, en combattans, lors du départ de Moskou, était la suivante:

Infanterie 89,640
Cavalerie 14,314
    Total des combattans 103,954

Pour avoir la force totale de l'armée de Moskou, il faut ajouter les troupes de la gendarmerie, du grand quartier général, des grands parcs d'artillerie, celles du génie, des équipages militaires, des ambulances, etc., etc., que j'évaluerai approximativement à 12,000
    Total des troupes 115,954

Si l'on voulait avoir le nombre d'hommes (militaires ou non) qui composaient l'armée de Moskou, il faudrait ajouter la suite de Napoléon et des généraux, les administrateurs, les employés, les cantiniers, les domestiques, les boulangers, les maçons, etc., etc.

tait donc en quelque sorte uniquement sur son infanterie que reposaient les espérances de Napoléon. Dans la situation critique où il se trouvait, il aurait dû chercher à rendre son armée plus mobile, afin de pouvoir exécuter des marches rapides. Elle était au contraire dans l'impossibilité de se mouvoir autrement qu'avec une extrême lenteur. On s'aperçoit que je veux parler de cette énorme quantité de voitures qui entravaient sa marche : leur nombre, qu'il aurait été si nécessaire de diminuer, s'était augmenté encore. On remarquait surtout un très-grand nombre de voitures de luxe (*a*); les cantinières, au lieu de vivres, transportaient des effets pillés ; il s'en était introduit partout ; dans les équipages particuliers, sur les voitures de vivres, même sur celles de l'artillerie et des ambulances ; le cavalier en chargeait son cheval; le fantassin, victime de son avidité, ployait sous le poids de son sac ; deux nouveaux convois, celui des trophées et celui du trésor (1), suivaient l'armée ; enfin, quoique Napoléon eût annoncé

(*a*) Beaucoup de généraux qui s'étaient jusqu'alors contentés d'une seule voiture, en emmenaient plusieurs, tandis qu'un grand nombre d'officiers, qui n'en avaient point encore eu, avaient chacun la leur.

qu'il ne quittait Moskou que momentanément, et qu'il y reviendrait après avoir battu les Russes; sa situation était si bien connue, qu'il ne parvint à tromper personne. Aussi beaucoup de blessés et de malades, au lieu de rester dans les hôpitaux, les avaient quittés pour se mettre à la suite de leurs régimens, et la plupart des familles de négocians étrangers restées à Moskou, et qui y avaient vécu sous la protection des Français, s'étaient décidées à les suivre, dans la crainte de la vengeance des Russes (*a*). Ainsi l'on voyait marcher pêle-mêle cette redoutable infanterie, dont l'aspect était si martial, les débris de la cavalerie, l'artillerie qui se traînait languissamment, une quantité énorme de voitures de toutes les espèces, ces familles fugitives qui s'étaient placées sous la protection de l'armée, et de nombreux troupeaux conduits par des soldats. Spectacle extraordinaire, et tout à la fois imposant et bizarre! Il se formait à tous les ponts et défilés des encombremens qui accablaient les troupes de fatigues et achevaient de détruire l'artillerie. L'arrière-garde paraissait ordinairement avant

---

(*a*) Ces familles étaient suivies par des voitures sur lesquelles elles emportaient ce qu'elles avaient pu sauver de plus précieux.

que ces encombremens fussent entièrement dissipés; et l'on se voyait contraint d'abandonner des voitures qui devenaient aussitôt la proie de l'ennemi. A la vue de cet état de choses, malgré l'esprit belliqueux de l'armée, malgré le souvenir de tant de victoires profondément gravé dans tous les cœurs, l'avenir se présentait sous les couleurs les plus sombres.

L'armée marchait dans l'ordre suivant: Eugène à l'avant-garde, Ney immédiatement après; venaient ensuite la garde, Davout, la division Roguet (a) et la division Morand, détachée du corps de Davout, et qui, conjointement avec la brigade Colbert, faisait l'arrière-garde. Napoléon quitta Moskou de sa personne le 19 au matin, et vint établir son quartier général à Troitskoe; tous les corps continuèrent leur mouvement; l'avant-garde campa à Batukinka.

Le lendemain matin (20 octobre), Napoléon écrivit à Mortier; il lui ordonnait de se préparer à évacuer Moskou le 23 dans la nuit, de se diriger par Kubinskoé sur Wéréia

(a) La division Roguet fut chargée d'escorter les équipages du grand quartier général, le convoi du trésor et celui des trophées.

et de miner une partie des bâtimens et des murailles du Kremlin pour les faire sauter au moment de son départ.

Après avoir traversé la Pachra à Gorki, l'on monte une colline escarpée, sur le sommet de laquelle on trouve à gauche de la route le beau château de Krasno-Pachra. Vis-à-vis vient aboutir un chemin de traverse qui conduit à la nouvelle route de Moskou à Kaluga. Eugène atteignit ce chemin dans l'après-midi et le prit pour se diriger sur Fominskoé, où l'on se souvient que Broussier était déjà en position avec sa division et la cavalerie légère du quatrième corps. Ce même jour, Ney opéra sa jonction avec Murat, qui avait conservé sa position derrière la Motscha, et Poniatowski rétrograda aussitôt pour suivre le mouvement d'Eugène.

Le jour suivant (21 octobre), Napoléon transporta son quartier général à Ploskowo.

La garde, Davout et Roguet s'engagèrent dans le chemin de traverse, les divisions Friédrichs et Dufour rejoignirent Davout. Il resta seulement sur la vieille route de Moskou à Kaluga la cavalerie de Murat, le corps de Ney et la division Claparède derrière la Motscha ; la division Morand et la brigade Colbert derrière la Desna. Eugène atteignit Fominskoé et prit position derrière la Nara.

Le 22, Napoléon se rendit à Fominskoé, et, suivi de Berthier, de Murat, de Davout, d'un nombreux état major et d'un simple piquet de cavalerie, fit une reconnaissance sur la gauche jusqu'à plusieurs lieues de ce bourg, et ne rencontra que quelques Kosaques. Eugène poussa la division Broussier et sa cavalerie légère jusqu'à Katowo, la division Delzons une lieue plus loin, et avec le reste de son corps, il prit position en avant de la Nara. Poniatowski se dirigea sur Wéréia pour en chasser les Russes, qui occupaient cette petite ville depuis le 10 octobre. Davout et la garde atteignirent Fominskoé. Murat quitta sa position avec trois de ses corps de cavalerie pour prendre la même direction, et Morand quitta aussi la position qu'il occupait derrière la Desna, mais le soir seulement, pour rejoindre Davout.

Il ne resta sur la vieille route de Kaluga que Ney, qui réunissait sous son commandement son corps, la division Claparède, le corps de cavalerie de Latour-Maubourg, la cavalerie légère de Davout et la sienne. Le tems changea pendant cette journée; il plut un peu, ce qui rendit les chemins très-mauvais : cette nouvelle difficulté, réunie à celles qu'apportaient beaucoup de petits ponts étroits et peu solides qui se brisaient souvent, causa de grands retards à la marche de l'armée. S'il fût tombé une pluie continue pendant vingt-quatre heures, il aurait fallu abandonner une grande partie des bagages et de l'artillerie dans le chemin de traverse, événement que l'on aurait jugé désastreux et qui pourtant aurait été utile.

Le lendemain du départ de l'armée française de Moskou, des détachemens de Kosaques du corps de Wintzingerode voulurent pénétrer dans cette capitale, et furent repoussés ; mais depuis, Mortier s'étant contenté d'occuper par quelques postes les parties de la ville voisines du Kremlin, ils pénétrèrent dans celles qui étaient plus éloignées. Le 22, Wintzingerode en personne s'avança inconsidérément vers le Kremlin, à la tête d'un détachement de cavalerie, et, ayant été coupé par un poste d'infanterie, il fut fait prisonnier (*a*).

(*a*) Wintzingerode agita un mouchoir lorsqu'il était déjà cerné : on devait croire que ce n'était qu'un prétexte, parce qu'un général ne remplit pas lui-même les fonctions de parlementaire, et devrait d'ailleurs, s'il s'y décide, se faire précé-

Le 23 à minuit, Mortier commença à évacuer le Kremlin, ainsi qu'il en avait reçu l'ordre (*a*) ; à deux heures du matin, au moment où l'arrière-garde partait, on mit le feu au palais des tzars et aux mines que l'on avait préparées. Une partie des murailles, le palais des tzars, l'église Saint-Nicolas, l'arsenal et quelques bâtimens attenans furent renversés ou incendiés. Ce dégât n'étant justifié par aucun motif militaire, ne peut être considéré que comme une vengeance insensée qu'exerça Napoléon, irrité de n'avoir pu faire ployer Alexandre sous son joug. Une telle conduite servait ses ennemis, en alimentant la haine qu'on avait cherché à inspirer au peuple russe contre les Français, et elle aurait pu engager Alexandre à lui faire une guerre d'extermination, résolution cruelle, que le caractère humain et modéré du monarque russe lui fit repousser, mais qui

---

der, selon l'usage, par un trompette. Le lieutenant général comte Saint-Priest remplaça Vintzingerode.

(*a*) Indépendamment de ses bagages, Mortier traînait à sa suite un grand nombre de voitures qui n'avaient point suivi l'armée à cause de son départ précipité, et qui la rejoignaient. Napoléon avait ordonné à Mortier d'emmener le plus de blessés qu'il pourrait ; il en avait placé quatre cents sur ses voitures, et en avait abandonné environ douze cents dans les hôpitaux de Moskou.

lui aurait été avantageuse, et qui aurait été en harmonie avec l'impulsion donnée à sa nation. Pendant que Mortier abandonnait le Kremlin, Ney quittait sa position, derrière la Motscha, pour se replier sur Fominskoé : ces deux généraux formaient les arrières-gardes de l'armée. La reconnaissance de la veille ayant rassuré Napoléon sur sa gauche, il dirigea l'armée sur Kaluga. Les corps continuaient à marcher dans le même ordre : Eugène dépassa Borowsk, petite ville sur la Protwa, et campa une demi-lieue au delà avec trois de ses divisions ; la quatrième, commandée par Delzons, continua sa marche sur Kaluga ; ce général n'avait devant lui qu'un détachement de Kosaques. A la chute du jour, il atteignit la Luja ; le pont qui se trouve sur cette rivière venait d'être rompu par les Kosaques ; il le fit rétablir à l'instant, envoya deux bataillons prendre possession de Malojaroslawetz, et bivouaqua, avec le reste de sa division, en deçà de la Luja. Poniatowski s'était emparé, la veille, de Wéréia ; il se mit en communication avec Mojaïsk et Borowsk, et poussa sur la route de Médyn une avant-garde qu'il devait suivre le lendemain.

Napoléon, convaincu par la reconnaissance de la veille et les divers rapports qui lui avaient été faits, que Kutusof occupait encore le camp de Tarutino, ne douta plus qu'il n'atteignît Kaluga avant ce général. Son projet était de se retirer de Kaluga sur Smolensk, par Ielnia. S'il éprouvait des difficultés à pousser jusqu'à Kaluga, il pouvait, de Malojaroslawetz, rejoindre la route de Kaluga à Smolensk, par les deux routes de Médyn et de Znamenskoe, ce qui lui faisait gagner une journée.

Le 23 au matin, avant que de transporter son quartier général plus loin que Fominskoe, il envoya à Junot l'ordre de se préparer à se retirer sur Wiazma, avec toutes les troupes qui se trouvaient entre Mojaïsk et cette ville; au général Evers, qui était à Wiazma, celui de se diriger, avec un détachement d'environ quatre mille hommes d'infanterie et de cavalerie (*a*), sur Jukhnow, d'où il devrait pousser des postes jusqu'à Znamenskoe; à Victor, l'ordre de partir de Smolensk, avec la division Girard et sa brigade de cavalerie légère, pour venir à sa rencontre par Ielnia, à moins toutefois que les circonstances ne l'eussent déjà forcé à disposer de ses troupes. Napoléon pré-

---

(*a*) Ces troupes étaient des régimens de marche qui se dirigeaient sur Moskou, et avaient été arrêtés à Wiazma.

venait ses généraux que sa communication avec Smolensk allait cesser momentanément, mais serait rétablie incessamment, d'abord par Znamenskoe (où il comptait arriver du 25 au 27), Juknow et Wiazma, et ensuite par Ielnia et Smolensk. Ces ordres expédiés, il transporta son quartier général à Borowsk, et fit pousser sur la gauche de la route des reconnaissances, qui ne rencontrèrent que des Kosaques.

Nous avons vu que Kutusof, après le combat de Winkowo, s'était contenté de faire suivre Murat par une avant-garde, qui s'arrêta sur les bords de la Motscha, et qu'il était revenu occuper, avec le reste de son armée, le camp retranché de Tarutino. Il fut bientôt instruit que Napoléon avait quitté Moskou pour prendre la vieille route de Kaluga, et dès lors il ne douta plus que son intention ne fût de venir l'attaquer. Le 23 au matin, il était encore dans une ignorance tout-à-fait extraordinaire des mouvemens de son adversaire, lorsqu'on lui fit le rapport que, le 22, un corps français de six à sept mille hommes s'était dirigé sur Wéréia (*a*); il fit aussitôt partir Doctorof, avec son corps, pour Borowsk. Ce général ap-

---

(*a*) Ce corps était celui de Poniatowski.

prit bientôt que cette ville venait de tomber au pouvoir des Français, et que leur avant-garde marchait sur Kaluga. Il en instruisit Kutusof, qui lui ordonna de se porter, à marches forcées, sur Malojaroslawetz. Un rapport de Miloradowitz avait, dans le même tems, fait connaître au général russe que Ney s'était retiré sur Fominskoé ; qu'il n'y avait plus de troupes françaises sur la vieille route de Kaluga ; enfin que Moskou était évacué. Il acquit dès lors la conviction que Napoléon se dirigeait sur Kaluga par la nouvelle route, et, levant aussitôt son camp, il se porta en toute hâte sur Malojaroslawetz, par les deux chemins de traverse, dont l'un passe à Spaskoe et l'autre à Fédérowskoe. Il était trois heures de l'après-midi lorsqu'il commença ce mouvement : son armée, qui avait encore été augmentée, depuis le combat de Winkowo, par l'arrivée de nouveaux renforts, s'élevait à cent dix mille combattans.

La petite ville de Malojaroslawetz était bâtie sur le penchant d'une colline assez escarpée, qui borde, sur la rive droite, le vallon dans lequel coule la Luja. Sur la rive gauche, le terrain s'élève insensiblement en s'éloignant du vallon. La rivière formait un rentrant vis-à-vis de la ville, et s'en rapprochait jusqu'à cinquante toises; dans cet endroit était placé le pont.

Au point du jour, Doctorof arriva devant Malojaroslawetz, attaqua aussitôt les deux bataillons qui occupaient la ville, et les força à se replier jusque sur le pont. Delzons accourut avec sa division, reprit l'offensive et repoussa les Russes jusqu'à une grande place qui se trouve dans le haut de la ville; mais il ne put s'y maintenir. Lorsqu'Eugène reçut la nouvelle de l'attaque des Russes, il était déjà en marche avec ses troupes; il leur ordonna de se hâter, et, de sa personne, prenant les devans, atteignit le vallon de la Luja, près duquel il s'arrêta. Peu après son arrivée, Delzons fut frappé à mort; Guilleminot (*a*) le remplaça. La position des Français était désavantageuse à cause de l'escarpement de la colline, et parce que l'artillerie russe, placée à droite de la ville, sur le sommet de cette colline, accablait de son feu toutes les troupes qui passaient la Luja, tandis que les troupes russes, en position dans la plaine, au delà de Malojaroslawetz, étaient

---

(*a*) Le général de brigade baron Guilleminot était chef d'état major du quatrième corps.

cachées par la crête de la colline. Guilleminot, pour conserver Malojaroslawetz jusqu'à l'arrivée des troupes d'Eugène, malgré le désavantage de sa position et l'infériorité de ses forces, fit occuper, par des compagnies de grenadiers, une église et deux maisons situées à l'entrée de la ville, et qui dominent un ravin dans lequel passe la grande route. Ces postes devaient être conservés, quand même les Français seraient chassés de la ville, pour offrir un appui aux retours offensifs : l'événement justifia l'utilité de cette mesure. Guilleminot fut effectivement repoussé plusieurs fois ; mais les troupes russes se trouvant prises à dos dès qu'elles avaient dépassé les trois postes retranchés, le désordre s'y introduisait, et le général français, reprenant l'offensive, les repoussait de nouveau jusqu'à cette grande place dont nous avons parlé.

A dix heures et demie du matin, l'on vit paraître les aigles du quatrième corps; Eugène envoie aussitôt la division Broussier, qui ouvrait la marche, au secours de Guilleminot ; dans le même tems, l'avant-garde de Kutusof atteignait aussi Malojaroslawetz, et le combat, ranimé par des troupes fraîches, prit une nouvelle activité. Deux lieues avant Malojaroslawetz, la route traverse le village de Ghorodnia ;

immédiatement après, elle se rapproche du vallon de la Luja, et chemine sur un plateau qui vient aboutir à ce vallon. Le chemin de Tarutino à Malojaroslawetz, par Spaskoe, se rapproche également et à la même hauteur du vallon de la Luja ; si bien que l'on distinguait parfaitement les troupes russes se dirigeant sur Malojaroslawetz ; et Napoléon, placé sur le plateau qui borde la Luja (*a*), acquit, par ses propres yeux, la certitude de l'arrivée de l'armée russe, événement le plus désastreux qu'il eût à craindre dans sa position. Davout et la garde, étant arrivés successivement, furent placés en réserve derrière Eugène, l'un à droite, l'autre à gauche de la route.

Cependant, tant que les Russes se maintenaient dans Malojaroslawetz, Napoléon ne pouvait engager qu'un nombre déterminé de troupes, à cause du peu d'étendue du champ de bataille. Il était difficile de tourner la ville, parce que la colline, sur laquelle elle était située, est assez rapide, boisée sur la droite, à

(*a*) Napoléon avait quitté Borowsk à neuf heures du matin, s'était arrêté à un bivouac au premier village après cette ville, en était reparti à onze heures et demie, était arrivé à une heure de l'après-midi sur le plateau qui borde le vallon de la Luja.

une petite distance, et sillonnée de ravins sur la gauche. Le feu d'un grand nombre de batteries, placées dans la plaine, accablait les Français aussitôt qu'ils atteignaient le sommet de la colline, et ils ne pouvaient se servir de leur artillerie, puisqu'il n'existait pas d'autres moyens de la conduire sur le plateau, qui est au delà de Malojaroslawetz, qu'en lui faisant traverser cette ville. Les Russes ne pouvaient non plus la tourner pour se diriger sur le pont, parce qu'aussitôt qu'ils débouchaient dans le vallon de la Luja, ils étaient foudroyés par l'artillerie française placée sur la rive gauche de cette rivière. L'on était donc contraint de se battre dans Malojaroslawetz. Cette ville, embrasée depuis le matin, avait servi constamment de théâtre aux combattans, et ce n'était plus qu'en foulant aux pieds les cadavres dont elle était remplie qu'ils parvenaient à se joindre. Les divisions Broussier et Guilleminot étant insuffisantes, non pas seulement pour chasser les Russes de Malojaroslawetz, mais même pour s'y maintenir, la division Pino, composée d'Italiens et qui n'avait point encore combattu depuis le commencement de la campagne, fut envoyée à leur secours, et bientôt après une partie de la garde royale. Ces troupes réunies, après des succès variés, parvinrent enfin à s'emparer de la ville et à s'établir sur le sommet de la colline. L'on put alors utiliser l'artillerie ; elle traversa Malojaroslawetz, cheminant sur les morts et les mourans entassés dans les rues, et les mutilant d'une manière horrible. Dans le même tems, les divisions Gérard et Compans, du premier corps, passèrent la Luja (*a*), et se placèrent, l'une à droite, l'autre à gauche de la ville : le jour finissait alors; le combat diminua successivement de vivacité, mais la fusillade ne cessa entièrement qu'à onze heures du soir.

Kutusof établit ses avant-postes à une portée de canon de l'armée française, laissa en sa présence une forte arrière-garde, et se retira, avec le reste de son armée, dans la direction de Kaluga. A nuit close, Napoléon, accompagné de sa garde, revint à Ghorodnia, où il était logé dans une maison de paysan. Aussitôt arrivé, il réunit, en conseil, Berthier, Murat et Bessières, autour d'une table sur laquelle fut étendue une carte du pays; il leur parla d'abord du changement que l'arrivée de Kutusof

---

(*a*) Un second pont venait d'être construit à droite du premier, pour faciliter la communication.

apportait à sa situation ; puis tout à coup saisissant sa tête entre ses mains, les coudes appuyés sur la table, et les yeux fixés sur la carte, il resta immobile dans cette position. Les trois généraux se regardaient avec étonnement, attendant en silence qu'il sortît d'une méditation qui attestait si énergiquement son embarras. Plus d'une heure s'était écoulée dans cette attente lorsque Napoléon, quittant enfin sa position et rompant le silence, les congédia sans leur avoir fait part de ses résolutions. Immédiatement après ce conseil, il envoya à Davout l'ordre de se charger de l'avant-garde ; il le prévenait que le 25 au matin il s'approcherait de lui avec toute sa garde. Ney, qui était encore à Fominskoé, reçut l'ordre de venir prendre position, avec deux de ses divisions, entre Borowsk et Malojaroslawetz ; il devait laisser la division Marchand une lieue en deçà de Borowsk, et la division Claparède à Borowsk même, pour y protéger le grand parc et une grande quantité de bagages qui y étaient réunis.

Le 25, à deux heures du matin, Napoléon envoya l'un de ses capitaines d'ordonnance reconnaître les avant-postes de l'ennemi, et, au point du jour, il se dirigea de sa personne sur Malojaroslawetz, escorté seulement par ses escadrons de service (*a*). La cavalerie de sa garde devait le suivre; il avait à peine fait une demi-lieue qu'on entendit un grand bruit de chevaux sur la droite, et tout à coup la plaine fut couverte de Kosaques, qu'un bois et la disposition du terrain avaient cachés d'abord : les escadrons de service se portèrent à leur rencontre pour donner à Napoléon le tems de les fuir; mais trop faibles, ils furent renversés. Les grenadiers à cheval et les dragons parurent alors, et leur seule présence décida les Kosaques à la retraite : ils l'effectuèrent dans deux directions; une partie s'enfonça dans l'intérieur des terres, l'autre repassa la Luja sur un pont situé près d'un moulin, à une lieue et demie sur la droite de Malojaroslawetz. Cet endroit était celui où ils avaient passé la Luja pendant la nuit. La cavalerie de la garde, ne les ayant poursuivis qu'au trot, afin de ne pas se rompre, ne put les joindre. Platof, en personne, avait dirigé ce hardi coup de main ; il s'était emparé de onze bouches à feu qu'il avait surprises, avait fait prendre les armes aux premier et quatrième

---

(*a*) Napoléon se faisait toujours accompagner par trois escadrons de sa garde.

corps, et avait été sur le point de s'emparer de la personne de Napoléon (*a*). Ce même jour, douze cents Kosaques, avec du canon, parurent devant Borowsk, et plusieurs détachemens firent des hourras (*b*) sur la route, entre cette ville et Malojaroslawetz; ils y prirent du bagage et quelques soldats isolés.

Napoléon, qui était retourné à Ghorodnia, en repartit de nouveau à dix heures du matin, et se dirigea sur Malojaroslawetz; il croyait que la totalité de l'armée russe était encore en présence, et l'entreprise de Platof contribuait à le confirmer dans cette opinion. Après avoir, selon son habitude, examiné attentivement les lieux qui avaient été le théâtre du combat, il parcourut tout le plateau que l'armée russe avait occupé, et revint ensuite à Ghorodnia, où il n'arriva qu'à cinq heures du soir. La perte d'une journée entière, dans des circonstances

(*a*) On a de tout tems reproché aux Français de mal se garder; dans cette circonstance ce fut Napoléon qui fit la faute d'avoir laissé sans troupes tout le pays situé à droite de la route.

(*b*) Pendant l'expédition de Russie, l'on donnait le nom de hourra à une surprise de Kosaques, parce que cette troupe pousse le cri *hourra* en chargeant. L'usage ayant consacré depuis l'emploi de ce nom pour exprimer une charge imprévue de cavalerie légère, j'ai cru devoir l'adopter.

aussi difficiles, paraît tout-à-fait extraordinaire. Les troupes s'attendaient à combattre le lendemain, et s'y préparèrent.

Les armées occupaient les positions suivantes : Kutusof avait ses avant-postes à une lieue et demie de Malojaroslawetz, et une forte arrière-garde à trois lieues; il avait pris position, avec le reste de son armée, au village de Gonczarowo, qui est situé une lieue en avant de l'embranchement des routes de Kaluga et de Jukhnow à Malojaroslawetz, et à cinq lieues de cette dernière ville; il faisait retrancher cette position. Platof, avec un corps composé de Kosaques et de cavalerie régulière, se dirigeait sur Médyn pour s'opposer à l'avant-garde de Poniatowski, qui s'approchait de cette ville, et éclairer la gauche de l'armée russe.

Napoléon s'étendait depuis Mojaïsk jusqu'à Malojaroslawetz. Junot occupait Mojaïsk. Mortier était à une journée de Wéréia, sur la route de Kubinskoé à cette ville; Poniatowski à Wéréia, ayant son avant-garde à Kreminskoé, sur la route de Médyn; Ney entre Borowsk et Ghorodnia, avec deux divisions; la troisième était restée en deçà de Borowsk, la division Claparède à Borowsk même. Eugène occupait la colline de Malojaroslawetz et le vallon de la Luja. Davout était campé, avec son corps et deux corps de cavalerie, en avant de Malojaroslawetz ; la garde et les deux autres corps de cavalerie entre Ghorodnia et Malojaroslawetz. Les parcs d'artillerie, de bagages et de vivres étaient réunis à Borowsk, à Ghorodnia et en arrière de Malojaroslawetz. Les forces de Kutusof s'élevaient à environ cent mille hommes de troupes régulières, dont trente mille de cavalerie ; celles dont Napoléon pouvait disposer dans la journée, à soixante-douze mille hommes (a), dont dix mille seulement de cavalerie. Il pouvait pourtant se promettre la victoire, s'il en ve-

(a) J'évalue à huit mille hommes le nombre des tués et blessés de l'armée russe au combat de Malojaroslawetz, et à deux mille les hommes qui étaient en arrière comme traîneurs ou pour toute autre cause.

Pour obtenir le nombre de troupes françaises qui pouvaient prendre part à la bataille, j'ai déduit du total de l'armée française le corps de Junot, celui de Poniatowski, le commandement de Mortier, la division Claparède et la division Marchand. J'ai déduit aussi six mille hommes tués ou blessés au combat de Malojaroslawetz, quatre mille fantassins employés à conduire des voitures de vivres, des troupeaux, ou qui étaient traîneurs, et mille hommes de cavalerie, perte présumée depuis le 18 octobre. J'ai supposé que Ney, avec les divisions Le Dru et Razout, pouvait arriver assez tôt pour prendre part à la bataille, sans quoi Napoléon aurait été réduit à soixante-quatre mille hommes.

naît aux mains, à cause de l'excellence de son infanterie; mais le déplorable état du peu de cavalerie qui lui restait ne lui laissait point d'espoir de l'obtenir décisive; et puisqu'il n'avait de munitions que pour une bataille, et ne pouvait mouvoir son armée qu'avec une extrême lenteur, le résultat, même avec la victoire, ne pouvait que lui être funeste.

Le 26, dès le point du jour, Napoléon se dirigea sur Malojaroslawetz avec sa garde et deux corps de cavalerie; peu avant que d'arriver au vallon de la Luja, il s'arrêta près d'un bivouac qu'il fit établir; il y reçut la nouvelle que les avant-postes russes se reployaient sur Kaluga, et se décida enfin à effectuer sa retraite sur Smolensk, par Mojaïsk et Wiazma (*a*). La cavalerie et la garde rebroussèrent chemin pour aller camper le jour même à Borowsk. Eugène se mit aussi en retraite, mais il devait régler ses mouvemens sur ceux de Davout, qui fut chargé de l'arrière-garde, avec son corps et les premier et troisième corps de cavalerie. Les dispositions suivantes, nécessitées par la

---

(*a*) Il était neuf heures du matin lorsque le mouvement rétrograde commença; mais Napoléon ne quitta son bivouac, pour retourner à Borowsk, qu'à onze heures.

grande résolution que venait de prendre Napoléon, furent prises à l'instant. Ney reçut l'ordre de se rendre le jour même à Weréia, avec tous les parcs qui étaient à Borowsk, et le lendemain à Mojaïsk ; Poniatowski celui d'aller prendre position à Jégoriewskoi, pour couvrir la marche de l'armée. Il fut ordonné à Mortier, qui devait arriver le soir à Weréia, de se rendre le lendemain à Mojaïsk, et de là à Wiazma, aussi promptement que possible. Junot devait partir pour Wiazma aussitôt l'arrivée de Mortier, et l'on envoya à Evers, qui était en marche pour se rendre de Wiazma à Jukhnow, l'ordre de rétrograder sur la première ville. Des cinq divisions qui composaient le premier corps, Davout devait en laisser une à Ghorodnia, deux à Malojaroslawetz, pousser l'ennemi avec les deux autres et sa cavalerie, et prendre ensuite position, à la chute du jour, pour commencer sa retraite vers dix heures du soir. Il lui fut ordonné de brûler en se retirant tout ce qu'il pourrait atteindre. Ainsi, quoique victorieuse, l'armée allait faire une

---

(a) La division Claparède avait, depuis le 25, été chargée de l'escorte du grand quartier général, du trésor et des trophées. Elle reçut, ainsi que la division Roguet, l'ordre de rejoindre Mortier.

retraite de quatre-vingts lieues par une route entièrement dévastée, sur laquelle on la ramenait aux approches de l'hiver et au moment où les provisions qu'elle avait apportées de Moskou étaient épuisées. Tant qu'on avait marché à l'ennemi, confiant dans son courage, résolu à vaincre ou à périr, le soldat avait conservé une attitude martiale. Un avenir aussi cruel, auquel il devait si peu s'attendre, lui causa d'abord un abattement qui se manifesta par un morne silence ; mais il se résigna bientôt.

J'ai raconté les opérations militaires depuis le départ de Moskou avec plus de détail que ne semble le comporter le plan que je me suis tracé, parce qu'elles ont un grand intérêt sous le rapport de l'art, et parce que c'est à leur mauvais succès qu'est due la chute d'un pouvoir qui menaçait l'Europe d'une entière servitude.

Des trois projets qu'avait d'abord formés Napoléon pour revenir en Lithuanie, celui de se retirer dans la direction de Witepsk était le seul qui offrît une réussite assurée ; ce fut aussi celui qu'il adopta d'abord, et il n'y renonça sans doute que parce que son orgueil fut alarmé d'une retraite qui aurait ressemblé à une fuite. D'autre part, il ne pouvait aller attaquer Kutusof dans son camp retranché de

Tarutino, sans courir à une perte certaine : il se décida donc à exécuter l'opération que nous venons de décrire, espérant qu'il atteindrait Kaluga avant le général russe, et qu'il pourrait se retirer de cette ville sur Smolensk, par une route qui lui offrait des ressources. Son amour propre se serait alors trouvé entièrement à couvert, puisqu'il aurait pu dire : J'ai marché à l'ennemi pour lui livrer bataille, il n'a osé se présenter (*a*); et, la saison s'avançant, je suis revenu prendre mes quartiers d'hiver sur les bords du Dniéper, où j'ai mes magasins. Pour que Napoléon réussît à effectuer sa retraite sur Smolensk, en passant par Kaluga, il fallait qu'il marchât avec une grande rapidité, et que Kutusof fît les fautes de ne point avoir de corps d'armée sur la nouvelle route de Kaluga, et de ne point faire éclairer les mouvemens de l'armée française par sa ca-

(*a*) C'était aussi le langage que Napoléon tenait à ses généraux. Dans la lettre que Berthier écrit à Junot de Fominskoé, le 23 octobre, il lui dit : « La ville de Moskou étant toute » brûlée, l'empereur a jugé convenable de l'évacuer, après » avoir fait sauter le Kremlin, afin d'être maître de ses mou- » vemens, ce cadavre de ville exigeant quinze à vingt mille » hommes pour maintenir la police dans ses décombres. Si » l'armée ennemie prétend couvrir Kaluga, l'empereur veut » lui livrer bataille. »

valerie légère (*a*). Le général russe commit ces fautes ; mais Napoléon ne marcha qu'avec une extrême lenteur, et pourtant s'il n'eût point arrêté Eugène un jour entier à Fominskoé, il atteignait Malojaroslawetz, et, par suite, Kaluga avant son adversaire, et réalisait ainsi son projet. Il n'en aurait pas moins essuyé de très-grandes pertes, mais assurément bien inférieures à celles qu'allait lui faire éprouver sa retraite par la route dévastée de Smolensk. Il fut inexcusable d'avoir conservé tous ces embarras qui entravaient la marche de ses troupes ; il fallait laisser au Kremlin toute l'artillerie régimentaire et même celle des batteries de réserve (2). L'on aurait fait sauter les caissons, et formé de toutes les pièces un convoi escorté par les compagnies d'artillerie devenues disponibles, et sous la protection du corps de Mortier. Il aurait fallu aussi réduire les bagages au strict nécessaire, en commençant par ceux des maréchaux et de Napoléon lui-même (*b*),

(*a*) Il est inconcevable que Kutusof, dont la cavalerie légère était si nombreuse, n'ait pas fait pousser de reconnaissance entre les deux routes de Kaluga à Moskou. Il y aurait trouvé l'armée française embarrassée dans le chemin de traverse qui réunit ces deux routes.

(*b*) L'on aurait promis une indemnité double des pertes essuyées par la réduction des bagages.

et prononcer la peine de mort contre les militaires qui auraient emporté des objets de pillage. Avec une armée ainsi allégée, Napoléon aurait pu atteindre Malojaroslawetz le 21, et de là se retirer sur Smolensk, par les routes dont nous avons parlé. Ainsi tout avait favorisé ce conquérant pour la réussite de son entreprise : le tems, qui avait été beau, la valeur et la bonne volonté du soldat, et surtout les fautes de son adversaire ; elle échoua par ses mauvaises dispositions.

Aussitôt que Napoléon eut acquis la certitude (le 24 dans l'après-midi) que toute l'armée russe était en présence, il devait faire commencer son mouvement de retraite par Mojaïsk et Wiazma, sur Smolensk, en abandonnant une partie de ses bagages et même de son artillerie, afin de marcher avec la plus grande rapidité (*a*). Mais alors les Russes, qui se prétendaient vainqueurs dans tous leurs bulletins, n'auraient pas manqué d'apporter à

(*a*) Je n'ai pas besoin de dire que Napoléon aurait laissé Davout avec son corps et deux corps de cavalerie en avant de Malojaroslawetz pendant toute la journée du 25, et que ce général se serait retiré dans la nuit du 25 au 26. Mortier se serait dirigé directement sur Mojaïsk, où il serait arrivé le 25, tandis qu'il n'y arriva que le 27.

l'appui de la prétendue victoire de Malojaroslawetz la retraite de Napoléon le soir même du combat : l'Europe aurait cru qu'il avait été vaincu. Il est donc probable que, dans cette circonstance, l'amour propre eut une grande influence sur ses résolutions, et que, pendant cette profonde méditation dans laquelle il fut plongé le 24 au soir, il agitait la question de la retraite : l'orgueil et la raison étaient en présence ; l'orgueil l'emporta ! Mais bientôt Napoléon se vit forcé à la retraite, car il était trop habile pour ne pas juger sa position, et c'eût été trop attendre de la fortune et de l'impéritie de son adversaire que de prendre un tout autre parti. Cette résolution toutefois était tardive, puisque sa situation était devenue désespérée ; en effet, soit qu'il se retirât, par Mojaïsk et Wiazma, sur Smolensk, soit qu'il se dirigeât, par Médyn et Jukhnow, sur Masalsk pour y rejoindre la route de Kaluga à Smolensk, il pouvait être devancé par Kutusof, puisque de Gonczarowo à Slawkowo, village situé deux journées au delà de Wiazma et de Gonczarowo à Masalsk, petite ville située sur la route de Kaluga à Smolensk, il y a moins loin que de Malojaroslawetz à chacun de ces endroits. Il semble aussi que la présence de

Platof à Médyn, avec un corps de Kosaques et de cavalerie régulière, devait forcer Napoléon à se retirer, par Mojaïsk et Wiazma, sur Smolensk. Cependant, si l'on considère qu'il pouvait être devancé par Kutusof, soit qu'il se dirigeât sur Wiazma ou sur Masalsk; que ce dernier lieu étant plus rapproché, il avait plus d'espérance de l'atteindre avant son adversaire, qui était lent et irrésolu; que le corps de Platof pouvait seulement retarder la marche de l'armée, mais ne pouvait point lui opposer des obstacles insurmontables dans un pays plat où il était possible à l'artillerie de passer par tous les chemins de traverse, qui étaient alors très-beaux; que le corps de Poniatowski, n'étant qu'à une petite journée de Médyn, se trouvait placé favorablement pour tourner Platof, en appuyant à droite; enfin que la route de Masalsk offrait des ressources, tandis qu'on devait s'attendre à éprouver d'affreuses privations sur celle de Wiazma, on en concluera que c'était par Médyn, Jukhnow et Masalsk que Napoléon devait tenter de se retirer, mais en se faisant suivre seulement par l'artillerie des divisions et une très-petite quantité de bagages, afin de pouvoir faire des marches forcées. L'artillerie régimentaire, celle des réserves, ainsi que le reste des bagages, auraient rétrogradé, par Mojaïsk et Wiazma, sur Smolensk, le tout sous la protection des corps de Mortier, de Junot et des troupes qui occupaient les lieux d'étapes depuis Mojaïsk jusqu'à Smolensk.

Kutusof eut à se reprocher de n'avoir point occupé, avec son armée, la nouvelle route de Kaluga, après le combat de Winkowo, en laissant toutefois sur l'ancienne route le nombre de troupes nécessaires pour repousser Murat, et de n'avoir point fait pousser de reconnaissances entre les deux routes de Kaluga à Moskou. Il prit le seul parti raisonnable en se dirigeant en toute hâte sur Malojaroslawetz aussitôt qu'il eut appris que Napoléon marchait sur Kaluga par cette ville. Son but devait être de livrer des combats partiels et non point d'en venir à une bataille; aussi, si la nécessité donna naissance au combat de Malojaroslawetz, ce fut sans doute l'intérêt bien entendu du général russe qui le prolongea. Il ne put, à la vérité, utiliser sa nombreuse cavalerie, mais il réduisait l'infanterie de son adversaire; si aguerrie, si manœuvrière, et dont le choc était si terrible, à un combat de pied ferme, pour lequel les recrues russes (3) valaient des vétérans. Enfin la retraite de Kutusof sur Gonczarowo est louable ; mais il aurait dû faire retirer sur Médyn deux corps d'infanterie et un corps de cavalerie au lieu du seul corps de Platof, et marcher en toute hâte sur Jukhnow avec le reste de son armée, afin de pouvoir devancer l'armée française, quelle que fût la direction de sa retraite. Quoi qu'il en soit, la position de Kutusof était aussi favorable que celle de son adversaire était critique, puisqu'une grande route (*a*) qui passait à Jukhnow le conduisait à Slawkowo, et qu'il avait moins de chemin que son adversaire à parcourir pour atteindre Jukhnow ou Slawkowo. Si l'on considère d'ailleurs que l'armée russe était dans l'abondance, que ses chevaux étaient en bon état, qu'elle n'était point embarrassée par ses bagages, ses vivres et ses réserves d'artillerie, qu'elle pouvait ainsi marcher beaucoup plus rapidement que l'armée française, quand même cette dernière aurait abandonné ses vivres, ses bagages et une partie de son artillerie, on en concluera que

(*a*) Il n'est pas entièrement vrai de dire qu'une grande route conduisait de Gonczarowo à Slawkowo, puisque les deux villages de Gonczarowo et Préobajénaia, distans d'une journée de marche, ne communiquaient que par un chemin de traverse ; mais ce chemin était fort bon.

le sort de Napoléon était entre les mains de Kutusof.

J'ajouterai quelques réflexions sur le corps de cavalerie de Wintzingerode, qui pouvait faire tant de mal à Napoléon, et dont il ne fut question que par la prise de celui qui le commandait. L'on se souvient que ce corps était établi sur la route que Napoléon avait le plus d'intérêt à prendre pour effectuer sa retraite, et qu'ainsi il se trouvait très-près de la route de Moskou à Smolensk. Kutusof aurait dû réunir à ce corps dix mille hommes d'infanterie avec du canon; si Napoléon se retirait dans la direction de Witepsk, Wintzingerode, étant établi sur sa communication, pouvait lui faire beaucoup de mal; s'il se retirait directement sur Smolensk, Wintzingerode le devançait sur cette route; enfin si Napoléon marchait sur Kaluga, Wintzingerode se dirigeait par Mojaïsk sur Gjat, en détruisant tous les ponts. Ce général n'ayant que de la cavalerie (*a*), n'aurait pu s'emparer de ces deux villes; mais il les aurait fait observer par un détachement, et aurait pris position avec son corps entre Gjat et

---

(*a*) Les trois mille recrues que Wintzingerode avait eu quelque tems sous ses ordres avaient rejoint l'armée de Kutusof.

Jukhnow, prêt à devancer l'armée française, soit qu'elle parvînt à se retirer sur Smolensk par la route de Kaluga, soit qu'elle fût contrainte de reprendre la route de Wiazma.

Cependant Napoléon ne prenait point la seule mesure qui pût lui offrir quelques chances de salut, celle d'abandonner presque tous ses bagages et une partie de l'artillerie, pour forcer de marche et atteindre Wiazma avec toute la rapidité possible ; il ne voulait rien abandonner, espérant que les fautes de son adversaire le tireraient d'embarras : confiance extraordinaire qui résultait de l'extrême faveur avec laquelle la fortune l'avait traité jusqu'alors, mais que Kutusof avait aussi contribué à augmenter; car, si Napoléon se trouvait dans une situation désespérée, il ne pouvait l'attribuer qu'à lui seul, aucunement aux bonnes dispositions de son adversaire. La rigueur du climat devait aussi l'engager à se hâter; la neige couvre ordinairement la terre dans les premiers jours d'octobre et bientôt après l'on éprouve des froids rigoureux : comment alors nourrir ce qui restait de troupeaux, et comment le soldat pourrait-il supporter les bivouacs, étant mal vêtu et réduit pour toute nourriture à la chair des chevaux? car c'était à Smolensk seulement que l'on pouvait espérer des distributions de vivres.

Le 26 à onze heures du matin, Napoléon abandonna de sa personne, ainsi que je l'ai déjà dit, le bivouac qu'il avait fait établir près du vallon de la Luja, et rétrograda sur Borowsk, où il passa la nuit. Le 27, il se rendit à Wéréia. Cette journée fut remarquable par l'apparition du froid : le thermomètre était descendu pendant la nuit à quatre degrés au dessous de la glace ; l'on entra pour ainsi dire dans l'hiver. Le tems étant très-beau, le froid peu rigoureux et le soleil ayant encore de la force, l'on ne s'en trouvait que mieux tant que l'on était en mouvement ; mais les nuits étaient cruelles. Le 28, Napoléon eut son quartier général au delà de Mojaïsk ; dans la nuit, il reçut une dépêche de Davout, datée du jour même à quatre heures de l'après-midi. Ce général lui apprenait qu'il ne s'était encore retiré que jusqu'à Borowsk, et que jusqu'alors il n'avait été suivi que par des Kosaques qui s'étaient montrés, pour la première fois, à neuf heures du matin. Cette circonstance, réunie à ce qu'avait dit un officier fait prisonnier dans la journée du 26, que l'armée russe marchait sur

Smolensk (*a*), fit craindre à Napoléon que Kutusof ne se dirigeât effectivement sur cette

---

(*a*) L'officier russe ne pouvait être instruit du projet de Kutusof, mais son dire prouvait que le bruit de la marche sur Smolensk était répandu dans l'armée russe ; ainsi l'opinion y était favorable à ce mouvement. Le bruit de la marche des Russes sur Smolensk ou Wiazma était aussi répandu dans l'armée française, sans doute parce qu'on la redoutait et qu'on y sentait que c'était le seul parti raisonnable que pût prendre Kutusof. Napoléon fit écrire à Davout, par Berthier, la lettre suivante, qui est presque tout entière relative aux réponses qu'avait fait l'officier prisonnier.

Le prince de Neufchâtel et de Wagram au prince d'Eckmulh.

" Au quartier impérial près Mojaïsk, le 29 octobre, à deux
» heures du matin.

» J'ai réitéré les ordres les plus sévères, prince, pour qu'on
» ne brûle rien. Donnez des ordres de mouvement au prince
» Poniatowski, sans quoi ce corps se trouverait compromis.
» Le prisonnier que vous avez envoyé ignore la marche de
» l'ennemi, puisqu'il en est séparé du 25 au soir, et qu'il a
» été pris le 26 à onze heures du matin, c'est-à-dire trois
» heures après que les avant-postes de l'ennemi avaient pris
» connaissance de notre mouvement rétrograde. Si l'ennemi
» se dirige sur Smolensk, tant mieux ; tous nos moyens sont
» réunis, et nous tomberons sur ses derrières avec une armée
» plus forte que celle que nous lui aurions présentée il y a
» huit jours ; mais il est fâcheux que des bruits pareils se
» propagent, que des aides de camp en parlent ; cela donne à
» l'armée des idées de la force de l'armée ennemie bien loin

ville ou sur Wiazma, et ne trompât ainsi la confiance qu'il avait eue dans son impéritie. Il se décida donc à forcer de marche, accompagné seulement de sa garde. Le 29, au point du jour, il traversa les champs de Borodino ; le soldat, encore transi de froid, attristé par la rigueur de son sort, marchait sans s'arrêter, ne prenant pas même la peine de jeter un dernier regard sur des lieux si pleins de souvenirs. C'était le cinquante-deuxième jour depuis la bataille, et l'aspect affreux de ces champs de carnage n'avaient point changé ; ils étaient encore jonchés de cadavres d'hommes et de chevaux (a), dont le froid avait arrêté la pu-

» de la vérité. Il faut que votre interprète se soit trompé, s'il
» a cru trouver cela dans les réponses du prisonnier. Il est
» hors de doute que si cela était, un officier subalterne n'au-
» rait pu en être instruit. L'empereur sera ce soir près de
» Gjat.   » *Signé* ALEXANDRE. »

On ne peut qu'être rempli d'étonnement de voir Napoléon exprimer le désir que l'ennemi se dirige sur Smolensk, et surtout apporter à l'appui de ce désir des raisons qui prouvent qu'il s'attend à être devancé si l'ennemi a pris ce parti. Assurément c'était par politique qu'il exprimait un tel désir. Mais comment osait-il le faire dans une lettre à l'un de ses maréchaux ! Il ne se serait peut-être pas trouvé dans toute l'armée un officier assez borné pour partager ce désir.

(a) L'on n'avait fait enterrer aucun des cadavres des Russes, et une partie seulement de ceux des Français l'avaient

tréfaction, et parsemés d'armes, de harnois, d'habillemens et de tous ces débris qui couvrent les champs de bataille. Napoléon repassa peu après devant le monastère de Kolotskoi, vaste charnier, où l'on avait, ainsi qu'à Mojaïsk, entassé les blessés après la bataille. Il ordonna de placer ceux qui y étaient encore dans les voitures de luxe, dans celles des cantinières et sur les voitures de vivres et de bagages (*a*). Fut-ce l'humanité, l'amour propre ou le désir de conserver des soldats éprouvés qui dicta cette mesure ? je l'ignore. Quoi qu'il en soit, le résultat ne pouvait qu'être nuisible à l'armée et funeste à ces malheureux, puisqu'ils n'avaient aucun moyen d'existence et qu'ils étaient hors d'état de supporter les fatigues, les privations et le bivouac. L'on devait d'ailleurs s'attendre que la plupart seraient abandonnés par ceux qu'on forçait de les transporter et

été. Ordinairement on fait faire cette corvée par des habitans ; mais il n'en restait point dans les lieux qu'occupait l'armée.

(*a*) La même mesure avait été prise pour les blessés qui étaient à Mojaïsk. Il y en avait encore dans ces deux endroits réunis environ quinze cents. C'étaient ceux qui avaient été jugés jusqu'alors hors d'état d'être évacués, et qui, depuis le départ de Moskou, n'avaient pu l'être, au défaut de moyens de transports.

par suite de les nourrir. Napoléon, ce jour-là, poussa jusqu'à Gjat (*a*), et le surlendemain, 31 octobre, à quatre heures de l'après-midi, il atteignit Wiazma, où il s'arrêta. Le froid, pendant cette journée, devint plus rigoureux (*b*); mais le tems était toujours très-beau et le soleil conservait encore un peu de force. L'on remarqua que Napoléon avait voyagé en voiture pour la première fois depuis son départ de Moskou, et qu'il avait pris également pour la première fois un costume polonais qui consistait en un bonnet de peau de martre, une pelisse verte bordée en martre et garnie de brandebourgs en or, et des bottes fourrées. Il porta ce costume pendant toute la retraite, et lorsque le froid fut rigoureux, il voyagea ordinairement en voiture. L'infanterie de la vieille garde continuait à bivouaquer en carré

(*a*) Quoique toutes les villes et tous les villages qui se trouvaient sur la route ou dans le voisinage depuis Smolensk jusqu'à Moskou, eussent été incendiés, quelques maisons, surtout dans les lieux d'étape, avaient été préservées d'abord par leur isolement, ensuite par la surveillance de ceux qui les avaient occupées.

(*b*) Le thermomètre marquait pendant la nuit huit degrés au dessous de la glace.

autour de son quartier général, qu'il établissait autant que possible dans un château ou dans une maison. L'on voit qu'il n'affectait point de partager les privations et les fatigues de ses soldats, ainsi que plusieurs conquérans l'ont fait dans des circonstances analogues.

L'on n'avait encore à Wiazma aucune nouvelle de l'armée russe. Napoléon trouva dans cette ville le détachement du général Evers qui, après avoir fait deux journées sur la route de Jukhnow, avait rétrogradé et était de retour. Les troupes qui le composaient furent réparties dans les différens corps auxquels elles étaient destinées.

Les blessés qui se trouvaient encore dans l'hôpital de Wiazma (*a*) furent comme précédemment chargés sur les voitures. Le jour où Napoléon atteignit cette ville, l'armée occupait la position suivante : Mortier et Junot étaient bivouaqués une demi-lieue en deçà de Wiazma ; la vieille garde et la cavalerie de Murat deux lieues au delà ; Ney à Welitchewo ; Po-

---

(*a*) L'on trouva à Wiazma celui des convois de blessés qui était parti le dernier de Moskou. L'arrivée de l'armée fut leur arrêt de mort.

niatowski une lieue en deçà de Gjat (*a*) ; Eugène une demi-lieue au delà ; Davout à Gridnewa. Ce général s'était retiré avec lenteur, afin de sauver quelques bagages et quelques caissons de munitions qui devaient devenir la proie de l'ennemi un peu plus tard. Il avait aussi attaché trop d'importance aux attaques des Kosaques devant lesquels il avait pris plusieurs fois position (*b*). Il compromettait ainsi le salut de l'armée, puisque les corps qui la composaient réglaient leur marche sur celle de l'arrière-garde. La rapidité dans les marches était la seule voie de salut ; il fallait se hâter de quitter cette zône dévastée qui régnait depuis Moskou jusqu'à Smolensk, puisque chaque journée de retard causait des pertes irréparables.

Le 1er novembre, le mouvement général de retraite continua. Napoléon resta à Wiazma, pour consacrer la journée au travail de cabinet. Il instruisit pour la première fois les gouverneurs de Minsk, de Mohilof, de Witepsk et

---

(*a*) Platof avait attaqué et repoussé l'avant-garde du cinquième corps le 27 octobre, entre Kremenskoe et Médyn. Poniatowski avait commencé le 28 à se retirer de Jegoriewskoi sur Gjat, en suivant des chemins de traverse.

(*b*) Ces Kosaques étaient commandés par Platof, et traînaient avec eux du canon.

de Wilna (*a*) du mouvement de l'armée : c'était, leur disait-il, un mouvement volontaire. Son but était de se rapprocher de cent lieues des armées qui formaient ses ailes, et depuis qu'il avait quitté les environs de Moskou, il n'apercevait plus de traces de l'ennemi que par l'apparition de quelques Kosaques. Pendant son séjour à Wiazma, Napoléon fut instruit que Baraguay-d'Hilliers (*b*) occupait toujours Ielnia avec sa division, et reçut une dépêche de Victor qui lui apprenait la retraite de Saint-Cyr et les mouvemens exécutés pour opérer la jonction des deuxième et neuvième corps : ainsi une impérieuse nécessité le privait d'un corps sur lequel il avait compté jusqu'alors pour protéger la retraite de son armée de Moskou. Il se contenta de faire écrire à Victor, par Berthier, la lettre suivante:

Le prince de Neufchâtel et de Wagram au duc de Bellune.

Wiazma, le 2 novembre, à 5 heures du matin.

» L'empereur apprend les événemens de Po-

(*a*) Ce fut Maret auquel Napoléon écrivit à Wilna, et qui fut chargé de communiquer cette nouvelle au gouverneur de Wilna, à Macdonald et à Schwartzenberg.

(*b*) L'on se souvient que peu de jours avant que de quitter

» lotzk et votre marche de ce côté ; sa majesté
» espère que vous aurez repoussé Wittgenstein
» et repris Polotzk. L'armée est en marche. Sa
» majesté trouvait que l'hiver était trop long
» pour le passer loin de ses flancs. Il est pro-
» bable que l'empereur se portera, la droite
» sur la Dwina, et la gauche sur le Borystènes,
» et par là nous nous trouverons en contact. »

Le 2 novembre, à onze heures du matin, Napoléon quitta Wiazma, et transporta son quartier général à Semlewo ; il avait laissé Ney à Wiazma, et l'avait chargé de faire l'arrière-garde, à partir de cette ville, en remplacement de Davout. Le 3, le quartier général fut à Slawkowo ; toute la garde était bivouaquée dans le voisinage. Napoléon apprit, peu après son arrivée, que les corps d'Eugène, de Davout et de Poniatowski étaient aux prises avec un corps russe qui cherchait à couper leur retraite. Mais il est nécessaire, pour l'intelligence de ce qui va suivre, que je reprenne la suite des opérations de Kutusof. Ce général ayant été instruit, le 27 octobre, de la retraite de Napoléon, chargea Platof, avec ses Kosa-

---

Moskou, Napoléon avait ordonné à Baraguay-d'Hilliers de se rendre de Smolensk à Ielnia.

ques, de suivre l'arrière-garde de l'armée française, et prit, le lendemain, la route de Jukhnow, comme s'il eût voulu se porter sur Wiazma; mais, arrivé à Préobajenaia, il quitta cette direction pour prendre la route de Mojaïsk, et le 30 il atteignit Kremenskoe; là, il mit deux corps d'infanterie et deux de cavalerie (*a*) sous les ordres de Miloradowitz, et lui ordonna de se porter sur Wiazma, pour y couper la retraite des corps français qui n'auraient pas encore dépassé cette ville lorsqu'il l'atteindrait. Kutusof, avec le reste de l'armée, se décida à suivre des chemins de traverse sensiblement parallèles à la route par laquelle se retirait l'armée française; il supposait sans doute qu'il suffirait de la continuité des marches réunie à la famine et au froid, qui ne pouvait tarder à devenir rigoureux, pour la détruire entièrement. Il se dirigea d'abord sur Spas, où il eut son quartier général le 31 octobre, et d'où il adressa un ordre du jour aux armées russes pour leur faire connaître la re-

---

(*a*) Les deux corps d'infanterie étaient ceux de Raiewski et de Dolgoruki. Ce dernier général avait remplacé, dans le commandement du deuxième corps, Bagawout, tué au combat de Winkowo. Les deux corps de cavalerie étaient ceux d'Ouwarof et de Wassiltchikof.

traite de l'armée française et l'évacuation de Moskou (*a*).

(*a*) Il y avait cinq jours que l'évacuation de Moskou était connue de Kutusof. Il est impossible de se rendre raison du motif qui put l'engager à différer de donner de la publicité à un événement qui devait achever de relever les espérances des Russes. L'ordre du jour de Kutusof était conçu en ces termes :
« Au moment où l'ennemi est entré dans Moskou, il a vu s'é-
» vanouir les folles espérances qu'il avait conçues ; il s'atten-
» dait à y trouver l'abondance et la paix ; il y a été privé de
» toutes les nécessités de la vie. Fatigué par des marches lon-
» gues et continuelles, épuisé par le manque de vivres, har-
» celé par nos partis, qui interceptaient les faibles secours qui
» lui arrivaient, il a perdu des milliers de soldats tombés sans
» combat honorable sous le fer de nos milices. Il n'avait plus
» de perspective que la vengeance d'une nation qui avait juré
» d'anéantir son armée, et chaque Russe lui montrait un hé-
» ros auquel ses promesses fallacieuses inspiraient à la fois le
» mépris et l'horreur ; enfin toutes les classes qui composent
» la population de l'empire opposaient à ses efforts une insur-
» montable barrière. Après avoir éprouvé des pertes incalcu-
» lables, il a reconnu, mais trop tard, combien était insensé
» l'espoir qu'il avait conçu d'ébranler les fondemens de l'em-
» pire par la prise de Moskou ; il ne lui est plus resté de salut
» que dans une fuite précipitée. Il a donc évacué Moskou le
» $\frac{11}{23}$ de ce mois, abandonnant ses malades à la vengeance
» d'un peuple outragé.

» Les excès horribles qu'il a commis pendant son séjour
» dans cette capitale sont déjà connus et ont gravé dans le
» cœur de tous les Russes un sentiment profond de ven-
» geance. Sa rage impuissante s'est signalée au moment même
» de son départ par la destruction d'une partie du Kremlin ;

Cependant Miloradowitz s'approchait de Wiazma ; après avoir passé à Jegoriewskoi, à Dudino et à Femenowskoe, il occupa, le 2, Glodowo, village situé à droite dans les terres, et distant de Wiazma de deux lieues seulement. Sa cavalerie légère bordait l'Ulitsa, ruisseau qui, après avoir coulé pendant deux lieues parallèlement à la route, à la distance d'environ trois quarts de lieue, se jette dans la Wiazma près de la ville du même nom. Depuis le départ

» là l'interposition de la puissance divine s'est manifestée en
» sauvant la cathédrale et nos saints temples.

» Hâtons-nous de poursuivre cet impie ennemi, tandis que
» d'autres armées, qui sont en Lithuanie, agissent de concert
» avec nous pour sa destruction. Il précipite déjà sa fuite, brû-
» lant ses caissons, abandonnant ses bagages et ces trésors ar-
» rachés par des mains impies aux autels même du Seigneur.
» La désertion et la famine répandent la confusion autour
» de Bonaparte ; les murmures des soldats s'élèvent derrière
» lui, semblables au mugissement des vagues menaçantes.
» Tandis que ces clameurs effrayantes accompagnent la re-
» traite des Français, aux oreilles des Russes retentit la voix
» de leur monarque magnanime. Ecoutez, soldats, les paroles
» qu'il vous adresse : *Eteignez les flammes de Moskou dans le*
» *sang de votre ennemi.* Russes! obéissez à cet ordre solen-
» nel! alors votre patrie, apaisée par cette juste vengeance, se
» retirera satisfaite du théâtre de la guerre, et derrière ses
» vastes frontières elle prendra une attitude majestueuse entre
» la paix et la gloire.

» Guerriers russes, Dieu est votre guide. »

de Malojaroslawetz, les Kosaques ne s'étaient montrés qu'à l'arrière-garde. Le 1ᵉʳ novembre, dans la matinée, un détachement de cette troupe, appartenant au corps de Miloradowitz, parut tout à coup sur la droite de la route, peu avant Tzarewo-Zaimisze, et fit un hourra sur un encombrement de voitures; depuis, d'autres détachemens se montrèrent également, et toujours sur la droite de la route (*a*). On crai-

---

(*a*) Aussitôt que Napoléon eut été instruit de l'apparition des Kosaques sur le flanc des troupes en marche, il fit envoyer aux généraux Davout, Poniatowski, Eugène et Ney des instructions relatives aux précautions à prendre contre les surprises de cette troupe. Je me contenterai de citer la lettre adressée à Davout, et la fin de celle adressée à Ney. Les autres n'en sont à peu près que des copies.

Le prince de Neufchâtel et de Wagram au prince d'Eckmuhl.

« Wiazma, le 2 novembre à midi.

« Il est très-important, prince, de changer la manière avec
» laquelle on marche devant l'ennemi, qui a une si grande
» quantité de Kosaques. Il faut marcher comme nous mar-
» chions en Égypte, les bagages au milieu, marchant sur au-
» tant de files que la route le permet, un demi-bataillon en
» tête, un demi-bataillon en queue, des bataillons sur les
» flancs en file, de manière qu'en faisant front il y ait du feu
» partout. Il n'y a pas d'inconvénient que ces bataillons soient
» à quelque distance les uns des autres, mettant quelques
» pièces de canon entre eux sur les flancs. On ne doit pas

gnait avec raison qu'ils ne précédassent un corps ennemi, peut-être l'armée russe tout entière, et les renseignemens qu'on était parvenu à se procurer augmentaient ces craintes. Eugène et Poniatowski auraient pu atteindre Wiazma le 2 novembre; mais, s'attendant à voir paraître l'ennemi le lendemain, ils restèrent à Fedorowskoe pour soutenir Davout, qui était campé à une demi-lieue de ce village.

Quoiqu'il ne se fût écoulé que sept jours depuis le départ de Malojaroslawetz, l'armée

» souffrir un homme isolé ni un homme sans fusil. Passé le
» défilé de Wiazma, M. le duc d'Elchingen fera l'arrière-
» garde de l'armée. L'empereur ordonne, prince, que, passé
» Wiazma, vous marchiez de manière à soutenir le duc d'El-
» chingen, si cela était nécessaire; et à cet effet vous vous en-
» tendrez avec lui, et vous aurez constamment un officier de
» votre état major près de lui. Vous réglerez votre marche sur
» celle du duc d'Elchingen. Comme le corps de Ney et le vôtre
» sont suffisans pour faire la retraite, l'intention de l'empe-
» reur est que le prince Poniatowski et le corps du vice-roi
» fassent une bonne journée pour gagner Smolensk en mar-
» chant dans l'ordre prescrit ci-dessus. Je laisse à Wiazma
» quatre officiers pour nous apporter de vos nouvelles.

» *Signé* ALEXANDRE. »

La lettre adressée à Ney se terminait ainsi : « L'empereur,
» monsieur le duc, vous a donné verbalement ses instruc-
» tions, et personne n'est plus à portée que vous de connaître

avait déjà essuyé de grandes pertes. Jusqu'à Mojaïsk, le pays avait offert quelques ressources, surtout en fourrages; mais les incendies, qui avaient été si nombreux pendant que l'on marchait sur Moskou, le devinrent encore davantage, et par les causes que nous avons développées; on peut ajouter que le soldat, en quittant des lieux qu'il ne croit jamais revoir, est enclin à les détruire. Napoléon essaya en vain de réprimer ce désordre; les circonstances s'y opposaient, et le tems manquait pour y

» les dispositions qu'il y aura à faire. Il faut réprimer avec vi-
» gueur les entreprises de cette canaille de Kosaques, et se con-
» duire avec eux comme nous le faisions en Egypte avec les
» Arabes.   » *Signé* ALEXANDRE. »

L'ordre de marche que prescrivait Napoléon ne fut point suivi, et ne pouvait l'être, parce que tous les passages de ponts désunissaient les convois, et que les moindres collines produisaient le même effet, par suite du déplorable état des attelages; aussi la première voiture d'un convoi était-elle souvent éloignée de plusieurs lieues de la dernière. L'on donna cependant des escortes aux convois, et ce fut une des principales causes de la destruction de l'infanterie. Les corps qui firent ce service furent les premiers anéantis. Il était également impossible d'empêcher qu'il n'y eût des isolés, et même des isolés sans armes, puisque la vie que menaient les soldats engendrait beaucoup de maladies et en réduisait un grand nombre à un tel état de faiblesse, que, loin de pouvoir porter leurs armes, ils pouvaient à peine se traîner eux-mêmes.

parvenir. L'arrière-garde était donc obligée de s'écarter beaucoup plus de la route que les troupes qui la précédaient pour aller aux fourrages et à la maraude, ce qui l'accablait de fatigue, et faisait tomber un grand nombre de soldats entre les mains des Kosaques. Depuis Mojaïsk, l'on éprouva de plus grandes difficultés encore pour se procurer des fourrages (*a*), et il devint presque impossible d'envoyer des détachemens à la maraude : il aurait fallu une journée entière pour pénétrer jusqu'aux lieux habités, et l'on ne pouvait séjourner, dans la crainte d'être devancés par les Russes. L'armée se trouva donc réduite aux seules ressources qui pouvaient avoir été réunies sur la route par laquelle elle se retirait, et à celles qu'elle traînait avec elle. Les premières étaient presque nulles, parce que Napoléon, n'ayant jamais songé à se retirer sur Smolensk par la route qu'il avait suivie en marchant sur Moskou, n'avait préparé aucun approvisionnement (*b*) ; les secondes ne consistaient qu'en troupeaux, car

(*a*) Une lieue était la distance la plus rapprochée de la route à laquelle on pût espérer de trouver des fourrages ; ordinairement on n'en trouvait qu'à plusieurs lieues.

(*b*) L'on trouva cependant à Gjat et à Wiazma assez de farine pour en distribuer aux troupes de la garde.

les provisions en farine et en eau-de-vie étaient épuisées (*a*); mais ces troupeaux, qu'il n'était plus possible de renouveler, allaient être consommés sous quelques jours, et plusieurs régimens n'en avaient déjà plus. Beaucoup de soldats se trouvèrent donc réduits à se nourrir de la chair des chevaux que l'on était forcé d'abandonner. Poussés par la faim, ils s'enfonçaient dans les terres pour y chercher des vivres, et n'y trouvaient souvent que la captivité ou la mort. A ces causes de destruction et de désorganisation se joignaient celles qui résultaient de la continuité des marches et des bivouacs, des retards occasionés par les encombremens, et de l'augmentation progressive du froid. Un grand nombre de soldats malades, ou trop affaiblis pour suivre leurs corps, restèrent en arrière ; ils jetaient d'abord leur sac, ensuite leurs armes. Une partie de ces malheureux périssaient sur la route ; l'autre, après avoir fait de vains efforts pour suivre l'arrière-garde, tombait entre les mains des Russes.

(*a*) Je ne veux parler que des provisions des troupes, car les généraux et autres personnes, qui avaient des voitures, n'avaient point encore épuisé les leurs.

Aussitôt après avoir dépassé Mojaïsk, l'arrière-garde avait été contrainte de faire sauter des caissons, pour qu'ils ne tombassent pas entre les mains de l'ennemi : de pareils sacrifices s'étaient renouvelés journellement depuis, et l'on avait même été contraint d'abandonner du canon. L'un des commandans des corps d'armée de Napoléon lui transmit alors la proposition de son général d'artillerie, d'abandonner une partie de l'artillerie (4) pour sauver l'autre ; mais Napoléon la repoussa comme déshonorante pour une armée victorieuse. Depuis son arrivée à Moskou, l'orgueil de ce conquérant le tint dans une entière illusion sur sa situation ; il se formait un état des choses selon ses désirs, et donnait des ordres en conséquence ; aucun de ses généraux n'osait essayer de le tirer d'erreur ; aussi ne prit-il de bonnes résolutions que lorsqu'elles lui étaient dictées par la plus impérieuse nécessité. Ainsi s'expliquent les revers inouïs qui vinrent l'accabler !

Le 3 novembre avant le jour, Poniatowski, Eugène et Davout se dirigèrent sur Wiazma. Ney était en position à droite de cette ville (*a*),

---

(*a*) Toutes les fois que je raconterai un combat, je désigne-

derrière la Wiazma ; il avait fait construire un pont sur cette rivière, à une portée de canon de la ville, afin de pouvoir se porter rapidement au secours des corps qui étaient encore en arrière, et pour faciliter leur retraite.

Poniatowski venait d'atteindre Wiazma, et il faisait déjà grand jour lorsqu'un détachement de Kosaques vint intercepter la communication entre Eugène et Poniatowski, tandis qu'un autre détachement l'interceptait également entre Davout et Eugène. Dans le même tems, l'arrière-garde était vivement canonnée, et l'infanterie de Miloradowitz paraissait sur la droite, à la hauteur du point où se trouvait Davout. Eugène arrêta la tête de sa colonne pour réunir et former ses troupes, tandis que Poniatowski, rétrogradant, prit position avec son corps en avant de Wiazma, à gauche de la route ; ce qui restait de cavalerie se réunit à droite de cette route, et à la même hauteur : la présence de ces troupes rétablit les communications (*a*). Da-

---

rai par la *droite* et la *gauche* celles des troupes qui ont fait face à l'ennemi. Je fais cette observation, parce qu'il est possible, comme il arriva au combat de Wiazma, qu'une partie des troupes ait fait face à l'ennemi, tandis que l'autre marche encore en retraite.

(*a*) On voit que le corps d'Eugène formait une première

vout, pendant que l'on prenait ces dispositions, hâtait sa marche : la position de ce général était difficile ; canonné à son arrière-garde, harcelé par la cavalerie ennemie qui l'entourait, embarrassé par une grande quantité de bagages et de traîneurs (*a*), il aurait fallu qu'il s'arrêtât pour réunir ses troupes et prendre position ; mais il ne le pouvait sans courir les plus grands dangers. Ses bataillons, ployés en colonne serrée, marchaient donc à la suite les uns des autres, et d'un pas accéléré : ce fut dans cet ordre qu'il atteignit Eugène, au moment où ce général faisait appuyer ses troupes à droite de la route pour les opposer à l'infanterie russe ; mais Davout ayant pris cette direction, Eugène fixa ses troupes dans les positions où elles se trouvaient ; sa ligne de bataille était perpendiculaire à la route, et il avait formé un crochet à son flanc gauche, pour maintenir la cavalerie dont il était entouré. Davout, prêtant le flanc à l'ennemi, parvint difficilement à prendre sa place de bataille, et il y eut du désordre parmi

ligne ; celui de Poniatowski et la cavalerie en formaient une seconde.

(*a*) Ces bagages et ces traîneurs n'étaient pas seulement ceux du corps de Davout, mais ceux qui, n'ayant pu suivre leurs corps, étaient restés en arrière.

ses troupes ; sa gauche s'appuyait à la droite d'Eugène, près de la grande route ; sa droite était en avant de Ney, qui engagea une brigade pour la soutenir. Ainsi la ligne de bataille de Davout formait un angle très-aigu avec la grande route. Miloradowitz attaquait avec environ dix-neuf mille hommes d'infanterie, six mille de cavalerie et huit mille Kosaques. Les forces françaises réunies alors près de Wiazma s'élevaient à environ trente-sept mille cinq cents hommes (*a*), dont trois mille de cavalerie dans le plus mauvais état : l'artillerie était encore très-nombreuse, mais pouvait à peine se

---

(*a*) J'évalue approximativement la force des corps qui étaient réunis près de Wiazma ainsi qu'il suit :

1er corps.	13,000 hommes.
3e corps.	6,000
4e corps.	12,000
5e corps.	3,500
1er et 3e corps de cavalerie et la cavalerie légère des corps d'armée.	3,000
Total.	37,500 hommes.

Je ne comprends dans cette évaluation que les troupes qui étaient restées sous les drapeaux, et aucunement les traîneurs. L'on voit qu'il n'y avait que la garde, le huitième corps (réduit à 1200 hommes), et deux corps de cavalerie qui ne prissent pas part au combat de Wiazma.

traîner ; il fallait que l'ennemi vînt s'offrir à ses coups pour qu'on pût l'utiliser. Aucun des maréchaux dont les corps étaient engagés n'ayant reçu le commandement, ils se réunirent sur la grande route, entre le quatrième et le cinquième corps, afin de concerter leurs opérations, et se décidèrent à la retraite : c'était le seul parti raisonnable, puisque chaque instant de retard était une calamité. Le soldat, d'ailleurs, déjà affaibli par les privations, les fatigues et une mauvaise nourriture, était accablé d'être resté depuis le matin sous les armes. La retraite commença à deux heures de l'après-midi, sans que l'on cessât de combattre : Eugène et Poniatowski l'effectuèrent, en bon ordre, au travers de Wiazma; Davout, avec quelque précipitation, sur le pont construit à droite de cette ville. Ney fit l'arrière-garde ; il s'arrêta derrière la Wiazma, après avoir livré aux flammes ce qui subsistait encore de la ville de ce nom. Les autres corps bivouaquèrent à peu de distance, dans une vaste forêt que la route traverse. Quelle nuit! ce fut la plus cruelle depuis le départ de Moskou ; l'armée perdit environ quatre mille hommes, tués ou blessés, beaucoup de bagages, quelques canons, et l'ennemi lui fit quelques milliers de prisonniers, la plupart traîneurs. Toutefois le combat de Wiazma fut encore moins funeste par les pertes qu'il fit éprouver que par ses suites. Les chevaux de la cavalerie, hors d'état de supporter les fatigues de la journée, succombèrent presque tous, et beaucoup de fantassins, par les mêmes raisons, se virent contraints de jeter leurs armes et de grossir la foule des traîneurs. Le premier corps perdit le plus, ce qu'on doit attribuer, en grande partie, à la faute que commit Davout en appuyant à droite, et prêtant ainsi le flanc à l'ennemi, tandis qu'au contraire il aurait dû appuyer à gauche, et se retirer par Wiazma, opération que la protection des corps d'Eugène et de Poniatowski aurait rendue facile. Malheureusement personne ne commandait; ce fut une faute à Napoléon de ne s'être point trouvé en personne à cette affaire, ou du moins de n'avoir pas désigné celui des maréchaux qui devait commander.

Aussitôt que Napoléon eut appris que les Russes attaquaient les corps qui n'avaient point encore atteint Wiazma, supposant que Kutusof en personne dirigeait cette attaque et poursuivrait ces corps avec la totalité de son armée, il forma le projet de s'embusquer entre Slawkowo et Dorogobuj, dans une position choisie d'avance, pour de là se précipiter sur l'armée Russe qu'il espérait surprendre par une attaque aussi imprévue. Les dispositions générales pour l'exécution de ce projet furent écrites (5), mais ne furent point adressées aux commandans de corps d'armée.

Le 4 de grand matin, Napoléon reçut un rapport de Ney, qui lui faisait connaître sans déguisement les funestes résultats du combat de Wiazma; ce rapport se terminait ainsi : « De meilleures dispositions auraient pu pro-
» duire un résultat plus favorable. Ce que cette
» journée a de plus fâcheux, c'est que mes
» troupes ont été témoins du désordre du pre-
» mier corps : c'est un exemple funeste qui
» ébranle le moral du soldat. Je dois la vérité
» à votre majesté, et quelque répugnance que
» j'éprouve à blâmer les dispositions de l'un de
» mes camarades, je ne puis m'empêcher, Sire,
» de vous déclarer que je ne puis répondre de
» la retraite comme si je la commandais seul.
» Le quatrième corps et le premier se sont re-
» tirés : j'occupe le défilé du bois en arrière
» de Wiazma, et je me mettrai en marche
» avant le jour; mais il serait nécessaire que
» les échelons fussent réglés; je ne puis sans

» cela compter sur rien. Je ne crois pas que
» toute l'armée ennemie soit ici. La cavalerie
» et l'artillerie sont très-nombreuses. J'évalue
» l'infanterie à vingt mille hommes.

» Je suis etc. »

Quoique Napoléon dût être à peu près convaincu qu'un simple détachement avait combattu à Wiazma, il ne sembla pas encore renoncer entièrement à son projet, puisqu'il s'arrêta à Slawkowo avec sa garde pendant la journée entière du 4. Son projet était insensé, et il n'avait pu le former qu'en se refusant à l'évidence. En effet l'armée russe ne pouvait suivre l'armée française, parce qu'elle n'aurait pu subsister, et en supposant qu'elle pût la suivre, l'on ne pouvait espérer de la surprendre, puisque ses colonnes de marche auraient occupé au moins dix lieues sur la route, et qu'elle était précédée par une nuée de Kosaques qui auraient indubitablement découvert les embuscades. Enfin dans le déplorable état où se trouvait réduite l'armée française, elle ne pouvait, avec quelque chance de succès, livrer bataille à l'armée russe.

La journée du 4 fut remarquable par l'apparition de la neige. Il en tomba quelque peu :

c'était ce qu'on redoutait le plus, autant parce qu'elle précède ordinairement les grands froids, que parce qu'il allait devenir impossible de marcher sur les côtés de la route et de nourrir ce qui restait de troupeaux. Le 5, le mouvement général de retraite continua ; l'armée marchait dans l'ordre suivant : Junot à l'avant-garde ; la jeune garde, les deuxième et quatrième corps de cavalerie, la vieille garde, Poniatowski, Eugène, Davout et Ney, qui faisait l'arrière-garde. L'opération dont Ney était chargé offrait les plus grandes difficultés ; ce n'était plus seulement des Kosaques qui suivaient l'armée française, mais Miloradowitz avec son corps ; et malgré l'affreuse dévastation du pays, il parvenait à alimenter ses troupes, en faisant apporter des vivres de l'intérieur des terres. Kutusof, qui avait eu son quartier général au village de Krasnoe le jour du combat de Wiazma, se dirigeait sur Ielnia. Je ne puis mieux faire connaître les difficultés que Ney avait à vaincre, qu'en citant l'un de ses rapports au général Berthier.

LIVRE III.

Le duc d'Elchingen au prince de Neufchâtel et de Wagram.

« Au bivouac de Semlewo, le 4 novembre, à 5 heures
» du soir.

» Les troupes se sont mises en marche ce
» matin, à six heures : les échelons étaient dis-
» posés de manière à éviter l'encombrement,
» et à être à l'abri des surprises de l'ennemi.
» Le mouvement rétrograde s'est effectué avec
» autant d'ordre qu'on pouvait le désirer quant
» aux troupes du troisième corps; mais la route
» était couverte, sans exagérer, de quatre mille
» hommes de tous les régimens de la grande
» armée qu'il a été impossible de faire marcher
» ensemble. Cela rend la position de l'officier
» chargé de faire une arrière-garde d'autant
» plus pénible, qu'à la moindre attaque de la
» part de l'ennemi ils prennent la fuite et peu-
» vent mettre le désordre dans les colonnes.
» L'ennemi m'a attaqué à plusieurs reprises
» avec du canon et une multitude de ses Kosa-
» ques, qui me débordaient constamment ;
» mais tous les échelons l'ont si bien reçu,
» qu'il n'a pu parvenir à nous entamer ; et en-
» fin, au moment où j'ai pris position, il a eu-

» gagé une forte canonnade pour me déloger ;
» mais la supériorité de notre feu l'a contraint
» à s'éloigner. On assure, mais je ne l'ai pas
» vu, qu'une colonne d'infanterie a filé sur leur
» gauche. »

Le 5, le quartier général s'arrêta à Dorogobuj ; Napoléon se faisait encore illusion au point de croire qu'il pourrait conserver Smolensk, et prendre ses cantonnemens derrière le Dniéper : dans cette conviction, il envoya à Smolensk des officiers qui étaient chargés de choisir les cantonnemens que l'armée devait occuper pendant l'hiver, et il prépara un ordre relatif à la formation d'un corps actif de six mille hommes de cavalerie, destiné à couvrir ses cantonnemens. Ce corps devait être formé avec les débris des quatre corps de cavalerie, et commandé par Latour-Maubourg. L'ordre de formation ne devait être promulgué qu'à l'arrivée du quartier général à Smolensk. L'armée reçut, pour la première fois, des moulins portatifs (*a*) qui étaient envoyés de Paris ; ils furent répartis dans les corps.

Le 6, le quartier général fut transporté à

(*a*) Ces moulins n'étaient plus d'aucune utilité, puisqu'on ne pouvait plus se procurer de grains.

Mikalewka ; Napoléon y apprit la jonction des deuxième et neuvième corps, le combat de Czaszniqui et la retraite de Victor sur Senno. Il se décida enfin à instruire, au moins en partie, ce général de la situation où il se trouvait ; il adressa, dans ce but, la lettre suivante à Berthier :

Napoléon au major-général.

« Mikalewka, le 7 novembre 1812.

» Mon cousin, écrivez au duc de Bellune la
» lettre suivante : J'ai mis votre lettre du 2
» sous les yeux de l'empereur. Sa majesté or-
» donne que vous réunissiez vos six divisions,
» et que vous abordiez sans délai l'ennemi, et
» le poussiez au delà de la Dwina; que vous
» repreniez Polotzk (*a*). Ce mouvement est des
» plus importans : dans peu de jours, vos der-
» rières peuvent être inondés de Kosaques.
» L'armée et l'empereur seront demain à Smo-
» lensk, mais bien fatigués par une marche
» de cent vingt lieues sans s'arrêter. Prenez
» l'offensive, le salut des armées en dépend ;
» tout jour de retard est une calamité. La ca-

(*a*) Le reste de la lettre était en chiffres.

» valerie de l'armée est à pied ; le froid a fait
» mourir tous les chevaux (*a*). Marchez, c'est
» l'ordre de l'empereur et celui de la néces-
» sité.

» Envoyez cette lettre au général Charpen-
» tier (*b*) par l'estafette qui va partir dans une
» heure, qui l'enverra par un officier au duc
» de Bellune.

» Sur ce, je prie, etc. »

Signé NAPOLÉON.

Avant que de quitter Mikalewka, Napoléon apprit la tentative du général Malet, si extraordinaire par un commencement de réussite, et si promptement réprimée. Cette nouvelle alarmante, les maux qui accablaient son armée de Moskou, les revers de ses lieutenans, un avenir effrayant, le spectacle continuel de ces morts et mourans, victimes de son aveuglement, rien ne semblait l'émouvoir ; il possédait au plus haut degré cette insensibilité sans laquelle on ne saurait être conquérant.

(*a*) Les chevaux supportent très-bien les froids les plus rigoureux quand ils sont bien nourris. Ce n'était pas le froid qui les avait fait mourir, mais la faim et la continuité des marches et des bivouacs.

(*b*) Le général de division comte Charpentier était gouverneur de Smolensk.

Le 7, il passa le Dniéper, et établit son quartier général dans un petit château situé dans les terres, à une lieue de Slobpnewa : toute l'armée continuait à suivre la route de Smolensk, et dans l'ordre que j'ai indiqué, à l'exception d'Eugène, qui quitta cette route à Dorogobuj, pour se rendre à Smolensk par Dukhowszina ; ce même jour, Baraguay-d'Hilliers se reploya de Ielnia sur Smolensk.

Cependant la rapide désorganisation de l'armée semblait n'être que le prélude de son entière destruction ; la neige avait continué à tomber le 5 en petite quantité ; le 6, chassée par un vent du nord, elle tomba abondamment, et recouvrit bientôt la terre d'une couche épaisse qui ne présentait plus à l'œil attristé qu'une immense plaine d'un blanc éclatant. La route, foulée par les chevaux et les voitures, devint alors aussi dure et aussi glissante que du verglas. A cette latitude, cet état de choses subsiste à peu près cinq mois : les Russes sont toujours préparés à ce changement ; leurs chevaux sont d'avance ferrés à glace ; ils mettent sur traîneaux leurs voitures de transport, ainsi que le canon des parcs ; et les Kosaques ont alors des pièces légères sur affûts-traîneaux. Dans l'armée française, au contraire, on ne s'y était point préparé ; les chevaux, n'ayant point été ferrés à glace, glissaient au moindre mouvement, s'épuisaient en efforts impuissans, et s'abattaient à chaque instant. L'on perdit tout à coup la plus grande partie de ce qui restait de cavalerie, et l'on fut contraint d'abandonner beaucoup d'artillerie et de bagages. L'on vit alors des objets précieux, provenant du pillage de Moskou, dispersés sur la route ; ils ne tentaient plus la cupidité ; l'on ne songeait qu'à se procurer des alimens.

Un petit nombre de régimens avaient conservé quelques bestiaux en les faisant paître ; il devint impossible de les nourrir plus longtems. L'armée, marchant sans relâche, ne recevant de distributions de vivres nulle part (*a*), se trouva réduite, pour toute nourriture, à la chair des chevaux ; le soldat dépeçait à l'instant ceux que l'on était contraint d'abandonner. Le froid, plus rigoureux, vint se joindre à tant de maux ; il n'était pas excessif, mais cependant insupportable pour des malheureux affamés ou mal nourris, et trop peu vêtus pour un climat si rigoureux. Chacun se couvrait de ce qu'il

(*a*) Il faut en excepter la garde, qui avait reçu de la farine à Gjat, à Wiazma et à Dorogobuj.

trouvait pour se garantir du froid ; aussi voyait-on des soldats de toutes les armes surchargés des vêtemens les plus bizarres.

Les forces humaines ne pouvant lutter contre de semblables vicissitudes, les désastres de l'armée augmentèrent dans une proportion effrayante ; elle éprouva toutes les horreurs de la famine. Le nombre des traîneurs s'accrut (*a*) de manière à faire craindre que l'armée ne présentât bientôt plus qu'une masse confuse ; l'indiscipline et l'insubordination gagnèrent ce qui était resté sous les drapeaux. Bientôt l'aspect de la route devint affreux ; elle était jonchée de cadavres d'hommes et de chevaux, et couverte d'une foule de malheureux se traînant à peine, tandis que d'autres expiraient de faim, de fatigue, de maladie et de leurs blessures. Quand ils réfléchissaient sur la rigueur d'un sort si peu mérité, sur cette mort obscure qui allait les atteindre sans qu'un ami leur fermât les yeux, sans qu'un seul laurier fût jeté sur leur tombe,

---

(*a*) L'infanterie de la garde faisait exception, ce qui tint à ce qu'elle éprouva moins de fatigues que les autres corps, n'ayant point fait l'arrière-garde, et moins de privations, ayant reçu quelques distributions de farines. Il restait encore plus de deux mille hommes de cavalerie de la garde, mais en mauvais état.

sans que leurs proches sussent même en quels lieux s'étaient exhalés leurs derniers soupirs, et qu'ils reportaient les yeux sur le passé, le ressouvenir de leur gloire les accablait. Tous ces maux et le sentiment si puissant de sa propre conservation produisirent un égoïsme et une dureté incroyables; alors les liens si doux de l'amitié furent rompus; les mourans, la rage dans le cœur, expirèrent dans une affreuse solitude. La mort ne fit plus couler de larmes. Tout moyen semblait bon pour se conserver la vie : on vit des soldats dépouiller leurs camarades accablés par la maladie, et abréger ainsi leurs derniers momens. Chaque soir, un grand nombre de malheureux qui n'avaient pu suivre leurs corps imploraient une place auprès des bivouacs déjà établis; mais on les repoussait durement, et ils allaient expirer à quelques pas de là ; aussi l'armée, lorsqu'elle quittait ses bivouacs, les laissait-elle couverts de morts, ce qui leur donnait l'aspect d'un champ de bataille. Au point du jour, tout ce qui avait bivouaqué sur le bord de la route se remettait en marche, et l'on voyait arriver de l'intérieur des terres un grand nombre de militaires isolés, ou réunis par bandes plus ou moins nombreuses ; ils se dirigeaient sur la grande route,

LIVRE III.

où il se formait bientôt une colonne épaisse de traîneurs. La nuit couvrait de son ombre les maux qui accablaient l'armée, et le jour suivant reproduisait les mêmes scènes. Les familles fugitives qui la suivaient partageaient son sort, ainsi que quelques prisonniers faits aux combats de Malojaroslawetz et de Wiazma : on fusillait ceux qui ne pouvaient suivre ; presque tous périrent ainsi. Au milieu de cette détresse, les maréchaux, les généraux, les administrateurs, tous ceux enfin qui, ayant eu la précaution d'emporter de Moskou des provisions, avaient été assez heureux pour conserver leurs bagages, vivaient dans l'abondance (*a*).

Une foule de plaintes amères s'élevèrent contre Napoléon ; l'on maudissait son ambition,

---

(*a*) Il semblerait que des soldats réduits à de si cruelles extrémités auraient dû piller les voitures de bagages sur lesquelles se trouvaient ordinairement des provisions. C'est ce qui serait indubitablement arrivé s'ils avaient été livrés subitement aux horreurs de la famine ; mais les privations avaient été progressives, et les maux qui vinrent les accabler n'arrivèrent que successivement. Lorsqu'ils approchaient de leurs derniers momens ils ne portaient plus d'armes, et le décroissement des facultés morales avait suivi celui des forces physiques. Ceux au contraire qui conduisaient et qui escortaient des bagages étaient armés, avaient conservé plus de force et d'énergie, et défendaient ces bagages comme leur dernière ressource. Cependant si l'on était obligé d'abandonner une voiture par

que rien ne pouvait assouvir ; son orgueil, qui l'avait fait pénétrer en Moskowie contre toutes les règles de l'art, et l'avait aveuglé au point de le retenir trente-quatre jours au milieu des cendres de Moskou. Le soldat se plaignait des maux présens, mais les généraux jetaient encore des regards inquiets sur l'avenir : tous tenaient de Napoléon (6) des grades, des décorations, quelques-uns de la fortune, et leur sort semblait lié au sien ; aussi en entendit-on plusieurs s'écrier : « Il se perd, et nous avec lui. »

Le 8 novembre, Napoléon transporta son quartier général à Brédichino ; on rencontra ce jour-là des convois de vivres destinés pour l'arrière-garde, et qui étaient partis la veille de Smolensk ; on en conçut l'espoir de retrouver sinon l'abondance, du moins le nécessaire aussitôt qu'on aurait atteint cette ville. L'on comptait aussi sur l'appui de Victor ; on ignorait généralement sa marche rétrograde, aussi bien que les revers essuyés en Wolhinie et en Lithuanie : Napoléon avait apporté tous ses soins à cacher ces événemens. Ce même jour,

suite de l'épuisement des chevaux, les traîneurs s'attroupaient autour, et elle courait risque d'être pillée au moment où l'on voulait en extraire ce qu'elle contenait de plus précieux.

Junot, qui marchait à l'avant-garde, atteignit Smolensk, mais il n'y entra point; il fut cantonner deux lieues au delà, sur la route de Mstislaw. Smolensk, dès le 7, s'était rempli de militaires isolés qui avaient devancé l'armée. Il fallut leur distribuer des vivres, sans quoi ils auraient pillé les magasins, et l'on essaya en vain de leur faire continuer leur route. Depuis cette époque, on ne laissa pénétrer dans la place aucun militaire isolé.

Le 9, Napoléon revit Smolensk, et apprit, en y arrivant, que Witepsk venait de tomber au pouvoir de l'ennemi. Que de changemens s'étaient opérés depuis deux mois et demi qu'il avait quitté cette ville! vainqueur alors, et se croyant assuré de réussir dans cette grande entreprise de l'asservissement de l'Europe; aujourd'hui fugitif et touchant presque à sa ruine.

Le jour même de son arrivée à Smolensk fut marqué par trois événemens désastreux : la perte d'une brigade de la division Baraguay-d'Hilliers, le passage du Wop, si funeste au quatrième corps, et l'accroissement rapide du froid. Mais n'anticipons point sur le récit des événemens.

Nous avons vu qu'après le combat de Wiazma, Miloradowitz et Platof avaient poursuivi l'armée française, tandis que Kutusof s'était dirigé sur Ielnia. Nous avons parlé du combat de Semlewo ; depuis, Ney eut à soutenir un nouveau combat le 7 novembre, peu avant que d'arriver à Dorogobuj. La poursuite sur une route dévastée que les Français n'abandonnaient qu'après avoir brûlé tout ce qu'ils pouvaient atteindre, faisait éprouver de grandes pertes au corps qui en était chargé; par cette raison, Miloradowitz quitta, quelques lieues au delà de Dorogobuj, la route de Smolensk pour se diriger sur Liackowa, se contentant de faire poursuivre Ney par le général Yurkof, auquel il laissa une division d'infanterie et quelques régimens de Kosaques. Platof, avec ses Kosaques, poursuivait Eugène sur la route de Dukhowzina. Une journée avant que d'arriver à cette ville, on traverse le Wop, petite rivière guéable, qui se jette, à quelques lieues de là, dans le Dniéper ; elle est encaissée, ses rives sont escarpées, et la glace qui la recouvrait ne portait point encore. Le 8, Eugène avait fait travailler à la construction d'un pont, mais tout manquait pour ce genre de travail ; on ne put lui donner la solidité nécessaire ; il se rompit, et le 9 au matin, quand le quatrième corps atteignit le Wop, un grand nombre de militaires isolés et beaucoup de bagages étaient réunis sur la rive gauche, attendant, pour passer, que le pont fût rétabli. Cependant, Platof ayant été instruit du retard qu'éprouvait Eugène, canonnait vivement son arrière-garde, et les Kosaques, animés par l'espérance d'un riche butin, se répandaient comme un torrent autour du quatrième corps; il y eut même plusieurs de leurs détachemens qui franchirent le Wop et se firent voir sur l'autre rive. Eugène ne pouvait différer sa retraite, autant à cause de la présence de l'ennemi que parce qu'il était déjà fort en arrière du reste de l'armée. Après avoir fait contenir les Kosaques par des détachemens et de l'artillerie, il ordonna à la garde royale de passer la rivière; cet ordre fut exécuté à l'instant; la garde royale, écartant les glaces, ayant de l'eau jusqu'à la poitrine, franchit le Wop et prit position sur la rive droite : Eugène, avec son état major, la suivit immédiatement. L'on essaya alors de faire passer les voitures ; mais les rampes qu'on avait pratiquées se recouvrirent de verglas, surtout celle qui se trouvait à la sortie de la rivière ; le gué fut bientôt obstrué par un grand nombre de voitures qui s'y étaient embourbées. L'on avait perdu l'espérance de pouvoir rétablir le pont;

on se vit contraint d'abandonner l'artillerie et les bagages qui n'avaient point encore passé. Aussitôt que la nécessité de ce sacrifice fut connue, les rives du Wop présentèrent un spectacle affreux, et dont les fastes militaires n'avaient point encore offert d'exemples. Les personnes qui avaient conservé des voitures, obligées de les abandonner, chargeaient précipitamment sur leurs chevaux leurs vivres et leurs effets les plus précieux ; beaucoup de ces voitures furent pillées par les traîneurs au moment où l'on se préparait à les abandonner, et leurs possesseurs perdirent ainsi leur dernière ressource. Une grande quantité d'hommes et de chevaux, trop faibles ou dont le froid saisit les membres au moment où ils traversaient la rivière, se noyèrent, et elle fut bientôt remplie de cadavres. Les soldats qui atteignaient la rive droite se hâtaient d'établir des feux pour sécher leurs hardes et se réchauffer ; mais privés de liqueurs et de bons alimens, il y en eut beaucoup qui périrent. Eugène, pendant toute la journée du 9, laissa la division Broussier sur la rive gauche pour contenir les Kosaques, et donner le tems à tous ceux qui le pourraient de passer la rivière. Le 10 au matin, cette division passa le Wop, abandonnant aux Kosaques quelques blessés et malades, environ soixante bouches à feu, un grand nombre de voitures et beaucoup d'effets précieux provenant du pillage de Moskou, et dispersés çà et là sur la neige. Un grand nombre de soldats malades ou trop affaiblis avaient jeté leurs armes aussitôt après avoir passé le Wop, si bien que le quatrième corps ne comptait plus sous les drapeaux qu'environ six mille hommes, et des quatre-vingt-douze bouches à feu qu'il traînait en quittant Moskou, il ne lui en restait plus que douze.

Platof poursuivait ce corps et le canonnait ; il avait profité du retard qu'il venait d'éprouver pour le faire devancer par plusieurs régimens de Kosaques qui s'étaient rendus à Dukhowszina en faisant un circuit. Ils occupaient toute la plaine dans laquelle se trouve située cette petite ville, et particulièrement la route par laquelle arrivait Eugène. L'état de désordre où se trouvait le corps de ce général, et la poursuite de Platof exigeaient qu'il prît son parti sur-le-champ ; il ordonna donc à la garde royale, qui marchait à l'avant-garde, de se ployer en colonne serrée, et de les aborder vivement. Les Kosaques ne tinrent point ; ils se retirèrent aussitôt, laissant Dukhowszina à la disposition des Français. Cette ville, où il n'était passé que peu de troupes, n'avait point souffert, et offrit des ressources. Eugène se vit en quelque sorte contraint d'y séjourner le 11 pour remettre de l'ordre parmi ses troupes, et leur accorder un repos dont elles avaient si grand besoin. Le 12, avant le jour, il se remit en marche, entouré de tous côtés par les Kosaques, et le 13 il atteignit Smolensk. Son arrière-garde avait livré aux flammes Dukhowszina et tous les lieux qu'elle avait pu atteindre.

Nous avons vu que Kutusof s'était dirigé sur Ielnia; il y eut son quartier général le 9 octobre, et ce même jour, Orlof-Denisof (*a*) cerna dans le village de Liackowa la brigade Augereau (de la division Baraguay-d'Hilliers), forte de plus de deux mille hommes, et la contraignit à mettre bas les armes, à la suite d'un combat assez vif. Liackowa contenait des magasins de vivres qui furent d'une grande ressource pour l'armée russe. Kutusof, afin d'empêcher Napoléon de se retirer par la route d'Orsza et Minsk, sur laquelle se trouvaient

(*a*) Orlof-Denisof commandait un détachement composé d'un régiment de chasseurs à pied, de deux régimens de cavalerie, de plusieurs régimens de Kosaques et de douze bouches à feu. Il faisait le service de partisan. Kutusof avait formé ainsi plusieurs détachemens pour harceler l'armée française; la plupart n'étaient composés que de cavalerie.

ses approvisionnemens, dirigea le corps d'Osterman sur Koritnia, et, avec le reste de son armée, se porta sur Krasnoi par Liackowa, Pronina et Wolkowo. Miloradowitz, qui l'avait devancé à Liackowa, formait son avant-garde.

Je me vois contraint de suspendre le récit des opérations de Napoléon et de Kutusof, pour m'occuper des corps d'armée détachés. Plus heureux, l'historien des dix mille n'est jamais obligé de détourner ainsi l'attention de ses lecteurs. Je vais d'abord, et pour ne plus revenir sur ce qui est passé, faire quelques réflexions sur les opérations militaires depuis le combat de Malojaroslawetz.

Napoléon, réduit à se retirer sur Smolensk par la route qu'il avait suivie en marchant sur Moskou, devait éprouver des pertes d'autant plus grandes qu'il accumulerait plus de troupes sur cette route. Il devait donc n'y en laisser que le moins possible; ainsi, il aurait fallu qu'il dirigeât Poniatowski, de Jegoriewskoi, sur Ielnia; Mortier et Ney, de Wéréia, sur Ielnia; Eugène et deux corps de cavalerie, de Mojaïsk, sur Biéloi (*a*), d'où ils auraient con-

---

(*a*) Une grande route conduit de Gjat à Witepsk en passant

tinué leur retraite sur Witepsk si Napoléon avait été obligé d'abandonner Smolensk. Tous ces corps, suivis seulement de leur artillerie de ligne et de peu de bagages, auraient forcé de marche ; il ne serait resté sur la grande route que la vieille garde, le corps de Davout, deux corps de cavalerie, tous les grands parcs, toutes les batteries de réserve, et une partie des bagages des corps qui auraient suivi des chemins de traverse. Davout aurait fait l'arrière-garde avec son corps et deux corps de cavalerie ; il se serait retiré à marches forcés, détruisant toute l'artillerie et tous les bagages qui n'auraient pu suivre. L'on ne saurait objecter que cette marche, par des chemins de traverse, n'était point praticable, puisque Eugène et Poniatowski, à une époque où leurs corps étaient beaucoup plus nombreux, avaient marché ainsi (*a*) ; puisque l'armée entière avait suivi un chemin de traverse, pour passer de la vieille route de Kaluga sur la nouvelle, et puisqu'enfin toute

par Biéloi. Eugène aurait pris cette route quand il aurait été à la hauteur de Gjat.

(*a*) Eugène sollicita l'autorisation de reprendre la route qu'il avait suivie en marchant sur Moskou, et ne put l'obtenir. Napoléon lui ordonna de continuer à régler sa marche sur celle de Davout, pour le soutenir, s'il était nécessaire.

l'armée de Kutusof était engagée dans des chemins de traverse. Par suite de ces dispositions, Davout aurait atteint Wiazma le 31 octobre, et Smolensk le 5 ou le 6 novembre. Les corps qui marchaient sur Ielnia y seraient arrivés vers le 2 novembre, et ceux qui marchaient sur Biéloi à peu près à la même époque; ainsi l'armée n'aurait point été devancée par Kutusof, n'aurait pu qu'être harcelée par des Kosaques, et aurait atteint le Dniéper et la Dwina avant l'apparition des grands froids. Non-seulement Napoléon, contre ses véritables intérêts, accumula toute son armée sur la route de Moskou à Smolensk, mais il ne prit aucun des moyens qui pouvaient adoucir son sort; ainsi il aurait dû réunir à chaque étape de nombreux troupeaux (*a*), et n'en fit rien; il aurait dû aussi faire faire plusieurs ponts sur les ruisseaux et ravins pour faciliter les communications, tandis que l'on n'avait pas même réparé ceux qui s'y trouvaient. Telles sont les disposi-

---

(*a*) Les commandans de ces étapes ne s'approvisionnaient que pour un mois d'avance. Ils avaient intérêt à ménager les habitans; mais, pour le cas d'une retraite, ils auraient étendu leurs battues au loin. Un seul de ces commandans crut devoir prendre cette mesure, quoiqu'il n'en eût pas reçu l'ordre, et elle eut un plein succès.

tions qui auraient donné à Napoléon le plus de chances pour se tirer de la position critique où il se trouvait. Mais je dois ajouter qu'il fallait que son adversaire perdît du tems pour qu'elles eussent un résultat heureux; car si Kutusof se fût dirigé à marches forcées de Gonczarowo, d'abord sur Jukhnow, où il aurait appris que le mouvement de retraite de l'armée française était prononcé, et de là sur Slawkowo, il y aurait devancé Napoléon, qui ne pouvait manquer de succomber, puisqu'à l'époque où ce conquérant aurait atteint Slawkowo, les pertes de son armée ne lui auraient déjà plus permis de livrer bataille à Kutusof avec quelque espoir de succès (*a*). D'ailleurs le général russe pouvait se retirer lentement sur Smolensk (*b*), et peu de jours auraient suffi pour réduire Napoléon aux dernières extrémités. L'on a vu que Kutusof avait perdu quatre jours à tourner autour de Malojaroslawetz; il est impossible d'aperce-

---

(*a*) En supposant même que Napoléon eût pu espérer de gagner une bataille, il ne pouvait se promettre de résultats décisifs, faute de cavalerie. Ainsi sa position n'en aurait pas été moins désespérée.

(*b*) Cette ville ne pouvant être défendue que par la division Baraguay-d'Hilliers, qui était composée de recrues, on s'en serait emparé promptement ou on l'aurait cernée avec un détachement.

LIVRE III. 159

voir quel motif avait pu le décider à ce mouvement, car on ne trouve aucune raison, même spécieuse, qui pût l'autoriser : depuis, ses opérations furent raisonnables, et l'on ne put lui reprocher que de la lenteur. Dans la situation respective des armées, il fallait arriver, ne fût-ce qu'avec des têtes de colonne.

Nous avions laissé Macdonald dans une inaction qui se prolongea jusqu'au 15 novembre, par cette raison, et ayant égard au peu d'influence qu'un corps fixé devant Riga devait avoir pour le moment sur le sort de l'armée de Moskou : je m'occuperai plus tard des événemens survenus sur cette partie du théâtre de la guerre.

De Wrède continuait à couvrir Wilna ; après s'être replyé de Glubokoé sur Danilowiczi, il avait de nouveau occupé cette première ville le 19 novembre ; la brigade Corbineau l'avait quitté le 8 novembre pour se réunir à Victor.

J'ai parlé, dans le tems, des instructions qui furent adressées aux généraux Tchitchagof, Wittgenstein et Steinheil par Alexandre. Une partie de ce qui avait été prescrit ne put être exécuté (7), ainsi qu'on l'a vu et qu'on devait s'y attendre ; mais la prise de Minsk et la jonction des corps dont nous venons de parler sur la rive droite de la Bérézina, pour couper la retraite de l'armée française, étant toujours le résultat que Kutusof se proposait d'obtenir, Tchitchagof se décida enfin à quitter ses cantonnemens pour coopérer à ce résultat en ce qui le concernait. Ses forces s'élevaient à cinquante-cinq mille hommes de troupes régulières, et il allait être joint par la brigade Lieders, forte de trois mille hommes, qui arrivait de Moldavie. L'armée de Schwartzenberg ne s'élevait qu'à quarante-six mille cinq cents hommes (*a*), en y comprenant la division Durutte, qui allait le joindre. Tchitchagof laissa à Sacken vingt-sept mille hommes, avec lesquels il devait s'efforcer de tenir Schwartzenberg en échec, et quitta Brezesc-Litowski le 27 octobre, avec vingt-huit mille hommes, pour se diriger sur Minsk (*b*);

(*a*) L'armée de Schwartzenberg était composée de la manière suivante :

Corps autrichien. . . 25,000 hommes.
Septième corps. . . . 8,500
Brigade Kosinski. . . 4,000
Division Durutte . . 9,000

Total. . . . . . . 46,500, dont 5,500 hommes de cavalerie.

La division Durutte s'élevait à 12,000 hommes, mais elle avait laissé un régiment à Varsovie.

(*b*) Les armées de Tchitchagof et de Sacken étaient composées ainsi qu'il suit :

ainsi il avait perdu quatorze jours, pendant lesquels il aurait pu faire un mal incalculable aux armes françaises, puisque Schwartzenberg, pendant tout ce tems, n'aurait eu que trente-sept mille hommes à lui opposer. Tchitchagof passa à Prujany le 30 octobre (*a*), atteignit Slonim le

Armée de Tchitchagof.

Corps du général major comte Lambert.	6,000 hommes.
Corps du lieutenant général comte Langeron.	11,000
Corps du lieutenant général Woinon.	5,000
Corps du général major Tchaplitz.	6,000
Brigade du général major Lieders. .	3,000, en route pour rejoindre.
Total.	31,000 hommes dont 10,000 de cavalerie

Armée de Sacken.

Corps du lieutenant général Sacken.	6,000 hommes.
Corps du lieutenant général Essen. .	9,000
Corps du général major Bulatof. . . .	5,000
Corps du général major Liewen, ci-devant Kamenskoi.	7,000
Total.	27,000 hommes, dont 8,000 de cavalerie.

(*a*) On assure que Tchitchagof reçut à Prujany l'ordre de Kutusof d'envoyer des troupes à Kiow, et que cet ordre avait été écrit immédiatement après le combat de Malojaroslawetz; je n'ai pu vérifier ce fait, que l'on serait tenté de révoquer en

3 novembre et s'y arrêta ; il y apprit qu'une avant-garde autrichienne était arrivée le 7 à Wolkowisk, fit détruire le pont de Zelwa, et se remit en marche le 8. Ce même jour, il ordonna au colonel Tchernichef de se rendre directement près de Wittgenstein (a) pour lui faire connaître la marche de l'armée de Moldavie sur Minsk. Cette ville, si importante par sa position sur la principale communication de l'armée française, et par les magasins considérables qu'on y avait réunis, était entièrement ouverte, et ne pouvait être conservée que si on la faisait couvrir par un corps capable d'arrêter celui de Tchitchagof ; mais cela était impossible. En effet, sa garnison ne s'élevait qu'à environ trois mille cinq cents hommes de troupes de nouvelles levées, la plupart lithuaniennes. La division Dombrowski ne comptait plus que quatre mille cinq cents hommes (b); les forces

doute, à cause de l'ineptie d'un pareil ordre. Tchitchagof n'obéit point.

(a) Le colonel Tchernichef reçut pour escorte un régiment de Kosaques. Il passa à Nowogrodeck, traversa la route de Minsk à Wilna, à Radoszkowiczi, et atteignit Wittgenstein à Czasniqui le 17 novembre. Il avait rencontré à Radoszkowiczi le général Wintzingerode, que deux gendarmes conduisaient en France, et l'avait délivré.

(b) Je ne comprends pas dans cette évaluation les troupes de

de Hertel en troupes régulières étaient plus que doubles. La garnison de Wilna n'était composée que de régimens de marche, et cette ville, couverte seulement par les débris du sixième corps, exposée à être attaquée par un détachement du corps de Wittgenstein, ne pouvait point envoyer de troupes au secours de Minsk. Victor, à la vérité, avait eu la mission de secourir Wilna, Minsk, Saint-Cyr ou la grande armée, selon la nécessité ; mais il avait été obligé de secourir Saint-Cyr, et ne pouvait plus faire aucun détachement considérable sans s'exposer à être accablé par Wittgenstein ; il aurait d'ailleurs fallu, pour qu'il arrêtât Tchitchagof, qu'il marchât contre lui avec toutes ses forces réunies.

Bronikowski, gouverneur de Minsk, avait conçu de vives alarmes lorsque les Russes s'emparèrent de Slonim (a), et avait fait connaître au major-général le danger de sa position. Victor ayant été obligé de secourir Saint-Cyr, Napoléon ne pouvait alors disposer que de la division Durutte (32ᵉ), qui devait arriver à Varsovie dans les derniers jours d'octobre, et de

la division Dombrowski, qui étaient à Mohilof et aux environs.

(a) On se souvient que ce fut le 19 octobre.

la division Loison (34ᵉ), qui était à Kœnigsberg. Il avait toujours cru ces forces plus que suffisantes pour maintenir sa supériorité en Lithuanie, parce qu'il n'avait jamais voulu, nonobstant les rapports de Schwartzenberg, évaluer l'armée de Moldavie à plus de vingt mille hommes, et les armées russes réunies sous les ordres de Tchitchagof à plus de quarante mille. Il était resté dans une erreur semblable relativement aux forces de Wittgenstein. Les revers de ses lieutenans l'ayant contraint de reconnaître au moins en partie l'exactitude des rapports qu'ils lui avaient adressés, il mit la division Durutte à la disposition de Schwartzenberg, ordonna à la division Loison de se rendre à Wilna, et enjoignit à Dombrowski de s'occuper, par dessus tout, de la défense de Minsk. Schwartzenberg n'avait point attendu les ordres de Napoléon pour attirer à lui la division Durutte (*a*). Dans les premiers jours de novembre, six des bataillons (*b*) de cette division se réunirent au septième corps. La pre-

(*a*) Ce fut Maret qui ordonna à Durutte de rejoindre Reynier avec sa division, et de faire partie de son corps. Maret donna cet ordre par suite des sollicitations de Schwartzenberg et de Reynier.

(*b*) Cette division était composée de dix-huit bataillons.

mière brigade de la division Loison n'arriva à Wilna que le 21 novembre : ainsi, ces troupes ne pouvaient empêcher Minsk de tomber au pouvoir de Tchitchagof. Il ne se présentait donc aucun moyen de sauver cette ville.

Bronikowski n'ayant point de renseignemens exacts sur la force du corps qui de Slonim se dirigeait sur Minsk, ne pouvant d'ailleurs employer d'autres moyens pour conserver cette place que de faire bonne contenance pour imposer à l'ennemi, envoya Kochetzki, général polonais, avec environ deux mille trois cents hommes d'infanterie et trois cents de cavalerie, seules troupes dont il put disposer, à Nowoï-Swerjin sur le Niémen. Le 13, Lambert, qui commandait l'avant-garde de Tchitchagof, attaqua Kochetzki, lui prit un bataillon et le poussa si vivement qu'il n'eut pas le tems de détruire le pont de Nowoï-Swerjin. Le 15, Lambert atteignit de nouveau Kochetzki à Koidanow, le poursuivit sans relâche, et ayant cerné ses troupes environ quatre lieues au delà de ce bourg, les contraignit à mettre bas les armes (a); le général polonais ne parvint à

(a) Il restait à Kochetzki deux bataillons lithuaniens de nouvelles levées, un bataillon français, et près de trois cents cavaliers. Les deux bataillons lithuaniens se voyant cernés,

regagner Minsk qu'avec cent hommes de cavalerie seulement. Son retour et son désastre qui annonçaient l'apparition prochaine de l'ennemi répandirent la consternation. Dombrowski, dont la division devait atteindre le jour même le bourg de Smelowiczi qui n'est distant de Minsk que de neuf lieues, venait d'arriver pour juger par lui-même de l'état des choses. L'on avait alors acquis la certitude que c'était Tchitchagof en personne qui s'avançait, et son avant-garde n'était plus qu'à cinq lieues de Minsk. Dombrowski n'avait avec lui que deux mille hommes d'infanterie, trois cents cavaliers et douze bouches à feu. Le reste de sa division était encore en arrière ; ainsi il ne pouvait atteindre Minsk avant Tchitchagof, ni même prendre position devant ce général, sans s'exposer à éprouver le sort de Kochetzki ; il retourna aussitôt à sa division, et rétrograda pour se diriger par Jgumen et Bérézino sur Borisow.

Le 16, à deux heures de l'après-midi, Bronikowski abandonna Minsk, et se retira sur Borisow avec environ mille hommes. Un grand

---

se couchèrent à plat ventre, et il fut impossible de leur faire quitter cette position.

nombre de militaires isolés, d'administrateurs et d'employés se dirigèrent sur Wilna, où leur présence répandit de vives alarmes. Tchitchagof entra à Minsk immédiatement après le départ de Bronikowski ; il trouva dans les magasins plus de deux millions de rations de toute espèce, et dans les hôpitaux, quatre mille sept cents hommes de tout grade. Hertel, auquel il avait envoyé l'ordre de venir l'y joindre, s'y refusa, et continua à rester à Mozyr.

Cependant Schwartzenberg, ayant été instruit du mouvement de Tchitchagof, réunit son armée à Bialistok, et se dirigea sur Slonim, pour arrêter la marche du général russe ; son avant-garde atteignit Wolkowisk le 8 novembre, Zelwa le 10, Slonim le 12, et il eut son quartier général dans cette dernière ville le 14. Reynier était chargé de masquer son mouvement ; après avoir laissé la brigade Kosinski (polonaise) à Wengrod pour couvrir Varsovie, il réunit son corps à Narewka le 4 novembre, et atteignit Swislocz le 6. Pendant que ces mouvemens s'exécutaient, Sacken, pour remplir les instructions qui lui avaient été données par Tchitchagof, laissa cinq mille hommes à Brezesc-Litowski et en Wolhinie, et se dirigea avec le reste de ses troupes par

Biélowé sur Wolkowisk. Reynier marcha à sa rencontre jusqu'à Rudnia, qu'il atteignit le 11 novembre. Mais ayant acquis la certitude que le général russe lui était supérieur en forces, il se reploya sur Wolkowisk, et instruisit aussitôt Schwartzenberg du mouvement de Sacken, en l'engageant vivement à rétrograder. L'arrière-garde de Reynier avait eu, pendant son mouvement de retraite, quelques eugagemens de peu d'importance avec l'avant-garde de Sacken.

Wolkowisk est une petite ville située sur la rive droite d'un ruisseau, qui, étant gelé, n'offrait aucun obstacle. Reynier atteignit cette ville le 14 novembre, et opéra sa jonction avec Durutte, qui y était arrivé depuis le 12 avec le reste de sa division. Il prit position, en arrière du ruisseau, sur des hauteurs qui en bordent la rive droite. Durutte était au centre, les Saxons sur les ailes ; quelques compagnies de la division Durutte occupaient Wolkowisk. Les quartiers généraux et tous les bagages s'y établirent, quoiqu'elle ne fût couverte que par quelques compagnies de troupes légères saxonnes. Les forces de Reynier s'élevaient à seize mille hommes d'infanterie et onze cents de cavalerie ; celles de Sacken à seize mille hommes d'infanterie, six mille de cavalerie et plus de cinq mille Kosaques. Ce général ayant appris que le quartier général de Reynier était à Wolkowisk, couvert seulement par quelques compagnies, résolut de le surprendre. Le 15, à trois heures du matin, il culbuta les compagnies qui couvraient Wolkowisk, et entra inopinément dans cette ville: Reynier et les généraux qui y étaient logés furent obligés de se retirer en toute hâte, ce qui occasiona quelque confusion. Des officiers russes qui parlaient français, profitant de l'obscurité pour se dire Français, il y eut plusieurs méprises funestes aux Saxons et aux Français. Après un combat court, mais animé, les Russes conservèrent la ville (*a*); Reynier la reprit au point du jour. Sacken déploya alors son armée; sa droite vint occuper la route de Wolkowisk à Slonim, pour couper la communication de Reynier avec Schwartzenberg; son centre et sa gauche occupèrent les deux routes de Prujany: il se contenta pendant cette journée d'attaquer mollement la gauche de son adversaire, espérant sans doute qu'il le forcerait ainsi à la

---

(*a*) Les Russes prirent dans Wolkowisk une assez grande quantité de bagages.

retraite sans être obligé de lui livrer bataille. La première attaque, exécutée seulement par de la cavalerie, fut repousssée par la cavalerie saxonne; la seconde, plus sérieuse, et qui fut exécutée par de l'infanterie et de la cavalerie, mais qui avait été préparée avec lenteur, fut repoussée par l'infanterie saxonne que Reynier eut le tems de faire passer sur sa gauche pour y occuper un bois qui s'y trouvait. Le 16 au matin, Sacken fit attaquer Wolkowisk par deux mille hommes, et s'en empara; Reynier n'y avait laissé que quelques compagnies, ayant peu d'intérêt à conserver ce poste, qui était détaché de sa position. A midi, Sacken fit attaquer de nouveau la gauche de Reynier; il semblait vouloir pousser vivement cette attaque, lorsque, vers les trois heures, on entendit le canon du côté du bourg d'Izabelin, en arrière du centre de Sacken, et aussitôt l'on s'aperçut qu'une partie des troupes russes rétrogradaient; ce mouvement était occasioné par l'arrivée de Schwartzenberg, qui débouchait en arrière du centre de la position des Russes: le général autrichien, ayant été instruit, le jour même de son arrivée à Slonim (14 novembre), de la retraite de Reynier sur Wolkowisk, avait laissé à Frimont six mille cinq cents hommes, et avec le reste de son corps, qui s'élevait à dix huit mille hommes, il s'était dirigé le lendemain par Iwachkewitski sur Izabelin, où son avant-garde arrivait. Le bruit du canon et le mouvement rétrograde des Russes ne permettant point à Reynier de douter de l'arrivée de Schwartzenberg, il attaqua aussitôt Wolkowisk et s'en empara. Sacken profita de la nuit pour se retirer sur Swislocz, en suivant des chemins de traverse. Il fut assez heureux pour atteindre cette ville avant Reynier (*a*), sans quoi il se serait trouvé dans une situation très-critique, puisque le corps autrichien s'étant dirigé sur Porozow, coupait sa retraite par Prujany. Le 17, avant le jour, Reynier se mit en marche ; il prit d'abord la route de Prujany, par Porosow ; et ayant mis sa cavalerie à la poursuite de Sacken, il se dirigea sur Hrinski pour tâcher d'y devancer le général russe ; il y arriva en même tems que l'arrière garde ennemie qu'il culbuta. Sacken, échappé à d'aussi grands dangers, partagea son armée à Rudnia, et se retira, à marches forcées,

(*a*) Reynier aurait pu devancer Sacken à Swislocz en marchant la nuit, puisqu'il avait à sa disposition, pour se rendre à cette ville, une grande route, tandis que Sacken était obligé de suivre des chemins de traverse.

sur Brezesc-Litowski et Kobrin, où il arriva le 24 novembre, et d'où il se retira sur Liukoml et Kowel. Son armée se trouvait diminuée d'environ dix mille hommes, parmi lesquels sept mille avaient été faits prisonniers, et il avait perdu presque tous ses bagages et quelques canons. Reynier arriva le 24 novembre à Brezesc-Litowski, et Schwartzenberg, le jour suivant, à Kobrin. Le général autrichien reçut dans cette ville une dépêche que Maret lui adressait (*a*) pour l'engager à rétrograder promptement sur Minsk ; il s'arrêta donc le 26 novembre, et commença son mouvement rétrograde le 27 : son avant-garde était alors à Mokrany. Reynier resta à Brezesc-Litowski jusqu'au 1er décembre, époque à laquelle il prit la même direction.

Schwartzenberg, trop éloigné de la ligne de retraite de l'armée de Moskou, ne pouvait plus lui être d'aucun secours; le sort de cette armée devait être décidé, avant même que ce général pût atteindre Minsk, et Napoléon ne pouvait plus fonder d'espérances de salut que sur Victor. Avant que de reprendre la suite des opérations

---

(*a*) On se souvient que Maret avait été autorisé par Napoléon à donner des ordres dans des cas d'urgence.

de ce général, je vais faire quelques observations sur celles que je viens de raconter. J'ai blâmé Tchitchagof du repos qu'il avait pris après avoir chassé Schwartzenberg de la Wolhinie ; il fut également blâmable de la lenteur de sa marche sur Minsk. Cette opération décidée, il devait l'exécuter rapidement. Schwartzenberg aurait dû renforcer le corps de Reynier d'une brigade d'infanterie et de la moitié de sa cavalerie (*a*); avec cette augmentation de forces Reynier aurait pu tenir Sacken en échec, et Schwartzenberg pouvait alors suivre Tchitchagof. Le général autrichien, s'étant décidé à rétrograder avec son armée pour combattre Sacken, aurait dû revenir sur ses pas le 17, se contentant de laisser deux mille hommes de cavalerie à Reynier, qui en manquait, et qui se serait alors trouvé assez fort pour repousser Sacken au delà de la Muchawetz (*b*). La mar-

---

(*a*) Peut-être Schwartzenberg ne crut-il pas devoir se permettre de détacher cette brigade, parce qu'il avait été stipulé dans les articles secrets du traité avec l'Autriche, que le corps autrichien ne pourrait être divisé et formerait toujours un corps distinct et séparé ; mais alors il pouvait envoyer Reynier à la poursuite de Tchitchagof, et se charger de maintenir Sacken.

(*b*) Reynier, renforcé par deux mille hommes de cavalerie autrichienne, aurait été assez fort pour continuer à poursuivre

che insensée de Schwartzenberg pour poursuivre Sacken, tandis que le salut des armées françaises exigeait au contraire qu'il se dirigeât à marches forcées sur les traces de Tchitchagof, a fait penser que cette conduite lui avait été tracée par sa cour. L'on n'a jusqu'à ce jour apporté aucune preuve de cette assertion ; la conduite de Schwartzenberg s'expliquerait d'ailleurs naturellement par le désir de ménager ses troupes en les opposant à des forces très-inférieures, et en les rapprochant de la Gallicie, tandis qu'en suivant Tchitchagof il devait s'attendre à éprouver de grandes pertes, surtout s'il opérait sa jonction avec l'armée de Moskou (*a*).

Sacken, dont les forces étaient diminuées par suite des pertes éprouvées dans la journée du 16, et parce que ce général aurait fait de nouvelles pertes pendant sa retraite, qui aurait été d'abord aussi précipitée que si l'armée autrichienne n'eût pas rétrogradé, parce que se voyant poursuivi par de la cavalerie autrichienne, il se serait écoulé plusieurs jours avant que Sacken eût été instruit du départ de l'armée de Schwartzenberg.

(*a*) Il est indubitable que Schwartzenberg avait reçu pour instruction de ménager ses troupes autant que possible. L'Autriche, dans toutes les guerres où ses troupes ont été mêlées avec d'autres troupes, a toujours poussé ce soin si loin, qu'il a nui souvent à la gloire de ses armes. Il est juste aussi d'ajouter que Schwartzenberg n'avait aucune connaissance de la situation critique de Napoléon.

Nous avions laissé Victor à Senno, petite ville sur laquelle il s'était retiré après le combat de Czasniqui, tandis que Wittgenstein, s'étant contenté de le faire suivre par quelques régimens de Kosaques, avait conservé sa position derrière la Lukomlia. Victor, après être resté deux jours à Senno, se dirigea sur Czéréia, où il arriva le 6 novembre ; sa cavalerie légère fut placée à Lukoml, à l'exception d'un régiment qui resta à Krasnogura. Wittgenstein, depuis le passage de la Dwina, nourrissait le dessein de reprendre Witepsk, où les Français n'avaient qu'une faible garnison, composée de recrues; dans ce but, il avait dirigé sur Beszencowiczi un détachement sous les ordres de Laharpe (*a*), qui y arriva le 1er novembre. Ce général y resta tranquille jusqu'au 5; comme s'il n'eût été destiné qu'à observer les mouvemens de Victor; mais aussitôt qu'il eut appris l'éloignement du général français, il marcha rapidement sur Witepsk, par les deux rives de la Dwina, surprit et attaqua la garnison de cette ville le 7, au point du jour, et, l'ayant mise en fuite à la suite d'un combat

---

(*a*) Laharpe était général major, ce qui correspondait au grade de général de brigade.

très-court, la poursuivit sur la route de Liozna, par laquelle elle se retirait sur Smolensk, et la fit presqu'en entier prisonnière.

Victor, après quatre jours de repos dans la position de Czéréia (*a*), reçut cette lettre si pressante que Napoléon lui avait fait écrire de Mikalewka par Berthier, pour l'instruire en partie des désastres de son armée, et pour lui ordonner de livrer bataille à Wittgenstein, et de le rejeter au delà de la Dwina. La terre était alors couverte de neige, car dans ces pays de plaine où les vents ne sont point arrêtés par des chaînes de montagnes, elle recouvre la terre partout à peu près à la même époque. Le froid était très-rigoureux, ce qui rendait les mouvemens en masse, qui forcent à bivouaquer, aussi meurtriers que des combats ; les ruisseaux étaient gelés, et n'offraient d'obstacles que lorsque leurs rives étaient escarpées. Oudinot, guéri de sa blessure, avait repris le commande-

---

(*a*) Ce repos ne fut pas complet ; il y eut aux avant-postes deux petites affaires sans résultats. Le 6, de la cavalerie russe attaqua Lukoml et fut repoussée. Le 7, l'attaque fut renouvelée avec l'appui d'un bataillon et de deux pièces. Les Russes s'emparèrent d'abord de Lukoml ; mais on reprit bientôt ce bourg avec le secours d'une brigade d'infanterie qui arriva au bruit du canon.

ment du deuxième corps, et se trouvait ainsi sous les ordres de Victor, qui était plus ancien maréchal que lui : malheureusement ces deux généraux différaient d'opinion sur la manière d'exécuter les ordres de Napoléon. Oudinot pensait qu'il fallait attaquer Wittgenstein dans sa position : Victor, la trouvant trop forte, préféra la tourner, en marchant par sa droite sur Boiszikowa. Le neuvième corps marchait le premier, et à son avant garde, la division Partouneaux : le deuxième corps suivait. Le 11 novembre, le quartier général fut établi à Lukoml. Le 13, l'armée traversa les ruisseaux de Lukomlia et d'Owéia, et se dirigea sur Smoliany; elle n'avait encore eu en présence que de la cavalerie, lorsqu'elle fut arrêtée, environ deux lieues avant que d'arriver à Smoliany, par une division qui défendait des bois que traverse la route. Partouneaux repoussa cette division jusqu'au delà des bois, et l'armée bivouaqua à une petite distance de Smoliany, que Wittgenstein semblait disposé à défendre comme poste avancé de sa position. Le neuvième corps était en première ligne; le deuxième en seconde. Les forces de Victor ne s'élevaient plus alors qu'à vingt-cinq mille hommes; Wittgenstein en comptait trente mille : ainsi, quoique le général français n'eût, depuis le 30 octobre, livré d'autres combats que celui du 31, il avait éprouvé une diminution de onze mille hommes, et sa situation était bien moins favorable pour tenter l'événement d'une bataille qu'elle ne l'avait été alors. Le 14, au point du jour, une canonnade s'engagea devant et sur la gauche de Smoliany : ce village, après avoir été pris et repris plusieurs fois, finit par rester au pouvoir des Français. Wittgenstein occupa alors derrière la Lukomlia la même position qu'il avait occupée le 31 octobre ; Victor ne voulant point l'y attaquer, dirigea Partouneaux sur Boiszikowa. Il était dans l'intention de le suivre avec le reste du neuvième corps, en laissant le deuxième devant Czasniki : mais l'opinion d'Oudinot, défavorable à ce mouvement, l'engagea sans doute à ne point lui donner de suite (*a*). Il ne devait pas d'ailleurs hasarder légèrement des troupes qui devenaient l'unique ressource

---

(*a*) L'on verra, dans la lettre de Berthier à Victor, datée de Smolensk, le 11 novembre, et qui se trouve citée plus tard, que Napoléon ordonnait à Victor de se concerter avec Oudinot, et de tourner Wittgenstein, si ce général occupait une position trop avantageuse pour qu'il fût prudent de l'attaquer de front.

de l'armée de Moskou; et s'il était avantageux d'attaquer franchement Wittgenstein le 31 octobre, actuellement les apparences de succès n'étant plus les mêmes, Victor devait au contraire, nonobstant des ordres que Napoléon ne lui avait donnés que parce qu'il n'était pas instruit du véritable état des choses, tâcher de gagner du tems. D'ailleurs, le gain d'une bataille aurait apporté peu de changement à la situation déplorable de l'armée de Moskou, tandis que la défaite de Victor ne pouvait manquer d'entraîner la perte de cette armée. Le combat de Smoliany fut peu sérieux : le neuvième corps seul y prit part, et il n'y eut d'infanterie engagée qu'à l'attaque de Smoliany : partout ailleurs ce ne fut qu'une canonnade. Le 15, Victor se retira sur Czéréia : le neuvième corps passait par Krasnogura; le deuxième par Lukoml. Wittgenstein se contentant de suivre les troupes françaises sans les inquiéter, elles se retiraient très-lentement. Le 16, Victor eut son quartier général à Mieleszkowiczi, et le 17, à Krasnogura, où il resta quelques jours. Oudinot était à Czéréia, ayant un détachement à Lukoml.

Depuis cette époque les opérations de l'armée de Moskou et celles de Victor se lient tellement, qu'il n'est plus possible d'en séparer la narration. Nous allons donc nous reporter à Smolensk, où nous avions laissé Napoléon.

Aussitôt arrivé il fit la répartition des vivres qui existaient dans les magasins; ils consistaient principalement en farines, grains et eau-de-vie (a). La garde fut comprise pour quinze jours dans cette répartition, les autres corps pour six; il ne fut point question des malades qui étaient dans les hôpitaux ni des militaires isolés. Les distributions (8) pour la garde commencèrent aussitôt qu'elle fut arrivée, et continuèrent jour et nuit, sans interruption; on devait les terminer avant que de s'occuper de celles des autres corps.

Napoléon, pendant son séjour à Smolensk, apporta tous ses soins à réorganiser son armée autant que les circonstances le lui permettaient; il réunit les débris des quatre corps de cavalerie, en forma un seul corps, et en confia le commandement à Latour-Maubourg; il fit donner des fusils aux militaires que l'appât des distributions rappela aux drapeaux; mais la plupart n'avaient plus la force de les porter. On

(a) Il y avait aussi dans les magasins du biscuit, du riz et des légumes secs, mais en trop petite quantité pour que l'on pût en distribuer à toute l'armée.

compléta à cinquante le nombre des cartouches que chaque soldat devait porter, et l'on distribua des moulins portatifs qui étaient à Smolensk.

L'armée, le lendemain du jour où Napoléon arriva à Smolensk (10 novembre), occupa les positions suivantes : la vieille garde était dans Smolensk, la jeune garde occupait les faubourgs ; la cavalerie, montée et démontée, les villages entre la route de Krasnoi et le Dniéper, à la hauteur de Wilkowitski ; Junot était à deux lieues de Smolensk, sur la route d'Ielnia ; Zayonscheck, à trois lieues sur celle de Mstislaw ; Eugène traversait le Wop ; Ney défendait le passage du Dniéper à Slobpnewa ; Davout était à Tsughinowo, en mesure de le soutenir s'il était nécessaire. Napoléon, convaincu enfin qu'il ne pouvait se maintenir à Smolensk, était dans l'intention de repartir le 11 novembre avec sa garde ; mais le retard qu'avait éprouvé Eugène, et le tems qu'exigeaient des distributions régulières l'engagèrent à différer son départ. Indépendamment des vivres trouvés dans les magasins de Smolensk, quinze cents bœufs étaient cantonnés dans des villages près de Krasnoi, et plusieurs troupeaux de bœufs et convois de vivres arrivaient par la route de

Mstislaw. Tout devint la proie des nombreux partisans qui précédaient l'armée russe; un seul convoi de deux cents bœufs, déjà parvenus près de Smolensk, fut pillé par les premières troupes de l'armée de Moskou qui le rencontrèrent.

Quoique tout annonçât que Kutusof se dirigeait sur l'un des points de la route de Smolensk à Orzsa, ligne de retraite la plus directe de l'armée, et la seule en même tems sur laquelle il y eut des magasins, Napoléon, se refusant à l'évidence, se persuadait que le général russe était encore éloigné de plusieurs marches (*a*). Aussi, malgré la perte de Witepsk et toutes les nouvelles alarmantes qui arrivaient de la Lithuanie; quoiqu'il se vît contraint d'abandonner Smolensk; quoique la désorganisation de son armée fît des progrès effrayans,

---

(*a*) Berthier, dans une lettre datée du 11 novembre, et que Napoléon lui faisait écrire à Davout, lui dit que l'armée a un corps d'observation ennemi sur son flanc gauche. Ce corps d'observation était l'armée russe tout entière. Dans une autre lettre du 12 au même général, on trouve ce passage : « Il est » bien important, prince, que l'on maraude et fourrage régu- » lièrement, et ainsi que cela doit se faire devant l'ennemi. Le » pays est infesté de mauvais Kosaques et de paysans armés » qui ne font la guerre qu'aux maraudeurs. » La suite des opérations prouvera d'ailleurs que Napoléon ne crut à l'arrivée de l'armée russe sur sa ligne de retraite, que quand il la vit de ses yeux.

et qu'un repos, qu'il n'était plus en son pouvoir de lui accorder, pût seul prévenir sa ruine entière ; quoiqu'il fût évident qu'il pouvait tout au plus espérer de se maintenir derrière le Niémen, s'il était assez heureux pour revoir ce fleuve, il rêvait encore des quartiers d'hiver ayant pour limites le Dniéper et la Dwina : c'est ce qui résulte de la lettre que je vais citer, dans laquelle il examine la situation respective de son armée et de celle de Kutusof (*a*).

Le prince de Neufchâtel et de Wagram au duc de Bellune.

« Smolensk, le 11 novembre.

» Monsieur le maréchal, l'adjudant comman-
» dant d'Albignac vous a apporté les ordres de
» l'empereur, en date du 7 novembre. Un offi-
» cier d'état major du général Charpentier vous
» en a apporté le duplicata le 9. Votre aide de

(*a*) Je n'ai pu me procurer l'ordre de Napoléon en vertu duquel Berthier a écrit la lettre que je cite. Je crois devoir rappeler à ce sujet que les ordres donnés par Berthier n'étaient que la copie littérale, autant que possible, de ceux que Napoléon le chargeait de transmettre. Je n'hésite donc point à considérer la lettre de Berthier comme étant de Napoléon lui-même.

» camp, le colonel Chateau, arrive à l'instant,
» et me remet votre lettre du 9. Sa majesté
» a vu avec plaisir les avantages que votre
» avant-garde a obtenus sur l'ennemi dans des
» affaires de poste, et sur votre rapport elle a
» nommé le général Fournier, général de di-
» vision ; cette marque des bontés de l'empe-
» reur le mettra à même d'en mériter de nou-
» velles dans la bataille qui va avoir lieu inces-
» samment. Sa majesté va se porter, avec une
» partie de l'armée, sur Orsza. Mais ce mou-
» vement ne peut se faire que lentement; il
» devient d'autant plus urgent que vous atta-
» quiez Wittgenstein. Si ce général a choisi
» un camp et une position avantageuse où il
» soit difficile de livrer bataille, il vous est fa-
» cile de manœuvrer de manière à lui couper
» sa retraite et ses communications sur la
» Dwina. Vous devez partir du principe que
» Wittgenstein ne peut se laisser couper sur
» cette rivière. Avec les troupes que vous avez,
» l'empereur ne doute pas du succès que vous
» obtiendrez; il doit être du plus grand résultat
» s'il a lieu très-promptement, et que l'empe-
» reur puisse occuper Witepsk et prendre ses
» quartiers d'hiver entre cette ville, Orsza et
» Mohilow, et le long de la Dwina, sur Po-

» lotzk. Les quartiers d'hiver ainsi établis doi-
» vent nous donner la paix dans le courant de
» l'hiver, ou nous préparer des succès cer-
» tains pour la campagne prochaine, en me-
» naçant évidemment Saint-Pétersbourg. Si
» au contraire vous tardez à attaquer Witt-
» genstein, le général Kutusof aura le tems de
» se réunir à ce général, sur Witepsk, et alors
» on ne pourra le déloger de cette position que
» par une bataille générale, qu'on ne pourrait
» pas livrer cet hiver ; nous serions donc
» obligés de prendre des quartiers d'hiver, en
» laissant la Dwina à l'ennemi et une partie
» de la Lithuanie ; et dès-lors, pour la cam-
» pagne prochaine, l'ennemi se trouverait mi-
» litairement mieux placé que nous. Vous sen-
« tez, monsieur le maréchal, les conséquences
» de ces dispositions. Les deux grandes armées
» françaises et russes sont fatiguées ; elles peu-
» vent prendre des postes par des marches ;
» mais ni l'une ni l'autre n'est dans le cas de
» livrer une grande bataille pour l'occupation
» d'un poste. Votre armée, au contraire, mon-
» sieur le duc, et celle du général Wittgens-
» tein, sont dans l'obligation de se battre
» avant de prendre des quartiers d'hiver. Le
» plutôt sera le meilleur. La victoire sera com-
» plète pour vous si vous obligez Wittgenstein

» à repasser la Dwina, et qu'un corps fran-
» çais puisse occuper Witepsk. Si votre corps
» est battu, ce qui n'est pas probable, par la
» formation du corps de Wittgenstein, com-
» posé en partie de recrues, alors sa majesté
» se résoudra à prendre des quartiers d'hiver
» en conséquence. Wittgenstein a tout à ga-
» gner à rester en position, et vous tout à
» perdre. Communiquez cette lettre au duc de
» Reggio, et concertez-vous ensemble pour
» livrer bataille, ce qui sera de la plus grande
» importance pour la suite des opérations.
» L'empereur, monsieur le duc, se confie dans
» votre attachement, dans votre zèle et dans
» vos talens, dans une circonstance où vos
» succès sur l'ennemi sont d'une si haute im-
» portance pour les quartiers d'hiver des ar-
» mées et l'avantage des opérations de la cam-
» pagne prochaine.

» *Signé* ALEXANDRE. »

Cette lettre prouve ou que Napoléon, se faisant illusion, était entièrement dans l'erreur
sur la situation respective de son armée et de
celle de Kutusof, ou qu'il croyait de son intérêt de tromper Victor. La crainte de la réunion de Kutusof et de Wittgenstein sur Witepsk était tout-à-fait déraisonnable, puisque

Kutusof était sur la gauche de la route de Moskou à Smolensk (*a*), et qu'il ne pouvait se rendre à Witepsk qu'en passant par cette dernière ville.

L'armée, pendant son séjour à Smolensk, fut accablée par un fléau terrible, pour ainsi dire inconnu dans nos climats, et qui semblait devoir achever sa destruction. Le froid, qui avait augmenté progressivement depuis l'apparition de la neige, devint tout à coup excessivement rigoureux. Le 9 novembre le thermomètre marquait douze degrés au dessous de zéro, le 12 et le 13 il en marqua dix-sept. Les effets d'un froid si rigoureux, sur des malheureux accablés de tant de maux, furent terribles; il y en eut beaucoup qui périrent; un plus grand nombre eurent les pieds, les mains ou le nez gelés (*b*). Smolensk

---

(*a*) La certitude qu'une partie de l'armée russe seulement avait combattu à Wiazma, la perte de la brigade Augereau et les renseignemens obtenus en questionnant les prisonniers faits sur les corps de partisans qui précédaient l'armée de Kutusof, ne pouvaient laisser aucun doute sur la marche de ce général. Il devenait alors naturel de supposer qu'il se dirigerait sur Krasnoi ou tout autre point de la route de Smolensk à Orsza, pour couper la retraite de l'armée de Moskou; mais Napoléon, d'après sa lettre à Victor, semble au contraire persuadé que Kutusof attendra qu'il ait évacué Smolensk pour se porter par cette ville sur Witepsk.

(*b*) Ces parties du corps sont les plus sensibles à l'action du froid.

et les environs se remplirent de cadavres. Heureusement le tems se radoucit le 14 : si le froid avait continué à augmenter d'intensité, peu de jours auraient suffi pour anéantir l'armée.

Cependant Napoléon ne recevant point de nouvelles d'Eugène, avec lequel toutes les communications étaient interrompues à cause de la multitude des Kosaques qui l'entouraient, et parce que Smolensk, depuis le 11, était cerné sur la rive droite par des régimens de Kosaques détachés du corps de Platof, ordonna à Ney de ne se retirer que très-lentement. Le 12, ce général, étant en position à Tsughinowo, fut attaqué par Yurkof ; le combat dura toute la journée et fut très-sanglant ; Ney conserva sa position. Ce même jour, Zayonscheck (*a*) se dirigea, par Wolkowo, sur Krasnoi, et Junot sur la même ville, mais par la grande route. Ce dernier général, ayant réuni aux débris de son corps les cavaliers démontés, fut chargé d'escorter l'artillerie de la garde et le grand parc d'artillerie.

Le 13, Claparède partit pour Krasnoi avec sa division ; il escortait le convoi des trophées, celui du trésor et les bagages du quartier géné-

---

(*a*) Le général Zayonscheck avait remplacé, dans le commandement du cinquième corps, Poniatowski, blessé par suite d'une chute de cheval.

ral. Davout passa le Dniéper avec quatre de ses divisions, et occupa une partie des faubourgs et les villages les plus rapprochés de Smolensk; la division qu'il laissa sur la rive droite prit position entre Smolensk et le corps de Ney, qui était encore à quatre lieues de cette ville. Dans l'après-midi, arriva Eugène avec les débris de son corps; il laissa la division Broussier en position sur la route de Pétersbourg, et entra dans Smolensk avec le reste de ses troupes. Pendant la nuit, ses soldats affamés ne pouvant supporter la lenteur des distributions, commencèrent le pillage des magasins; mais l'on parvint à rétablir l'ordre.

Le 14, avant le jour, Mortier partit pour Krasnoi, et Napoléon, accompagné de la vieille garde, quitta Smolensk à huit heures et demie pour suivre la même direction. Osterman arrivait alors en présence de Koritnia, et prenait position parallèlement à la grande route; il n'entreprit rien de vigoureux, et se contenta de canonner la garde, dont il retarda à peine la marche. Ce même jour, Ojarowski (*a*) s'empara de Krasnoi, où il n'y avait qu'un bataillon; mais voyant arriver la division Cla-

---

(*a*) Ojarowski était un général major qui faisait le service de partisan. Il commandait un corps ayant à peu près la même force et la même composition que celui d'Orlof-Denisof.

parède, il évacua cette ville après en avoir pillé les magasins, et se retira sur le village de Putkowa, qui n'en est distant que d'une lieue.

Avant que de quitter Smolensk, Napoléon avait ordonné à Eugène d'en partir le lendemain pour suivre le mouvement de la garde. Il avait aussi donné des ordres aux généraux Davout et Ney; les événemens qui vont suivre leur donnent une si grande importance que je ne crois pouvoir mieux faire que de les citer textuellement.

Le prince de Neufchâtel et de Wagram au prince d'Eckmulh.

« Smolensk, le 14 novembre à 7 heures du matin.

« Monsieur le prince d'Eckmulh, l'inten-
» tion de l'empereur est que vous souteniez le
» duc d'Elchingen dans la retraite d'arrière-
» garde qu'il fait. Le vice-roi devant partir
» demain, 15, pour se rendre à Krasnoi,
» vous verrez à faire relever et occuper les
» postes que vous jugerez convenables, et que
» le vice-roi sera dans le cas d'évacuer.

» L'intention de l'empereur est que vous
» vous reployiez, avec votre corps d'armée et
» celui du duc d'Elchingen, sur Krasnoi, en
» faisant votre mouvement le 16 ou le 17. Le

» général Charpentier, avec sa garnison,
» composée de trois troisièmes bataillons po-
» lonais et d'un régiment de cavalerie, quit-
» tera la ville.

» Avant de partir, vous ferez sauter les
» tours de l'enceinte de Smolensk, en faisant
» mettre le feu aux mines déjà préparées ;
» vous veillerez à ce qu'on fasse brûler les
» munitions d'artillerie, et détruire les cais-
» sons et tout ce qu'on ne pourra pas emme-
» ner, ainsi que les fusils. Quant aux canons
» qu'on ne pourra pas emmener, l'artillerie
» fera scier les tourillons (*a*) et les fera enter-
» rer. Les généraux Chasseloup et Lariboi-
» sière resteront ici pour exécuter, chacun en
» ce qui le concerne, les dispositions ci-dessus.

» Vous aurez soin, monsieur le maréchal,
» d'ordonner des patrouilles, pour qu'il ne
» reste ici aucun traîneur français. Vous pren-
» drez aussi des mesures pour ne laisser dans
» les hôpitaux que le moins de malades pos-
» sible.

» *Signé* ALEXANDRE. »

(*a*) On n'avait point d'instrumens pour scier les tourillons des pièces, et quand on en aurait eu, on ne l'aurait pu, puisque le tems et les travailleurs manquaient.

Le prince de Neufchâtel et de Wagram au duc d'Elchingen.

« Smolensk, le 14 novembre, à 8 heures du matin.

« L'empereur, monsieur le duc, se rend à
» Krasnoi : il est nécessaire que vous conti-
» nuiez à faire l'arrière-garde ; le prince d'Eck-
» mulh vous soutiendra. Vous devez rester dans
» la position où vous êtes aujourd'hui ; de-
» main, 15, vous prendrez la position du
» couvent et du faubourg, et le 16 vous ferez
» sauter la ville en vous en allant, ou simple-
» ment vous prendrez la position de la tête
» de pont, pour ne faire sauter la ville que le
» 17 si tout n'était pas prêt. Il est nécessaire
» que vous vous concertiez avec le prince
» d'Eckmulh et le général Charpentier. L'em-
» pereur vous recommande surtout de faire
» en sorte que les pièces et les munitions
» soient détruites, et qu'on laisse le moins de
» traîneurs possible dans la place.

» *Signé* ALEXANDRE. »

Indépendamment des ordres que je viens de citer, l'instruction suivante fut adressée aux généraux Davout et Ney.

LIVRE III.

Instruction sur la manière d'exécuter les ordres de l'empereur.

« Smolensk, le 14 novembre.

« Le duc d'Elchingen restera dans sa posi-
» tion actuelle toute la journée d'aujourd'hui,
» 14; demain, 15, il occupera la hauteur du
» couvent, la tête de pont, les faubourgs. Le
» 16, à quatre heures du matin, si tout était
» prêt, on ferait sauter les remparts et brûler
» les munitions. Le prince d'Eckmulh aurait
» pris position, dans la nuit du 15 au 16, der-
» rière le ravin, ne laissant à Smolensk qu'une
» de ses divisions, qu'il pourrait placer sous
» les ordres du duc d'Elchingen.

» Le 16, à la pointe du jour, toutes les mi-
» nes ayant sauté, le duc d'Elchingen se met-
» trait en marche sur Krasnoi.

» Si l'ennemi ne montrait pas une plus
» grande quantité de forces que jusqu'à cette
» heure, et que tout ne fût pas prêt, le duc
» d'Elchingen pourrait rester toute la journée
» du 16 dans la ville, occupant la tête de pont,
» et ne faisant sauter les remparts que le 17,
» deux heures avant le jour.

» Le prince d'Eckmulh, le duc d'Elchingen,
» le général la Riboissière, le général Haxo

» et le général Charpentier s'entendront sur
» les changemens et rectifications à faire aux
» présentes dispositions.

» *Signé* ALEXANDRE. »

Tandis que Napoléon se dirigeait ainsi sur Orsza, dans un état de dispersion (*a*) qui ne lui aurait pas permis de résister si Kutusof l'eût attaqué franchement avec la totalité de ses forces, ce général continuait lentement sa marche sur Krasnoi. Nous venons de voir qu'Osterman était arrivé le 14 vis-à-vis de Koritnia ; ce même jour, Miloradowitz parvint à une petite journée de Krasnoi. L'armé russe comptait environ quatre-vingt-dix mille hommes ; son artillerie, qui consistait en plus de cinq cents bouches à feu, était bien attelée, et sa cavalerie très-bien montée. Ainsi, cette armée était presque aussi forte qu'à son départ de Malojaroslawetz, ce qui résultait de ce qu'elle avait éprouvé peu de privations, et de ce qu'elle avait reçu quelques renforts.

Je vais donner un état de la force des combattans des corps de l'armée de Moskou à leur

(*a*) Zayonscheck, qui marchait à l'avant-garde de l'armée française, atteignit Dubrowna le 16 novembre, et Ney ne quitta Smolensk que le 17.

arrivée à Smolensk ; ce renseignement est nécessaire pour bien juger des événemens qui vont suivre.

Nombre de combattans des différens corps de l'armée de Moskou le jour de leur arrivée à Smolensk (a).

DÉSIGNATION DES CORPS.	Infanterie, non compris l'artillerie.	Cavalerie, non compris l'artillerie.	OBSERVATIONS.
Infanterie de la garde.	14,000	»	Y compris la division Claparède et 1,000 hommes trouvés à Smolensk.
Cavalerie de la garde.	»	2,000	
1er corps.	10,000	»	Y compris 1,565 hommes trouvés à Smolensk.
3e corps.	6,000	»	Y compris 500 hommes trouvés à Smolensk, et deux régimens qui faisaient partie de la garnison de Smolensk.
4e corps.	5,000	»	
5e corps.	800	»	
8e corps.	700	»	
Cavalerie démontée, organisée en infanterie.	500	»	
Les quatre corps de cavalerie.	»	1,900	
Cavalerie légère attachée aux corps d'armées.	»	1,200	
TOTAUX.	37,000	5,100	

(a) Je n'ai point évalué ce qui restait de personnel et de matériel d'artillerie aux corps d'armées, parce que je n'aurais pu

On voit que l'armée de Moskou se trouvait réduite à quarante-deux mille cent hommes, dont cinq mille cent de cavalerie dans le plus mauvais état ; elle avait déjà perdu plus de trois cent cinquante bouches à feu, en y comprenant celles qu'on était obligé d'abandonner à Smolensk ; ce qu'elle en conservait encore, loin de pouvoir traverser les plaines couvertes de neiges dont on était entouré, s'il fallait prendre position pour combattre, ne pouvait franchir les nombreux ravins dont la route est coupée depuis Smolensk jusqu'à Krasnoi, qu'avec le secours des canonniers, qui poussaient aux roues à toutes les montées. Aussi devait-on s'attendre à perdre en peu de jours ce qui restait d'artillerie (*a*), à moins qu'un changement de

---

le faire que très-imparfaitement. Ainsi l'on a vu que le quatrième corps avait perdu presque toute son artillerie ; le cinquième, au contraire, qui avait quarante-neuf bouches à feu au commencement de la retraite, en avait encore quarante-cinq à Smolensk. Cela tint à ce que ce corps ne marcha point à l'arrière-garde, à ce qu'il avait suivi depuis Iegoriewskoi jusqu'à Gjat un chemin de traverse où les chevaux furent bien nourris ; à ce qu'il avait pu y faire des provisions d'avoine, et aussi à ce que celui qui conduisait l'artillerie laissa les pièces marcher isolément quand il fut sur la grande route de Moskou ; elles pouvaient alors s'enfoncer dans les terres et trouver plus facilement des fourrages.

(*a*) On se fera une idée des pertes qu'éprouva l'artillerie

tems ne détruisit le verglas. Enfin, près de trente mille traîneurs marchaient avec les colonnes et embarrassaient leurs mouvemens. La situation de l'armée, sous le rapport militaire, était d'ailleurs plus critique qu'elle ne l'avait encore été; un grand nombre de détachemens de Kosaques (9), placés sur son flanc gauche, ne lui laissaient aucun repos; et l'arrivée de Kutusof à Krasnoi semblait devoir la mettre dans une situation entièrement désespérée.

Le 15, Napoléon continua son mouvement sur Krasnoi. L'avant-garde russe, sous le commandement de Miloradowitz, avait appuyé à droite pour venir prendre position à Merlino, village situé près de la grande route, une lieue et demie avant que d'arriver à Krasnoi : ce corps avait la même composition qu'au combat de Wiazma, et comptait environ seize mille hommes d'infanterie, et trois mille de cavalerie régulière. Kutusof, qui aurait pu dans la journée même atteindre Krasnoi avec une partie de son armée, s'arrêta à quelques lieues de

---

pendant les journées qui suivirent le départ de Smolensk, quand on saura que celle de la garde, qui était la moins mal attelée, partit de Smolensk le 12 à trois heures du matin, et n'arriva que le 13 à une heure du matin à cinq lieues de cette ville, après avoir laissé plusieurs voitures en arrière.

cette ville. Miloradowitz se contenta de canonner la garde ; il prit des bagages et quelques canons arrêtés au passage des ravins, et fit prisonniers quelques traîneurs ; mais il ne retarda pour ainsi dire point la marche de Napoléon, qui arriva à Krasnoi à la chute du jour. Eugène, dans le même tems, quittait Smolensk ; étant parti tard, il ne put qu'atteindre Lubna, où il bivouaqua.

Napoléon, pour rendre l'ennemi circonspect, et pour éloigner Ojarowski, qui avait conservé sa position à Putkowa, ordonna de l'attaquer dans la nuit. Roguet, qui commandait une division de la jeune garde, fut chargé de cette expédition. Il attaqua Ojarowski le 16, deux heures avant le jour, tua et prit une partie de son infanterie, et le poursuivit au delà de Putkowa ; il fut ensuite obligé de se replyer devant des forces supérieures.

Les renseignemens obtenus par les prisonniers avaient enfin convaincu Napoléon que l'armée russe tout entière était sur son flanc gauche ; elle arriva dans le jour même en présence de Krasnoi, et occupa la position suivante : sa droite, formée du corps de Miloradowitz, s'étendait jusque sur la grande route, à la hauteur de Merlino : la gauche était devant Krasnoi, le centre en avant de Szidowa, où Kutusof fixa son quartier général. Dans cet état de choses, plusieurs généraux engagèrent vivement Kutusof à se diriger avec la totalité de ses forces sur la route de Krasnoi à Liady pour y prendre position, en prolongeant sa gauche jusqu'au Dniéper, afin de fermer toute retraite à Napoléon, et aux autres corps qui étaient encore dispersés depuis Krasnoi jusqu'à Smolensk. C'était assurément le seul parti raisonnable ; mais Kutusof, qui aurait dû être parfaitement instruit de la situation déplorable de l'armée de Moskou, puisqu'il pouvait facilement se procurer des renseignemens par les nombreux prisonniers qu'il faisait chaque jour, ne s'en formait point une idée exacte. Il la croyait plus nombreuse en combattans qu'elle ne l'était réellement : toutefois, quelle que fût son opinion à cet égard, la réunion de son armée vis-à-vis de Krasnoi ne lui permettait pas de douter de sa très-grande supériorité sur les troupes qui occupaient cette ville ; il pouvait donc les accabler, et successivement toutes celles qui étaient échelonnées sur la route de Smolensk à Orsza. Ces raisons le décidèrent enfin à adopter le plan que lui proposaient ses généraux ; mais, au moment où il donnait des ordres pour son exécution, on lui amena un paysan qui s'était échappé de Krasnoi ; il le questionna, et ayant appris que Napoléon en personne était dans Krasnoi, et que cette ville et les environs étaient remplis de troupes qui portaient des bonnets à poil, coiffure de la garde impériale, « Vous voulez, s'écria-t-il en s'adressant à ses généraux, que je livre au hasard ce que je puis obtenir avec certitude en temporisant quelques jours (*a*)! » Et aussitôt il révoqua les ordres qu'il venait de donner, citant à l'appui de sa résolution cette sotte maxime, qu'il faut faire un pont d'or à l'ennemi qui se retire (*b*). Napoléon, appréciant le danger de sa position, sentait qu'il devait se retirer à l'instant même ; mais alors, les corps de Davout, d'Eugène et de Ney ne pouvaient manquer de succomber. Comptant donc sur l'irrésolution et la pusillanimité de son adversaire, manifestées par le mauvais emploi de ses forces, la lenteur de sa marche et son inaction, rempli d'ailleurs de cette confiance qu'il avait toujours

(*a*) Kutusof, comptant sur l'arrivée de l'armée de Moldavie, espérait sans doute que Napoléon ne parviendrait pas à franchir la Bérézina, ou que le froid, les privations et la famine achèveraient de détruire son armée.

(*b*) C'est l'opinion contraire, qu'il faut poursuivre à outrance l'ennemi qui fuit, qu'on aurait dû ériger en maxime.

eue dans sa fortune, il se décida à tenir à Krasnoi jusqu'à ce qu'on le forçât à abandonner cette ville. La jeune garde prit position en face de l'armée russe, la cavalerie de Latour-Maubourg sur la droite de Krasnoi; la vieille garde, infanterie et cavalerie, et la division Claparède restèrent dans la ville et autour. L'ineptie de Kutusof, qui, depuis plusieurs jours, pouvait anéantir les débris de l'armée de Moskou et n'en faisait rien, fut aussi inconcevable que l'audace de Napoléon, qui conservait avec si peu de monde une position dans laquelle il pouvait être tourné à chaque instant.

Tandis que les champs de Krasnoi étaient le théâtre d'événemens si mémorables, Eugène continuait son mouvement, et Davout quittait Smolensk (a). Miloradowitz, instruit de la marche du quatrième corps, se disposa à l'attaquer au passage d'un ravin qui se trouve à la hauteur de Merlino. Le jour baissait déjà, et Eugène, accompagné de son état major et des sapeurs de son corps d'armée (b), avait devancé son avant-garde d'environ trois quarts de lieue, lorsqu'il vit les militaires isolés, dont la route

(a) Davout n'avait plus que quatre divisions, en ayant laissé une à Ney.

(b) Eugène avait attaché ces sapeurs à son quartier général.

était couverte, rétrograder précipitamment. La présence d'un corps de cavalerie russe, qui venait d'intercepter cette route au delà du ravin de Merlino, occasionait tout ce mouvement. Miloradowitz, dans le même temps, débouchait d'un ravin qui avait d'abord caché ses troupes, et s'avançait pour couper la retraite du quatrième corps. Eugène, après avoir chargé Guilleminot (*a*) de se maintenir près d'un petit bois que traversait la route, avec les troupes qu'il pourrait réunir, rejoignit son corps au galop, l'arrêta et le déploya aussitôt pour faire face à l'ennemi ; sa ligne de bataille formait avec la route un angle très-aigu.

Pendant qu'Eugène se préparait ainsi à combattre, Guilleminot formait en compagnies les militaires isolés qui avaient conservé leurs armes, et les réunissait aux sapeurs et à un détachement de marins de la garde qui se trouvaient là ; il parvint ainsi à rassembler environ douze cents hommes (*b*). Sur ces entrefaites il

---

(*a*) Guilleminot, après le combat de Malojaroslawetz, avait repris ses fonctions de chef d'état major, et le lieutenant général comte Philipon, qui était auparavant attaché à l'état major général, avait remplacé le général Delzons dans le commandement de la treizième division.

(*b*) Cette troupe était entourée d'un grand nombre de traî-

fut attaqué vivement, et, s'apercevant qu'Eugène, qui l'était également, ne pouvait venir le dégager, et que l'ennemi allait le couper du quatrième corps, il se reploya sur ce corps après avoir formé sa troupe en carré. L'ennemi le suivait avec de la cavalerie et une nombreuse artillerie, dont le feu lui faisait beaucoup de mal. D'abord il parvint à se retirer en bon ordre, résultat qu'il aurait été impossible d'obtenir avec une troupe composée de tant d'élémens différens, si l'instinct de la conservation n'eût maintenu le soldat dans les rangs; mais lorsqu'on fut assez près du quatrième corps, pour n'avoir plus à craindre d'être chargé par la cavalerie ennemie, les soldats quittèrent leurs rangs, et se dirigèrent en courant sur la ligne française, derrière laquelle il passèrent par les intervalles des bataillons. Le quatrième corps les accueillit avec de grands cris de joie, et sans s'ébranler (a).

neurs désarmés et de militaires, d'administrateurs et d'employés marchant isolément; parmi eux se trouvaient huit généraux.

(a) J'ai raconté le petit combat que venait de soutenir Guilleminot avec plus de détail que son importance ne semblait le mériter, parce qu'il offre des circonstances particulières qui tiennent à la situation dans laquelle se trouvait alors l'armée française.

Cependant Miloradowitz, après avoir canonné le quatrième corps, le fit charger à plusieurs reprises par sa cavalerie; mais elle n'obtint de succès que sur la gauche, où elle renversa deux bataillons. Eugène se trouvait dans une position très-critique; il ne lui restait qu'environ cinq mille fantassins, point de cavalerie, et il n'avait conservé que deux bouches à feu; il fut heureux, dans ces fatales conjonctures, que la nuit et la pusillanimité de l'ennemi vinssent mettre fin à un combat qui, s'il se fût prolongé, se serait nécessairement terminé par l'entière destruction de son corps; aussi ne songea-t-il qu'à profiter de l'obscurité pour tenter de rejoindre Napoléon. Il se jeta donc à droite dans les terres, marcha en silence dans la direction de Krasnoi, passa près de plusieurs corps ennemis qu'il laissa à sa gauche (*a*), et fut assez heureux pour opérer sa jonction avec la garde vers le milieu de la nuit. Son corps n'avait conservé ni artillerie ni bagages, mais comptait encore trois mille cinq cents hommes.

Napoléon, convaincu qu'il ne restait à Da-

(*a*) Un factionnaire russe ayant crié : « *qui vive!* » pendant que le quatrième corps passait, un officier polonais, attaché à l'état major de ce corps, et qui parlait russe, lui répondit :

vout aucun espoir de salut tant que Miloradowitz conservait sa position, se décida à attaquer Kutusof le lendemain (17 novembre), dans l'espérance que ce général ferait rapprocher Miloradowitz de son centre, et ne laisserait sur la route que des troupes légères. Par suite de cette résolution, les ordres suivans furent expédiés pendant la nuit : Mortier reçut celui de se préparer à attaquer avant le jour ; la vieille garde et trente bouches à feu de l'artillerie de la garde devaient rétrograder sur la route de Smolensk jusqu'à moitié chemin de Krasnoi à Katowa ; la cavalerie de la garde et celle de Latour-Maubourg reçurent l'ordre de suivre ce mouvement. Claparède fut chargé de défendre Krasnoi ; il réunissait sous son commandement sa division, la garnison de Krasnoi, les militaires isolés, et ce qui y était resté de l'artillerie de la garde. Eugène devait avant le jour commencer sa retraite sur Liady.

Les forces avec lesquelles Napoléon osait ainsi prendre l'offensive ne s'élevaient qu'à environ quatorze mille hommes d'infanterie (*a*),

---

« Nous allons en expédition secrète; » et le factionnaire le laissa passer.

(*a*) Je n'ai point compris le corps d'Eugène dans cette évaluation, parce qu'il ne devait point prendre part à l'action.

et à deux mille deux cents de cavalerie (*a*). La seule artillerie qui pût suivre les mouvemens des troupes était celle de la jeune garde (*b*) ; le reste de l'artillerie marchait lentement, ayant à chaque pièce beaucoup plus de chevaux qu'on n'en met ordinairement, mais qui pouvaient à peine se traîner, si bien que cette artillerie ne parvenait à franchir les plus petites montées qu'avec le secours des canonniers, qui poussaient aux roues, et elle ne pouvait faire un pas hors de la route. A trois quarts de lieue de Krasnoi, tout près et en deçà du petit hameau de Katowa, est un ravin très-profond qui opposait de grandes difficultés au passage des voitures. Lorsque Napoléon commença son attaque, Miloradowitz occupait la grande route, depuis Katowa jusqu'à Merlino ; et quoique les

(*a*) Dix-huit cents hommes appartenaient à la cavalerie de la garde, et quatre cents au corps de Latour-Maubourg. On voit que ce corps avait perdu quinze cents hommes depuis sa formation.

(*b*) Les chevaux qui attelaient l'artillerie de la jeune garde avaient encore conservé quelque vigueur. Ils avaient moins souffert que les autres chevaux d'artillerie, parce que l'officier qui commandait cette artillerie avait, pendant les trois jours qu'il resta au Kremlin après le départ de l'armée, réuni un assez grand nombre de sacs d'avoine, et les avait emportés en les chargeant sur ses caissons.

forces de Kutusof fussent quintuples de celles de son adversaire, il fit rapprocher Miloradowitz de Szidowa, et ne laissa sur la route que des Kosaques : ainsi, contre toutes les apparences, le but que se proposait Napoléon fut rempli.

Davout, le jour de son départ de Smolensk (16 novembre), était venu bivouaquer une lieue au delà de Koritnia (*a*) ; instruit bientôt du désastre d'Eugène et de l'occupation de la route par le corps de Miloradowitz, il sentit qu'il devait se hâter, afin de ne pas laisser le tems à l'ennemi d'augmenter ses forces. Ayant donc fait prévenir Ney de la nécessité où il se trouvait de continuer son mouvement de retraite sans l'attendre, et n'ayant laissé à ses troupes que le tems strictement nécessaire pour prendre un peu de repos et de nourriture, il repartit à trois heures du matin ; s'attendant à être obligé de combattre pour se frayer un

(*a*) Les quatre divisions du premier corps avaient marché à des intervalles d'une demi-lieue, afin de protéger l'artillerie et les bagages exposés aux attaques continuelles des Kosaques; elles bivouaquèrent dans l'ordre de leur marche; c'était la division qui marchait à l'avant-garde qui bivouaquait une lieue au delà de Koritinia.

passage, il faisait marcher ses divisions plus réunies que la veille. Le jour commençait à poindre lorsqu'il traversa le terrain sur lequel Eugène avait combattu ; il s'aperçut avec une vive joie que Miloradowitz s'était retiré, et continua sa marche sans que l'ennemi montrât d'abord d'autres troupes que des Kosaques. Arrivé au hameau de Katowa, il fut canonné par Miloradowitz, qui avait pris position à droite de la route. La jeune garde était alors engagée ; mais quoiqu'elle fût déployée sur une seule ligne, elle n'occupait pas tout le front des Russes ; on fit donner le régiment des grenadiers hollandais de la garde. Napoléon appuyait sa gauche au ravin qui passe à Katowa, sa droite était en avant de Krasnoi ; sa ligne de bataille se trouvait sensiblement parallèle à la grande route. Aussitôt que la division du corps de Davout, qui marchait la première, eut passé le ravin, elle fut envoyée à l'extrême gauche en première ligne ; les autres divisions continuèrent leur retraite.

Napoléon était alors à pied sur la route, entre Krasnoi et Katowa ; il portait le costume polonais que nous avons décrit, et tenait à la main un bâton de bouleau ; Berthier l'accompagnait, mis de la même manière, portant également un bâton de bouleau (*a*). Une partie de l'état major (10) les suivait à pied, le reste était arrêté à peu de distance. L'artillerie à cheval de la garde, réduite à douze pièces, et dont tous les canonniers étaient démontés (*b*), occupait la route, et à quelque pas, de chaque côté, étaient les bataillons de la vieille garde, ployés en colonnes serrées.

Cependant Kutusof, qui n'avait d'abord engagé qu'un petit nombre de troupes derrière lesquelles ses masses restaient inactives, en engagea successivement un plus grand nombre, et passa de la défensive à l'offensive; un corps de cavalerie tourna la droite, chargea sur Krasnoi, mais fut repoussé; la canonnade, dirigée sur Katowa, devint beaucoup plus animée; les Kosaques se montrèrent derrière les Français, entre la route et le Dniéper, et l'on s'aperçut

---

(*a*) Ils portaient ces bâtons pour se soutenir, la route étant très-glissante.

(*b*) L'artillerie à cheval de la garde, qui, en attelant successivement tous ses chevaux d'escadrons, était parvenue à atteindre Krasnoi sans avoir abandonné de pièces depuis son départ de Moskou, venait d'en enterrer douze dans la cave d'une maison brûlée, ne pouvant plus les conduire.

que l'ennemi dirigeait de fortes colonnes sur sa gauche; ainsi il entourait presqu'entièrement le petit corps de Napoléon. Dans une situation si critique, ce conquérant n'avait rien perdu ni de sa fierté, ni de cette impassibilité qui le distinguait. Au défaut de forces réelles, son nom et les souvenirs combattaient pour lui; toutefois il jugea qu'il n'avait point un moment à perdre pour effectuer sa retraite, et l'exécuta sur-le-champ; la division Friédrichs, qui marchait à l'arrière-garde du premier corps, venant de passer le ravin, tout ce qui restait de combattans à ce corps avait rejoint Napoléon; mais une nécessité cruelle le forçait à abandonner Ney qui était encore en arrière d'une journée.

Après deux jours d'une inaction et d'une irrésolution inconcevables, les yeux de Kutusof semblaient enfin s'être dessillés; ce général venait de se décider à attaquer une position que son imagination seule avait pu lui faire paraître occupée de manière à l'arrêter. Ses colonnes se dirigeaient sur Krasnoi, et plus à gauche par Dobroé, pour tourner Napoléon; mais ce mouvement s'exécuta avec tant de lenteur que toutes les troupes engagées eurent le tems d'effectuer leur retraite (*a*). La division Friédrichs seule, qui avait été chargée de l'arrière-garde, fut poussée vivement : ses trois régimens se retiraient en échelons ; celui qui marchait le dernier fut obligé, aussitôt après avoir été repoussé de Krasnoi, de former le carré pour résister à une charge de cavalerie ; il voulut continuer sa retraite, de nouvelles charges le forcèrent à s'arrêter. Sur ces entrefaites arriva de l'infanterie et une batterie d'artillerie dont le feu éclaircit bientôt les rangs du régiment français ; il se trouva réduit à soixante-dix-huit hommes qui furent faits prisonniers ; vingt-cinq seulement étaient sans blessures. Ce fut à deux heures de l'après midi que se termina le combat de Krasnoi, par le désastre de ce régiment ; il fut le seul qui tomba au pouvoir des Russes. Kutusof, dans les journées du 16 et du 17, fit environ huit mille prisonniers, presque tous traîneurs, et prit beaucoup d'artillerie, mais qu'on avait été contraint d'abandonner : trophées honteux, puisque la force des choses l'avait en quelque sorte obligé à les recueillir, tandis qu'ayant pu anéantir

---

(*a*) Eugène avait effectué sa retraite au point du jour.

l'armée de Moskou, et terminer la guerre d'un seul coup, il n'en avait rien fait.

Napoléon eut le soir même son quartier général à Liady. Ce bourg appartenait à la Lithuanie; il fut le premier, depuis Moskou, où l'on trouva des habitans; ils étaient peu nombreux, et la plupart juifs. On démolit une partie des maisons pour alimenter les bivouacs; une autre partie fut livrée aux flammes au départ de l'armée; tous les lieux où elle s'arrêta depuis furent traités à peu près de même.

Napoléon quitta Liady de sa personne pendant la nuit du 17 au 18, et atteignit Dubrowna avant le jour; Davout faisait l'arrière-garde, Mortier le soutenait; Zayonscheck et Junot étaient à Orsza, Eugène précédait la vieille garde. En arrivant à Dubrowna, Napoléon apprit la prise de Minsk par Tchitchagof; ainsi il retombait dans une situation aussi critique que celle de laquelle il venait de se tirer pour ainsi dire miraculeusement. Il ordonna aussitôt à Dombrowski de réunir sa division à Borisow, et de défendre la tête de pont qui se trouvait sur la rive droite de la Bérézina, vis-à-vis de cette ville; à Oudinot, de se diriger sur-le-champ et en toute hâte sur Borisow avec son corps et la division Doumerc, de réunir à ses troupes la division Dombrowski, les troupes de Bronikowski, et de marcher sur Minsk pour reprendre cette place (*a*). Victor fut chargé de tenir Wittgenstein en échec, et de lui cacher le mouvement d'Oudinot aussi long-tems qu'il serait possible. Le 19, à trois heures du matin, Napoléon envoya de nouvelles instructions à Victor. Il y développe le plan qu'il va suivre; je crois donc ne pouvoir mieux faire que de les citer.

Le prince de Neufchâtel et de Wagram au duc de Bellune.

« Dubrowna, le 19 novembre, à trois heures du matin.

» Je vous envoie, monsieur le maréchal,
» par l'aide de camp du duc de Reggio, le du-

(*a*) Le deuxième corps ne comptait plus qu'environ huit mille hommes, la division Dombrowski que quatre mille; le détachement de Bronikowski, avec la garnison de Borisow, s'élevait à douze cents hommes. Ainsi Napoléon ne parvenait à réunir sous les ordres d'Oudinot que treize mille deux cents hommes, avec lesquels ce général ne pouvait pas espérer de repousser Tchitchagof, dont les forces étaient plus que doubles. On savait, d'ailleurs, que chaque journée de marche faisait éprouver aux troupes françaises de grandes pertes, et que, par cette raison, Oudinot ne disposerait plus de treize mille hommes quand il serait en présence de Tchitchagof.

» plicata des ordres que je vous ai adressés hier
» par votre aide de camp.

» L'empereur arrive à Orsza aujourd'hui à
» midi. Il est nécessaire, monsieur le maré-
» chal, que la position que vous prendrez vous
» mette plus près de Borisow, de Wilna et
» d'Orsza que l'armée ennemie. Faites en sorte
» de masquer le mouvement du duc de Reggio,
» et de faire croire au contraire que l'empe-
» reur se porte sur le général Vittgenstein,
» manœuvre assez naturelle. L'intention de sa
» majesté est de se porter sur Minsk, et quand
» on sera maître de cette ville, de prendre
» la ligne de la Bérézina. Il serait donc pos-
» sible que vous reçussiez l'ordre de vous porter
» sur Bérézino (*a*), de couvrir par là la route
» de Wilna, et de vous trouver réuni en com-
» munication avec le sixième corps. Etudiez
» ce mouvement, et faites-moi connaître vos
» observations.

» Aussitôt que vous m'aurez instruit de la si-
» tuation de l'artillerie que vous pouvez céder
» aux autres corps, je vous enverrai des ordres
» pour le point vers lequel elle peut être diri-

(*a*) Ce Bérézino est celui qui se trouve sur la Bérézina, au dessus de Borisow; il y a un autre village de ce nom sur la même rivière, au dessous de Borisow.

» gée. J'avais chargé le général Nansouty de
» vous remettre un chiffre ; je pense qu'il
» l'aura laissé au duc de Bassano, qui vous
» l'aura peut-être envoyé. Faites-moi connaître
» si vous l'avez reçu, afin de pouvoir écrire
» dans les lettres quelque note en chiffres, qui
» empêchent que ces lettres ne soient utiles à
» l'ennemi dans le cas où elles tomberaient
» entre ses mains ; cette mesure est indispen-
» sable, attendu la quantité de Kosaques qui
» vont se trouver partout.

« *Signé* ALEXANDRE. »

Le 19, peu avant le jour, le cri *aux armes!* se fit entendre ; la garde eut bientôt formé ses rangs, mais on ne vit point paraître d'ennemis, et l'on ne put savoir qui avait occasioné cette alerte. Au point du jour, Napoléon partit pour Orsza ; il était à cheval, et portait son costume polonais. A une lieue environ de Dubrowna, il mit pied à terre, fit former à l'infanterie de la vieille garde un carré, au milieu duquel il se plaça, et la harangua en ces termes :
« Grenadiers de ma garde, vous êtes témoins
» de la désorganisation de l'armée ; la plupart
» des soldats, par une fatalité déplorable, ont
» jeté leurs armes. Si vous imitiez ce funeste

» exemple, tout espoir serait perdu. Le salut
» de l'armée vous est confié ; vous justifierez
» la bonne opinion que j'ai de vous. Il faut
» non-seulement que les officiers maintiennent
» une discipline sévère, mais que les soldats
» exercent entre eux une rigoureuse surveil-
» lance, et punissent eux-mêmes ceux qui s'é-
» carteraient de leurs rangs. » Napoléon prononça ce discours d'une voix faible et mal assurée, comme s'il eût été souffrant ; l'on remarqua que, contre son habitude, il n'avait
fait aucune promesse, sans doute parce qu'il
trouva l'avenir assez effrayant pour qu'on pût
difficilement y ajouter foi. Après cette courte
harangue, il se remit en marche pour Orsza,
où il arriva à midi. Avant que de passer le fleuve,
il entra dans la tête de pont qu'il visita (*a*). J'ai
dit que le temps s'était adouci successivement
depuis le 14 ; le 18, le dégel s'annonça ; il se
prononça le 19.

Napoléon, aussitôt son arrivée à Orsza, apporta tous ses soins à réorganiser, autant que
possible, son armée ; il fit faire des distributions de vivres et d'armes, fit compléter les

(*a*) Il y avait à Orsza deux ponts qui étaient couverts sur la rive gauche par une flèche construite sur la hauteur qui do-mine le fleuve.

munitions, et avec trente-six bouches à feu (*a*) qu'il trouva dans cette ville, organisa six batteries. Deux furent données à Eugène, qui, comme on l'a vu, avait perdu toute son artillerie ; deux à Davout, qui n'avait conservé que huit canons, et deux à Latour-Maubourg. Enfin la proclamation suivante fut lue à haute voix dans plusieurs endroits de la petite ville d'Orsza, et dans tous les corps.

« Soldats,

» Un grand nombre de vous ont quitté leurs
» drapeaux et marchent isolément ; ils violent
» par là leurs devoirs, l'honneur et la sûreté
» de l'armée ; prenant d'eux-mêmes différentes
» directions, ils tombent dans les mains de
» l'ennemi.

» Un pareil désordre doit finir.

» L'empereur ordonne que tous les hommes
» isolés, blessés et sans armes, qui ont quitté
» leurs drapeaux, les rejoignent à Orsza.

» 1° Les hommes du premier corps, aux or-
» dres du prince d'Eckmulh, se réuniront sur
» les hauteurs de la ville d'Orsza, entre le

(*a*) Il y avait à Orsza assez de chevaux du train d'artillerie pour atteler ces trente-six bouches à feu.

» chemin de Minsk et celui de Senno, sous les
» ordres du général Charrier; là ils rejoin-
» dront, dans la journée, leurs régimens qui
» viendront prendre position sur ces hauteurs;
» 2° les soldats du quatrième corps, aux or-
» dres du vice-roi, se réuniront à la position
» qu'occupe ce corps, hors du faubourg d'Orsza,
» sur la route de Witepsk ; 3° les soldats du
» deuxième corps, commandés par le duc de
» Reggio (a), et ceux du troisième corps,
» commandés par le duc d'Elchingen, se réu-
» niront sous les ordres du général Marchand,
» près du quatrième corps, à l'entrée du fau-
» bourg d'Orsza, sur la route de Witepsk;
» 4° les soldats du cinquième corps, du prince
» Poniatowski, se réuniront à Baranui, à trois
» lieues sur la route de Minsk où est leur
» corps; 5° les soldats du huitième corps, aux
» ordres du duc d'Abrantès, se réuniront à
» Kokhanow, route d'Orsza à Bobr; 6° tous
» les hommes à pied de la cavalerie se réuni-
» ront au huitième corps, commandé par le
» duc d'Abrantès, à Kokhanow; 7° les soldats
» de l'artillerie se réuniront au parc général,

(a) Je ne conçois pas pourquoi Napoléon parle des soldats du deuxième corps ; je suppose que c'était par erreur.

» à Orsza. Tous soldats qui, après la publica-
» tion du présent ordre, seraient trouvés mar-
» chant isolément, seront arrêtés et punis
» prévôtalement; les chevaux dont ils seront
» trouvés munis seront saisis et réunis à l'ar-
» tillerie et aux transports; les effets dont ils
» seront chargés, hormis ceux du sac de linge
» et chaussure, seront brûlés. Tous MM. les
» officiers généraux, et autres de l'armée, fe-
» ront exécuter, par tout où ils en trouveront
» l'occasion, les dispositions de l'ordre ci-
» dessus; ils feront sentir que l'honneur de nos
» armes et la sûreté de l'armée en dépendent.
» L'état major général, les commandans des
» corps d'armée, et les chefs de corps, feront
» publier, au son de la caisse, et lire à haute
» voix, sur tous les points à proximité, la
» proclamation ci-dessus; autant que possible
» on joindra un fifre ou autre musique au tam-
» bour, pour fixer l'attention. Il ne doit plus
» y avoir à l'armée que les voitures indispen-
» sables au service; en conséquence on fera
» brûler dans la journée toutes les voitures
» qui ne seraient pas d'une absolue nécessité
» et qui ne seraient pas autorisées par les
» lois; aucun soldat ne peut conduire de che-
» vaux et bagages. On laissera au petit nombre

» de réfugiés de Moskou les voitures néces-
» saires.

» Fait à Orsza, le 19 novembre 1812.

» Par ordre de l'empereur.

» *Le prince de Neufchâtel, major-général,*

» *Signé* ALEXANDRE. »

La situation critique dans laquelle retombait Napoléon lui arrachait des mesures qu'il aurait dû prendre en quittant Moskou, mais qui étaient devenues inexécutables par suite de la continuité des marches, parce que le nombre des traîneurs excédait celui des combattans, et surtout à cause de l'affreux désordre qui régnait dans l'armée.

Le lendemain de son arrivée à Orsza, Napoléon fit écrire une nouvelle lettre à Victor, qui achève de faire connaître ses projets; elle était ainsi conçue.

Le prince de Neufchâtel et de Wagram au duc de Bellune.

« Orsza, le 20 novembre 1812.

» Je vous ai expédié, monsieur le maréchal,
» le 18 de ce mois, par votre aide de camp,

» et le 19, en duplicata, de Dubrowna, par
» l'aide de camp du duc de Reggio, l'ordre
» pour le mouvement de ce maréchal sur Bo-
» risow. Comme ces officiers ont dû arriver
» dans la journée d'hier, l'empereur espère
» que le duc de Reggio se sera mis en marche
» aujourd'hui 20, pour Borisow, ou que si
» une journée a été nécessaire pour préparer
» son mouvement, il se mettra en marche de-
» main 21, et pourra être le 24 sur Borisow.
» Votre ordre portait de prendre une position
» plus près de Borisow que celle de l'ennemi.
» Sa majesté suppose que vous prendrez, dans
» la journée du 21, la position de Czéréia,
» entre les lacs, ce qui paraît le plus propre à
» remplir le but.

» Le 22, sa majesté aura son quartier général
» à Toloczin, et probablement le 23 à Bobr,
» et sans doute le 24 du côté de Nacza.

» Le 25, le duc de Reggio sera près d'arriver
» à Borisow ; vous, cependant, monsieur le
» maréchal, devrez diriger votre mouvement
» de manière à garantir la ligne de Borisow
» à Nacza des entreprises de l'armée de Witt-
» genstein et de sa cavalerie ; et comme l'ar-
» mée n'arrivera que le 25 ou le 26 à Borisow,
» il faut vous tenir en mesure d'arriver le 25

» ou le 26 pour prendre l'arrière-garde de
» toute l'armée, que sa majesté a l'intention de
» vous confier. Comme le quartier général sera
» à cinq ou six lieues de vous, les communi-
» cations seront régulières, et votre mouve-
» ment sera retardé ou avancé suivant les cir-
» constances. Je vous ai recommandé de donner
» le change à l'ennemi, le plus long-tems pos-
» sible, sur le mouvement du duc de Reggio ;
» vous aurez en conséquence fait remplacer ses
» troupes par des vôtres à Lukoml, et dans la
» position qu'il occupait à son départ. Ren-
» voyez le général Dode à l'empereur avec les
» détails de tout votre mouvement. Je n'ai pas
» besoin de vous recommander de prendre le
» plus de vivres possible ; cela est d'autant plus
» nécessaire que le passage de Borisow à Minsk,
» étant dans des forêts, n'offre aucune res-
» source. Envoyez des agens du pays et quelques
» polonais prévenir le général de Wrede de
» votre mouvement.

» *Signé* ALEXANDRE. »

Kutusof, après le combat du 17 novembre, ne fit poursuivre Napoléon que par des Kosaques et le corps du partisan Ojarowski ; il établit son quartier général à Dobroé, et accorda à ses troupes deux jours de repos (*a*) ; il prit toutefois des mesures pour que le corps de Ney ne pût lui échapper : dans ce but, il porta à quarante mille hommes le nombre des troupes que commandait Miloradowitz, et ordonna à ce général de prendre position derrière le ravin qui passe à Katowa.

Nous avons vu que Ney avait fait l'arrièregarde de l'armée depuis Wiazma ; que le 12 novembre il avait soutenu un combat sanglant à Tsughinowo, et que le 13, il était encore en position à quatre lieues de Smolensk. Le 15, dans l'après midi, il entra dans cette ville ; Davout y était depuis le matin. Les troupes du premier corps s'étant d'abord livrées au pillage des magasins, Ney n'y trouva point la quantité de vivres qui lui avait été assignée, et s'en plaignit à Davout; il en résulta une altercation très-vive entre ces deux généraux, qui se séparèrent très-mécontens l'un de l'autre.

Pendant la journée du 16, le feu éclata dans

(*a*) Kutusof avait employé six jours à se rendre d'Ielnia à Krasnoi, c'est-à-dire à faire environ vingt-cinq lieues, et il avait pris aux Français des magasins de vivres à Liakowa, et depuis, quinze cents bœufs et plusieurs convois de vivres ; ainsi ses troupes n'avaient pas besoin de repos, et ne manquaient de rien.

plusieurs endroits : les malades et blessés, fuyant les maisons embrasées, augmentèrent le désordre qui régnait dans Smolensk. Cette ville, indépendamment des troupes réunies sous le commandement de Ney, contenait un grand nombre de militaires isolés, et environ cinq mille blessés ou malades; partout on rencontrait des cadavres, partout de l'artillerie et des bagages abandonnés, et la terre était couverte d'armes et d'effets militaires. A huit heures du soir, Ney reçut la dépêche de Davout, qui l'instruisait du désastre d'Eugène, et de la nécessité où il se trouvait d'accélérer sa marche. Nous avons vu que les instructions de Ney lui laissaient la latitude de ne partir que le 17, s'il n'avait pas tout préparé pour la destruction des murailles de Smolensk et de l'artillerie qu'on était obligé d'abandonner. Ce général, ne soupçonnant point qu'il pût être coupé par la totalité de l'armée russe, événement dont Napoléon n'avait pas même supposé la possibilité, dit, en recevant cette dépêche, que tous les Kosaques de la Russie ne l'intimideraient point, qu'il remplirait ses instructions. Le 17, à deux heures du matin, il quitta Smolensk ; son corps était composé de six mille hommes d'infanterie (*a*), de trois cents hommes de cavalerie et de douze bouches à feu ; sept mille traîneurs environ le suivaient et embarrassaient la marche des colonnes. Son arrière-garde n'était encore qu'à une demi-lieue de Smolensk lorsqu'on entendit l'explosion des mines ; elle eut lieu successivement ; la terre en fut ébranlée au loin ; des tourbillons de flammes éclairèrent soudainement l'horison, et montrèrent pour la dernière fois Smolensk en ruine aux regards des Français. Il ne resta point de chirurgiens avec les cinq mille blessés et malades que l'on abandonnait, et ils ne furent point recommandés à l'humanité des Russes ; on les abandonna comme de vils instrumens devenus désormais inutiles. Que dis-je ! ils furent les victimes d'une vengeance insensée et brutale ; car la destruction des murailles de Smolensk n'était pas plus motivée que celle des murailles du Kremlin, et l'explosion des mines renversa plusieurs des bâtimens dans

---

(*a*) Les six mille hommes d'infanterie du corps de Ney formaient trois divisions ; l'une était celle du premier corps ; les deux autres avaient été formées avec les débris du troisième corps, cinq cents hommes appartenant à ce corps qu'on avait trouvés à Smolensk, et deux régimens de la garnison de cette ville.

lesquels étaient ces malheureux, et les ensevelit sous leurs ruines. Pendant cette journée, des Kosaques seuls furent en présence ; Ney vint bivouaquer à Koritnia; le lendemain, il se remit en marche : les Kosaques se montrèrent en plus grand nombre, et ils avaient du canon, ce qui forçait à marcher plus réuni. A trois heures, l'avant-garde atteignit Katowa, et s'arrêta à la vue du corps de Miloradowitz, qui était en position au delà du ravin. Du point où elle se trouvait, l'on découvre toute la plaine dans laquelle est située la petite ville de Krasnoi ; mais le tems, qui annonçait un dégel, était brumeux, et ne permettait à la vue de s'étendre qu'à une très-petite distance, ce qui empêchait de découvrir la force du corps ennemi.

Aussitôt que Ney eut été instruit de cet événement, il se transporta à son avant-garde. Ce général, très-irrésolu dans le cabinet, était au contraire plein de résolution sur le champ de bataille. Deux de ses divisions avaient déjà atteint le ravin, il leur ordonna de le franchir et d'aborder l'ennemi; il dirigeait lui-même cette attaque. Au moment où l'infanterie française déboucha du ravin, elle essuya le feu de la nombreuse artillerie des Russes, n'en fut point ébranlée, et se précipita sur l'ennemi avec une telle impétuosité, qu'elle renversa sa première et sa seconde ligne; mais bientôt entourée de tous côtés, chargée par la cavalerie, ayant déjà perdu la moitié des siens, elle fut repoussée, et repassa le ravin dans le plus grand désordre. Si Miloradowitz l'eût poursuivie, rien ne pouvait sauver Ney; mais, étonné sans doute de la vigueur avec laquelle il avait été attaqué, il se contenta de faire suivre les Français par des Kosaques. Ney parvint à rallier ce qui lui restait des deux divisions qui avaient été engagées derrière celle qui n'avait point combattu; convaincu qu'une nouvelle tentative contre des forces tellement supérieures aux siennes causerait sa ruine, il se retira dans la direction de Smolensk, résolu à tenter de passer le Dniéper pour mettre ce fleuve entre lui et l'armée russse: la nuit, qui survint bientôt, favorisa sa retraite. Un officier lui fut envoyé, à deux reprises différentes, par Miloradowitz pour lui faire connaître que les corps d'Eugène et de Davout avaient été anéantis, que l'armée russse tout entière occupait Krasnoi, et qu'ainsi une plus longue résistance devenait inutile. Non-seulement il repoussa ces propositions, mais cet officier, lui ayant été envoyé une troisième fois, il le fit prisonnier (*a*), prétendant qu'il ne pouvait le considérer comme parlementaire, parce que l'ennemi venait de tirer quelques coups de canon. A la chute du jour, Ney avait appuyé à droite pour se rapprocher du Dniéper, et s'était arrêté au village de Danikowa; il y fit allumer des feux de bivouacs comme s'il eût voulu y passer la nuit; les Russes, ne croyant pas qu'il pût leur échapper, en firent autant.

Après quelques heures de repos, Ney partit dans le plus grand silence, et gagna le Dniéper, puis il côtoya ce fleuve dans le sens de son cours, jusqu'à ce qu'il eût trouvé un endroit dont les rives fussent peu escarpées, et où la glace eût quelque consistance (*b*). Rien n'était plus incertain que la réussite de ce passage, parce que le froid n'ayant été excessif que pendant deux jours, et le tems se mettant au dégel, l'on ignorait si l'on pourrait passer sur la

(*a*) Le but de Ney était d'empêcher que cet officier ne donnât des renseignemens sur la force et la position de son corps. Il lui fit bander les yeux et le conduisit avec lui dans cet état.

(*b*) Ney s'était assuré que le Dniéper, dans cette saison, n'était guéable nulle part entre Smolensk et Orsza, et que, dans les endroits les moins profonds, il avait au moins douze pieds de profondeur.

glace qui recouvrait le fleuve. Ney se décida à effectuer son passage dans un endroit situé entre les villages de Syrokorenie et Gusinoe; la glace portait à peine; elle fut bientôt rompue à l'entrée et à la sortie du fleuve; il fallut abandonner ce qu'on avait conservé d'artillerie, de bagages et de chevaux; et les fantassins, qui seuls purent passer, furent obligés de se mettre dans l'eau jusqu'à la ceinture pour atteindre et quitter la glace. Ce passage extraordinaire s'effectua pendant la nuit du 18 au 19 novembre : l'ennemi ne le contraria point (*a*). Le corps français parvint ainsi à mettre le fleuve entre lui et l'armée russe, mais il se trouvait réduit à trois mille hommes, qui étaient suivis d'un nombre à peu près égal de militaires isolés. Ney atteignit au point du jour le village de Gusinoe, dans lequel il surprit, à son grand étonnement, quelques Kosaques qu'il fit prisonniers; il en apprit que Platof, ayant continué à marcher par la rive droite du Dniéper, était, avec son corps, à une petite distance de Gusinoe; ainsi de nouveaux périls succédaient à ceux auxquels on venait d'échapper. L'on devait d'ailleurs craindre que Kutusof ne fît passer

(*a*) Ney n'avait été suivi que par quelques Kosaques.

un corps d'infanterie à Khomino ou à Rasasna, ce qui aurait replacé le troisième corps dans une position non moins critique que celle de laquelle il venait de se tirer ; aussi, quoique les troupes fussent accablées de fatigues, Ney ne leur accorda que le tems nécessaire pour prendre quelque nourriture, et repartit aussitôt ; il se proposait de rejoindre Napoléon à Orsza.

Cependant dès que Platof eût été averti de la présence des Français, il se mit à leur poursuite, et cette journée les aurait vu tomber au pouvoir des Russes sans l'énergie extraordinaire que déploya leur général. Les Kosaques s'étaient déjà montrés, mais en petit nombre, lorsqu'au sortir d'un bois il fallut traverser une plaine assez étendue que côtoyait le fleuve ; Platof, en personne, l'occupait avec ses Kosaques. Ney, craignant de voir paraître de l'infanterie et de l'artillerie, s'y engagea sur-le-champ ; ses divisions, ployées en colonnes serrées, appuyaient leur gauche au Dniéper, et des tirailleurs, placés sur leur flanc droit, éloignaient les Kosaques. Dès que l'on fut engagé dans cette plaine, une nombreuse artillerie, paraissant tout à coup sur la droite de la colonne, la canonna vivement. Dans cette extrémité Ney pressa la marche pour gagner un bois qui était devant lui ; il était sur le point de l'atteindre, lorsqu'une batterie, embusquée dans ce bois, tira à mitraille sur la tête de colonne, où il se trouvait alors, et y porta la destruction et le désordre. Un découragement spontané s'empare du soldat ; il jette ses armes, s'écriant pour la première fois qu'il fallait se rendre. Ney, resté presque seul à cheval (*a*), écumait de rage ; il parcourt la colonne, anime les soldats d'une voix terrible, leur montre la France d'un côté, de l'autre la plus affreuse captivité, et parvient ainsi à leur communiquer son audace. Ils reprennent leurs armes, et, poussant des cris épouvantables, se précipitent sur la batterie, qui n'eut que le tems de fuir. Ney atteignit ainsi le bois ; il n'y trouva aucun chemin frayé, traversa un ravin dont le passage offrit tant de difficultés, qu'il fut obligé d'abandonner les chevaux qu'il s'était procurés depuis qu'il était sur la rive droite du Dniéper, et arriva pendant la nuit à un village où il

---

(*a*) Quelques officiers s'étaient montés avec les chevaux des Kosaques pris dans le village de Gusinoe, et avec des chevaux de paysans. Plusieurs des officiers de l'état major de Ney eurent leurs chevaux tués par l'artillerie embusquée dans le bois

s'arrêta pour prendre quelque repos. Au point du jour (20 novembre) il se remit en marche; les Kosaques, obligés de faire un long détour pour le rejoindre, ne parurent que vers le milieu de la journée, pendant que l'on traversait un terrain découvert; leur artillerie n'était point encore arrivée; des tirailleurs suffirent pour les écarter. A la chute du jour l'on s'arrêta au village de Jacupowo, situé près d'un bois, et l'on établit des feux de bivouacs autour de ce village et sur la lisière du bois. N'étant plus éloigné d'Orsza que d'une journée, Ney y envoya deux officiers (*a*) qu'il chargea d'instruire Napoléon de son extrême détresse; puis, à neuf heures du soir, il partit, dans le plus grand silence, afin de devancer l'ennemi. Il espérait enfin atteindre Orsza, lorsqu'en débouchant d'un bois, l'on aperçut à peu de distance des feux de bivouacs qui semblaient indiquer la présence d'une armée de vingt mille hommes. Etait-ce des Français? était-ce des Russes? Ney, pour s'en assurer, envoya une reconnaissance qui fut reçue à coups de fusils, et l'on entendit un grand bruit de tambours; ainsi c'était un corps d'infanterie ennemi. Ne con-

(*a*) Ces officiers étaient montés sur des chevaux de paysans.

sultant alors que son désespoir, Ney ordonne la charge et se précipite sur ces feux ennemis pour se frayer un passage. Quel fut son étonnement de les trouver déserts. L'on n'aperçut que quelques Kosaques qui s'enfuyaient. Ce fut ainsi que l'intrépidité du général français déjoua un stratagème que Platof avait imaginé pour faire croire à la présence d'un corps d'infanterie.

Cependant Ney continuait sa marche sur Orsza, ignorant encore si cette ville n'était point déjà au pouvoir des Russes; le pays était couvert, et les Kosaques n'inquiétaient que son arrière-garde; il atteignit ainsi la grande route de Witepsk à Orsza le 21 novembre, à minuit, à environ trois lieues de cette dernière ville, et y trouva enfin des vedettes françaises du quatrième corps, et bientôt après il opéra sa jonction avec Eugène, qui avait été envoyé au devant de lui (*a*).

Ainsi se termina cette retraite mémorable : Ney semblait être arrivé au port; mais des maux, sans cesse renaissans, attendaient ses

---

(*a*) Les officiers envoyés par Ney à Orsza y étaient arrivés heureusement, et Eugène était parti sur-le-champ pour se porter à la rencontre du troisième corps.

infortunés guerriers, et presqu'aucun d'eux ne devait revoir sa patrie.

J'ai raconté les opérations du troisième corps, depuis son départ de Smolensk, avec plus de détails que ne semblait le comporter leur importance, autant à cause de ce qu'elles offrent d'extraordinaire, qu'entraîné par l'intérêt qu'elles inspirent.

FIN DU TROISIÈME LIVRE.

NOTES

DU LIVRE TROISIÈME.

(1) Page 80.

« *Deux nouveaux convois, celui des trophées et celui du trésor, suivaient l'armée.* » Le convoi du trésor, indépendamment de l'argent monnoyé, contenait aussi quelques lingots d'or et d'argent que l'on s'était procurés en extrayant ces matières des objets qui en contenaient, et qui se trouvaient en grand nombre dans les églises du Kremlin. Une commission avait été nommée peu après l'arrivée à Moskou pour en faire la recherche; tant que l'on avait marché en avant, le convoi du trésor était resté plusieurs journées en arrière.

Le convoi des trophées contenait des drapeaux turcs et autres que Napoléon avait fait enlever dans les églises du Kremlin, et cette grande croix de cuivre doré qui n'avait d'autre mérite que d'être un objet de vénération pour les Russes.

(2) Page 105.

« *Il fallait laisser au Kremlin toute l'artillerie régimentaire, et même celle des batteries de réserve.* » Le général Lariboissière, qui commandait l'artillerie de l'armée, et qui, ayant été autrefois le camarade de Napoléon au régiment de La Fère, avait conservé le droit de lui parler avec quelque franchise, lui proposa d'abandonner une partie de l'artillerie; mais Napoléon fut courroucé de cette proposition; il s'indignait à la seule pensée d'abandonner de l'artillerie aux Russes, comme s'il eût suffi de sa volonté pour maîtriser les événemens.

(3) Page 109.

« *Pour lequel des recrues russes valaient des vétérans.* » Le courage du soldat russe n'est pas impétueux comme celui du soldat français; c'est, si je puis m'exprimer ainsi, un courage de résignation, et celui des recrues est peut-être supérieur à celui des anciens soldats, mais ces derniers sont préférables, parce qu'ils savent mieux leur métier. Il faut beaucoup de tems pour former le soldat russe; aussi les recrues arrivées nouvellement dans l'armée de Kutusof étaient-elles encore très-maladroites.

(4) Page 130.

« *D'abandonner une partie de l'artillerie pour sauver l'autre.* » Il était évident qu'en voulant emmener toute l'artillerie on la perdrait toute, parce que les fardeaux étant trop pesans pour des chevaux mal nourris et accablés de fatigues, l'on devait s'attendre à les voir succomber presque tous en même tems. Je me souviens qu'à cette époque un général d'artillerie, au lieu de faire sauter la moitié de ses caissons, préféra jeter la moitié de ses munitions pour faire croire qu'il n'avait encore été obligé de rien sacrifier. Il savait qu'il prenait une mauvaise mesure, mais il savait aussi que Napoléon défendait de rien abandonner.

(5) Page 136.

« *Les dispositions générales pour l'exécution de ce mouvement furent écrites.* » Ces dispositions offrant beaucoup d'intérêt, je vais les citer ; elles devaient être adressées par le major-général aux commandans de corps d'armées, et étaient conçues en ces termes :

« La volonté de l'empereur est, si l'infanterie enne-
» mie suit l'armée dans son mouvement, de marcher à
» sa rencontre, de l'attaquer, de la culbuter et de la
» faire en partie prisonnière. A cet effet, l'empereur a
» fait choix d'une position intermédiaire entre le poste
» de Slawkowo et Dorogobuj. L'empereur sera à cette
» position demain, à la pointe du jour, avec sa garde. Sa
» majesté désignera l'emplacement des troupes qui doi-
» vent se masser et se cacher de manière à être cou-
» vertes par l'arrière-garde, commandée par le duc d'El-
» chingen, et être en mesure de déboucher sur l'ennemi
» avec toute l'artillerie, lorsque celui-ci croira n'avoir
» à faire qu'à l'arrière-garde et aller à sa rencontre.

» MM. les maréchaux prendront les mesures pour que
» les soldats absens rejoignent les drapeaux, que chaque
» division ait son artillerie, que les bagages filent sur
» Dorogobuj et Smolensk ; des gendarmes de la ligne et
» d'élite seront placés à Dorogobuj, pour faire rejoindre
» les hommes isolés, excepté les malades. Le duc d'A-
» brantès (*a*) se tiendra prêt à partir avec son corps, in-
» fanterie, cavalerie et artillerie, au premier ordre, et
» enverra à cet effet un officier de cavalerie près du ma-
» jor-général.

(*a*) Il était déjà arrivé à Dorogobuj.

» Tous les hommes de troupe à cheval qui sont à pied
» et qui forment des régimens, aux ordres du général
» Charrier, seront réunis et reformés à Dorogobuj, de
» manière à ce que ces régimens soient prêts à avoir
» l'honneur de marcher avec les grenadiers, formant
» une brigade particulière, sous les ordres du général
» Charrier. Les parcs d'artillerie et du génie, et notam-
» ment celui de la garde, aux ordres du général Sorbier,
» se tiendront en mesure de pouvoir se porter sur la
» position désignée ci-dessus. Les commandans d'artille-
» rie et du génie s'y trouveront, ainsi que le général Eblé.
» S'y trouveront également les sapeurs, marins et pon-
» tonniers. Les généraux tiendront la main à ce que les
» armes soient en bon état, et à ce que les soldats aient
» leurs cartouches. Sa majesté le roi de Naples se ren-
» dra demain de bonne heure sur la position, pour l'é-
» tudier et recevoir les ordres de l'empereur.

» Le duc d'Elchingen faisant l'arrière-garde manœu-
» vrera d'après les dispositions ci-dessus, de manière
» que l'infanterie ennemie puisse être attirée après demain
» matin sur la position, et que nous puissions la sur-
» prendre par une attaque générale faite à l'improviste.
» Le secrétaire d'état, comte Daru, fera les fonctions
» d'intendant général de l'armée, en l'absence du général
» comte Dumas, malade. Il fera les dispositions et prendra
» toutes les mesures nécessaires pour pourvoir au ser-
» vice de santé et d'ambulance, et que tout soit rendu
» et préparé sur la position ; en conséquence du présent
» ordre du jour, chacun, sans autre ordre, fera toutes
» les dispositions en ce qui peut le concerner.

« L'empereur attend le rapport de ce qui s'est passé

NOTES DU LIVRE III.

» hier pour fixer son opinion : comment le corps en-
» nemi qui s'est hasardé à vouloir couper la communi-
» cation entre les divisions françaises n'a-t-il pas été
» pris ?

» *Le prince de Neufchâtel, major-général,*

» *Signé* ALEXANDRE.

» Slawkowo, le 4 novembre 1812. »

P. S. « Les maréchaux et généraux des armes auront
» soin d'envoyer demain à midi un officier près du ma-
» jor-général, avec la situation des corps d'armée. »

(6) Page 148.

« *Tous tenaient de Napoléon des grades, des décorations.* » Napoléon était le chef de l'armée et de l'administration ; la nation française n'était entre ses mains
qu'un instrument dont il se servait pour l'accomplisse-
ment de ses desseins. Les intérêts de l'armée étaient en
opposition avec ceux des citoyens, puisque la guerre lui
était nécessaire, et que la fortune de la plupart de ses
chefs consistait en dotations dans les pays conquis.

(7) Page 159.

« *Une partie de ce qui avait été prescrit ne put être exécuté, ainsi qu'on l'a vu et qu'on devait s'y attendre.* » On
aurait dû ne donner à des généraux qui commandaient
des corps d'armées fort éloignés les uns des autres, et plus
éloignés encore de l'armée principale, que des instructions générales faisant seulement connaître le résultat
auquel on voulait parvenir, et l'on aurait dû leur abandonner entièrement la direction des opérations de détail.

Je ferai observer, à ce sujet, qu'un grand nombre de revers et de non succès résultent de ce que les généraux ont été obligés de suivre des ordres donnés par des personnes éloignées du théâtre des opérations. Lorsque ces ordres arrivent, il s'est quelquefois opéré de grands changemens dans l'état des choses ; on ne devrait donc adresser aux généraux commandant en chef que des instructions très-générales, et leur abandonner entièrement la conduite des opérations de détail, qu'ils ne peuvent bien diriger qu'en ayant égard, à chaque instant, aux événemens et aux circonstances. Dans les petites armées, le général en chef peut souvent tout embrasser d'un coup d'œil, et donner des ordres en tems utile; mais dans les grandes armées de nos jours, il faut qu'après avoir reçu des ordres généraux, chacun agisse, sur le point où il se trouve, dans l'intérêt général, ne se contentant pas des ordres de ses chefs, mais exécutant, comme s'il en avait reçu l'ordre, ce que la nécessité exige, et même quelquefois ce qui est évidemment nécessaire à la réussite de ce que l'on a entrepris. Les généraux français ont presque toujours eu cette latitude pendant les dernières guerres, tandis que leurs adversaires étaient liés. Par analogie ou par les raisons que je viens de développer, ils ont laissé aussi beaucoup de latitude à une partie de leurs subordonnés. Ainsi, dans l'armée française, lorsqu'une circonstance impérieuse commande une prompte résolution, on agit et l'on rend compte, et l'on ne perd point l'occasion, qui est tout à la guerre. Un général de division attaquera avant que d'en avoir reçu l'ordre, pour secourir une division voisine qui est accablée ; une brigade secourera une brigade, un bataillon un autre bataillon, et un commandant de batterie prendra sur-le-champ, et sans en attendre l'ordre, la position la plus favorable pour nuire à l'ennemi. C'est à cette marche que les Français doivent une partie de leurs succès dans les dernières guerres : leurs adversaires, au contraire, doivent attribuer une partie de leurs revers à ce qu'ils ont souvent suivi une marche entièrement opposée. Ainsi, dans un grand nombre de circonstances, particulièrement dans les batailles, on a vu une partie de leurs troupes rester, faute d'ordres, dans l'inaction, ne contribuer en rien au succès des opérations, et contraintes de se retirer avant que d'avoir rendu aucun service ; tandis que si les généraux avaient été autorisés à prendre des ordres de la nécessité, ces troupes se seraient trouvées utilisées de la manière la plus avantageuse.

(8) Page 180.

« *Les distributions pour la garde commencèrent aussitôt qu'elle fut arrivée.* » Pendant ces distributions, les malheureux qui bivouaquaient autour de Smolensk dévoraient plus de trois cents chevaux en bon état, appartenant à des équipages militaires qui étaient dans Smolensk lorsque l'armée y arriva.

Il y avait à Smolensk du vin de Bordeaux destiné à la bouche de Napoléon ; ses domestiques vendirent, à raison de vingt francs la bouteille, ce qu'on n'emporta pas : je le sais pour en avoir acheté, non sans peine, car il y avait foule à l'entrée de la cave où on le vendait.

NOTES DU LIVRE III.

(9) Page 196.

« *Un grand nombre de détachemens de Kosaques placés sur son flanc gauche ne lui laissaient aucun repos.* » L'armée de Kutusof ne comptait pas moins de vingt-cinq mille Kosaques ; si leur audace avait égalé leur avidité et leur activité, ils se seraient bientôt emparés de ce qui restait d'artillerie, parce que cette artillerie, ne pouvant marcher réunie, était rarement escortée ; heureusement il suffisait de quelques coups de fusil pour les chasser.

Les Kosaques sont d'une vigilance extrême, mais ils ne font point consister leur gloire à braver le danger ; ils n'attaquent qu'avec une grande supériorité de forces, et se retirent à l'instant si l'on fait bonne contenance ; ils craignent beaucoup le feu, et ne s'y exposent jamais volontairement : leur principal but étant de faire du butin, et les bagages de l'armée en contenant de très-précieux, ils redoublaient d'activité.

(10) Page 209.

« *Une partie de l'état major les suivait à pied.* » Un des généraux de la suite de Napoléon lui ayant représenté le danger auquel il s'exposait personnellement à cause de la disproportion qui existait entre ses forces et celles de son adversaire : : « J'ai assez fait l'empereur, répondit-il, il
» est tems de faire le général. »

NOTES DU LIVRE III. 243

SUITE DES LETTRES DE NAPOLÉON ET DE BERTHIER

que j'ai cru devoir citer.

Napoléon au major-général.

Troitzkoe, le 20 octobre 1812.

Mon cousin, donnez ordre au duc de Trévise de faire partir demain à la pointe du jour les hommes fatigués et éclopés du corps du prince d'Eckmulh et du vice-roi, de la cavalerie à pied et de la jeune garde, et de diriger le tout sur Mojaïsk.

Le 22 ou le 23, à deux heures du matin, il fera mettre le feu au magasin d'eau-de-vie, aux casernes et aux établissemens publics, hormis la maison des Enfans-Trouvés. Il fera mettre le feu au palais du Kremlin. Il aura soin que les fusils soient tous brisés en morceaux, et qu'il soit placé des poudres sous les tours du Kremlin; que tous les affûts soient brisés ainsi que les roues des caissons.

Quand ces expéditions seront faites, que le feu sera en plusieurs endroits du Kremlin, le duc de Trévise quittera le Kremlin et se portera sur la route de Mojaïsk. A une heure, l'officier d'artillerie chargé de cette besogne fera sauter le Kremlin, comme l'artillerie en a reçu l'ordre. Sur la route il brûlera toutes les voitures qui seraient restées en arrière, fera, autant que possible, enterrer tous les cadavres, briser tous les fusils qu'il pourra rencontrer. Arrivé au palais Gallitzin, il y prendra les Espagnols et les Bavarois qui s'y trouvent, fera mettre le feu aux caissons et à tout ce qui ne pourra pas être transporté. Il ramassera tous les commandans de poste et reploiera les garnisons. Il arrivera à Mojaïsk le 25 ou le 26; il recevra là des ordres ultérieurs pour se mettre en communication avec l'armée. Il laissera comme de raison une forte arrière-garde de cavalerie sur la route de Mojaïsk. Il aura soin de rester à Moskou jusqu'à ce qu'il ait vu lui-même le Kremlin sauter. Il aura soin de faire mettre le feu aux deux maisons de l'ancien gouverneur et à celle de Razaumowski.

Sur ce, etc.

Signé NAPOLÉON.

Napoléon au major-général.

Krasno-Pachra, le 21 octobre 1812.

Mon cousin, faites connaître au duc de Trévise qu'aussitôt que son opération de Moskou sera finie, c'est-à-dire le 23 à trois heures du matin, il se mettra en marche et arrivera le 24 à Kubinskoe; que, de ce point, au lieu de se rendre à Mojaïsk, il ait à se diriger sur Wéréia, où il arrivera le 25. Il servira ainsi d'intermédiaire entre Mojaïsk, où est le duc d'Abrantès, et Borowsk, où sera l'armée. Il sera convenable qu'il envoie des officiers sur Fominskoe, pour nous instruire de sa marche. Il mènera avec lui l'adjudant commandant Bourmont, les Bavarois et les Espagnols qui sont à la maison de Gallitzin, tous les Westphaliens de la première poste et de la deuxième, et tout ce qu'il trouvera de Westphaliens, il les réunira et les dirigera sur Mojaïsk. S'ils n'étaient pas en nombre suffisant, il ferait protéger leur passage par de la cavalerie. Le duc de Trévise instruira le duc d'Abrantès de tout ce qui sera relatif à l'évacuation de Moskou. Il est nécessaire qu'il nous écrive demain 22, non plus par la route de Desna, mais par celle de Szarapowo et Fominskoe. Le 23 il nous écrira par la route de Mojaïsk. Son officier quittera la route à Kubinskoe, pour venir sur Fominskoe, le quartier général devant être probablement le 23 à Borowsk ou à Fominskoe. Soit que le duc de Trévise fasse son opération demain 22 à trois heures du matin, soit qu'il la fasse le 23 à la même heure, comme je le lui ai fait dire depuis, il doit prendre ces mêmes dispositions. Par ce moyen le duc de Trévise pourra être considéré comme l'arrière-garde de l'armée. Je ne saurais trop lui recommander de charger sur les voitures de la jeune garde, sur celles de la cavalerie à pied et sur toutes celles qu'on trouvera, les hommes qui restent encore aux hôpitaux; que les Romains donnaient des couronnes civiques à ceux qui sauvaient des citoyens : le duc de Trévise en méritera autant qu'il sauvera de soldats; qu'il faut qu'il les fasse monter sur ses chevaux et sur ceux de tout son monde; que c'est ainsi que l'empereur a fait à Saint-Jean-d'Acre; qu'il doit d'autant plus prendre cette mesure, qu'à peine ce convoi aura rejoint l'armée, on trouvera à lui donner les chevaux et les voitures que la consommation aura rendus inutiles; que l'empereur espère qu'il aura sa satisfaction à témoigner au duc de Trévise pour lui avoir sauvé cinq cents hommes; qu'il doit, comme de raison, commencer par les officiers, ensuite par les sous-officiers, et préférer les Français; qu'il assemble tous les généraux et officiers sous ses ordres, pour leur faire sentir l'importance de cette mesure, et combien ils mériteront de l'empereur d'avoir sauvé cinq cents hommes.

Sur ce, etc.

Signé NAPOLÉON.

Le prince de Neufchâtel et de Wagram au duc d'Abrantès.

Fominskoe, le 23 octobre 1812, à cinq heures du matin.

Le prince Poniatowski, monsieur le duc, vous aura déjà expédié un officier pour vous faire connaître les intentions de l'empereur.

S. M. a jugé à propos de vous expédier un officier d'état major pour vous porter des ordres positifs de moi. Dirigez sur Wéréia les régimens et bataillons de marche, soit d'infanterie, soit de cavalerie, que vous auriez réunis à Mojaïsk. Dirigez également les malles de l'armée et les estafettes qui vous seraient arrivés sur Wéréia. Dirigez aussi sur cette ville les batteries d'artillerie qui seraient arrivés, appartenant soit à la garde, soit aux différens corps d'armée. Faites-nous connaître l'état des évacuations de Mojaïsk et de l'Abbaye.

Moskou a dû être évacué ce matin 23. Le duc de Trévise, avec douze ou quinze mille hommes, sera demain ou après-demain à Kubinskoe; il n'aura à sa suite que quelques centaines de Kosaques; car l'armée ennemie est encore tout entière sur la route de Kaluga. Le quartier général sera aujourd'hui à Borowsk, où sera aussi aujourd'hui le corps du vice-roi.

Faites brûler et briser tous les fusils qui sont à Mojaïsk et à l'Abbaye, et toutes les munitions de guerre que vous ne pourriez emporter. Tenez-vous prêt à partir au premier moment en emmenant avec vous tout ce qui resterait de blessés.

Faites connaître à Gjat l'évacuation de Moskou et le mouvement de l'armée sur Kaluga. Faites-le connaître aussi au commandant de Wiazma; il faut que le commandant de Gjat envoie à Wiazma tout ce qu'il a à évacuer; l'intention de l'empereur étant qu'aussitôt que vous en recevrez l'ordre, vous vous portiez sur Wiazma en reployant tous les postes et toutes les estafettes, et en communiquant avec S. M. par Wiazma et Iukhnow.

Donnez l'ordre à cet effet à Wiazma pour qu'un des généraux de brigade qui s'y trouvent parte avec quatre à cinq mille hommes d'infanterie et de cavalerie pour ouvrir la communication avec l'armée par Iukhnow. Il sera nécessaire que le général ou commandant établisse à chaque poste de Wiazma à Iukhnow cent hommes retranchés avec les courriers d'estafettes. La communication avec Smolensk se fera par Wiazma, après qu'on aura abandonné celle de Mojaïsk.

La ville de Moskou étant toute brûlée, l'empereur a jugé convenable de l'évacuer après avoir fait sauter le Kremlin, afin d'être maître de ses mouvemens, ce cadavre de ville exigeant quinze à vingt mille hommes pour maintenir la police dans ses décombres.

Si l'armée ennemie prétend couvrir Kaluga, l'empereur veut lui livrer bataille.

Vous me renverrez promptement l'officier d'état major que je vous expédie. Nous n'avons pas d'estafettes depuis celle arrivée le 19; il nous manque celles des 20, 21 et 22; il paraîtrait qu'il y a quelque chose sur nos derrières.
Signé ALEXANDRE.

NOTES DU LIVRE III.

Napoléon au major-général.

Borowsk, le 24 octobre 1812.

Mon cousin, écrivez au duc de Bellune, en chiffres, puisqu'il ne recevra pas cette lettre avant le 26, et qu'alors il aura vu le général Nansouty. Faites lui connaître qu'étant toujours sans estafettes, je ne sais pas le dernier état des choses de son côté; que j'ignore si les événement l'ont forcé à quelque mouvement, mais que dans le cas où il n'en aurait fait aucun, et que la division Girard serait encore disponible, ainsi que la brigade de cavalerie légère, je désirerais qu'il se mît sur-le-champ en marche, avec ces troupes, pour venir à Ielnia, et de là pousser sur la route de Kaluga, pour se rencontrer avec l'armée, afin de faire notre jonction.

S'il peut se mettre en marche le 26, il pourrait être le 30 à cinq marches de Kaluga; que j'établis ma ligne d'opérations, d'abord par Wiazma, Iukhnow et Znamenskoe, jusqu'à ce que notre jonction soit faite avec lui; qu'alors je l'établirai par Smolensk et Ielnia; qu'en parcourant ainsi une quarantaine de lieues, il faut qu'il ait soin d'organiser cette partie de la route en plaçant à chaque poste un commandant d'armes, un détachement de cent hommes et un relai pour estafette; que ceci ne doit pourtant pas influer en rien sur le parti qu'il aurait à prendre s'il survenait quelque chose d'extraordinaire.

Ajoutez au duc de Bellune, en clair, que l'armée est réunie à Borowsk; que Moskou a été évacué après avoir fait sauter le Kremlin, et que l'armée se dirige sur Kaluga; que la province de Kaluga est une des plus abondantes de la Russie, et qu'en effet nous sommes ici dans une grande abondance de tout.

Sur ce, etc.

Signé NAPOLÉON.

Napoléon au major-général.

Borowsk, le 26 octobre 1812.

Mon cousin, expédiez sur-le-champ un officier au prince Poniatowski, avec ordre de faire filer promptement les bagages sur Mojaïsk, et de là sur Wiazma, et d'aller prendre avec son corps une bonne position à trois ou quatre lieues de Wéréia, sur la route de Wéréia à Iegoriewskoi, en tenant son avant-garde à ce dernier endroit, qui est à l'embranchement de la route de Médyn à Mojaïsk; quand il sera tems de partir de ce point pour se rendre à Mojaïsk, je désire qu'il puisse effectuer ce mouvement en un jour. Il comprendra que la position qu'il va prendre a pour objet de couvrir la marche de l'armée; il laissera sous les ordres du duc de Trévise tous les régimens de marche français qu'il aurait.

Ecrivez au duc d'Abrantès pour lui faire connaître que l'armée russe s'était portée sur Malojaroslawetz; que son avant-garde y arrivait sur une rive, en même tems que notre avant-garde y arrivait sur l'autre; que la ville est située sur la rive de l'ennemi, et dans une position très-élevée, ce qui a donné lieu à un combat qui a duré toute la journée du 24; que, pendant que notre avant-garde soutenait ce combat, toute l'armée russe est arrivée; que, de notre côté, des troupes du prince d'Ekmulh sont arrivées au secours du vice-roi; que nous sommes restés maîtres du champ de bataille, et que l'ennemi a perdu sept à huit mille hommes. Notre perte est de deux mille tués et blessés. Le général Delzons a été tué. Nous avons trouvé les cadavres de deux généraux russes; deux cent cinquante à trois cents prisonniers sont restés entre nos mains; que le 25 l'armée a pris position. L'armée russe était vis-à-vis, à une lieue en arrière de Malojaroslawetz; que nous marchions le 26 pour l'attaquer, mais qu'elle était en retraite; que le prince d'Ekmulh s'est porté à sa suite, mais que le froid et la nécessité de nous débarrasser de ce tas de blessés qui sont avec l'armée, ont décidé l'empereur à se porter sur Mojaïsk, et de là sur Wiazma; qu'il est donc nécessaire qu'il écrive sur-le-champ au commandant de Wiazma pour que le détachement qu'on aurait envoyé sur Iukhnow soit rappelé; que l'infanterie ennemie, depuis la bataille de la Moskwa, est extrêmement diminuée; qu'elle ne se compose pas de quinze mille vieux soldats, mais qu'ils ont recruté leurs Kosaques, et que cette cavalerie peu dangereuse en réalité fatigue beaucoup. Recommandez au duc d'Abrantès d'avoir soin qu'il ne parte pas de voitures sans prendre des blessés ou des malades; de se préparer à un mouvement qui, aussitôt qu'il sera remplacé, le portera sur Wiazma; prévenez-le que le duc d'Elchingen a pris une route de traverse pour se porter d'ici également sur Wiazma (a); enfin qu'il fasse tout ce qui lui sera possible, et qu'il écrive au commandant de Wiazma pour que la route soit bien gardée et que l'on puisse facilement com-

(a) Ney reçut contre-ordre; il suivit le reste de l'armée, ainsi qu'on l'a vu.

muniquer. Ecrivez au duc de Bellune à peu près la même chose sur le combat, et en chiffres : que l'intention de l'empereur est de se porter sur Wiazma; que le mouvement sur Ielnia, s'il a été fait, aura été utile, et qu'il faut envoyer à notre rencontre, sur Wiazma, le plus de vivres qu'on pourra, et faire venir, d'Ielnia sur Dorogobuj, ce qui aurait été réuni et dirigé sur Ielnia.

Sur ce, etc.

Signé NAPOLÉON.

Le prince de Neufchâtel et de Wagram au général Charpentier.

Wiazma, le 1er novembre 1812.

L'empereur ordonne, monsieur le général, que vous envoyiez un officier de votre état major au maréchal Saint-Cyr et au duc de Bellune pour leur faire connaître que l'armée qui est aujourd'hui, 1er novembre, à Wiazma, sera le 3 à Dorogobuj; que nous attendons avec impatience de leurs nouvelles; que sa majesté suppose que le duc de Bellune aura déjà pris l'offensive, et aura chassé l'ennemi de Polotzk. Vous enverrez également un officier au gouverneur de Mohilow pour lui faire connaître le mouvement de l'armée; vous ajouterez que ce mouvement de l'armée est volontaire; que c'est un mouvement de manœuvre pour être à cent lieues plus rapproché des armées qui forment nos ailes; que, depuis que nous avons quitté les environs de Moskou, nous n'avons plus de nouvelles de l'ennemi que par quelques Kosaques. Donnez-lui l'ordre, de ma part, de faire diriger le plus de vivres qu'il pourra sur Smolensk.

Faites connaître aussi les mouvemens de l'armée et les motifs au commandant de Witepsk ; prescrivez-lui de faire fabriquer beaucoup de pain, parce qu'une partie de l'armée doit s'approvisionner de cette place. Faites connaître au général Baraguay-d'Hilliers le mouvement de l'armée, etc. Je vous ai déjà fait connaître que ce général ne devait pas se compromettre : renouvelez-lui de ma part cette disposition.

Faites connaître au gouverneur de Minsk que l'armée manœuvre pour se rapprocher de cent lieues plus près de ses ailes, afin de se rapprocher de la Pologne et d'un pays ami. Envoyez-moi, pour demain au soir, ou le 3 au matin, à Dorogobuj, l'état de tous les magasins de subsistance, grains, farines, etc., artillerie attelée et non attelée, des munitions de toute espèce qui peuvent se trouver à Smolensk. Faites-moi connaître, à fur et à mesure, toutes les nouvelles directes ou indirectes que vous pourriez avoir sur les mouvemens du duc de Bellune, du général Saint-Cyr et du prince de Schwartzenberg.

Signé ALEXANDRE.

Napoléon au major-général.

Wiazma, le 2 novembre 1812.

Mon cousin, écrivez au duc de Reggio que j'ai appris avec la plus vive satisfaction que sa blessure était guérie, et qu'il était dans le cas de reprendre du service ; qu'en conséquence mon intention est qu'il retourne au deuxième corps pour en reprendre le commandement.

Mandez au duc de Bellune que j'apprends les événemens de Polotzk, et sa marche de ce côté; que j'espère qu'il aura repoussé Wittgenstein et repris Polotzk. Ecrivez-lui en chiffres que l'armée est en marche, comme je l'en ai déjà instruit, que l'hiver était trop long pour le passer loin de mes flancs; qu'il est probable que je me porterai la droite sur la Dwina, et la gauche sur le Borystènes, et que par là nous nous trouverons en contact

Sur ce, etc.

Signé NAPOLÉON.

Le prince de Neufchâtel et de Wagram au duc de Bellune.

Mikalewka, le 6 novembre 1812.

Monsieur le duc de Bellune, je viens de mettre sous les yeux de l'empereur votre lettre du 2 novembre, qui m'arrive à l'instant par l'estafette. S. M. ne conçoit pas qu'ayant réuni à vos troupes le deuxième corps d'armée, vous n'ayez pas pris l'offensive avec rigueur. En restant en position devant l'ennemi, vous avez tout à perdre à cause de la supériorité de sa cavalerie légère pour couper nos communications. L'empereur ordonne que vous marchiez sur le général Wittgenstein et le rejetiez au delà de la Dwina; que vous repreniez Polotzk et obligiez Wittgenstein à quitter cette rive. L'empereur sera après demain à Smolensk; annoncez-lui une victoire qui est indubitable avec les troupes que vous avez.

Signé ALEXANDRE.

NOTES DU LIVRE III.

Napoléon au major-général.

Smolensk, le 11 novembre 1812.

Mon cousin, recommandez bien aux gouverneurs de Minsk et de Wilna de ne pas employer contre l'ennemi les régimens de marche, soit de cavalerie, soit d'infanterie ; que c'est détruire les ressources sans profit ; que ces régimens sont hors d'état de se battre ; qu'on peut bien les arrêter à Wilna ou à Minsk pendant quelques jours, pour faire le service de la place et pour faire nombre, mais que c'est une vraie folie de les envoyer devant l'ennemi ; qu'on me fait perdre ainsi beaucoup de monde et qu'on m'ôte les moyens de recruter mes cadres, etc. (La suite offre peu d'intérêt.)

Signé NAPOLÉON.

Le prince de Neufchâtel et de Wagram au duc de Trévise.

Smolensk, le 12 novembre 1812.

Monsieur le duc de Trévise, l'empereur ordonne que vous me remettiez aujourd'hui, à deux heures après midi, l'état de situation des troupes à vos ordres, le nombre de pièces que vous pouvez mener avec vous, ainsi que le nombre de caissons et la quantité d'approvisionnement ; enfin combien les divisions Laborde et Roguet pourront présenter de combattans, et combien de cavalerie ; réunissez tous vos détachemens, de manière que tout soit présent et prêt à partir demain.

Faites-moi connaître le nombre de jours que vous avez

de vivres, le nombre de moulins portatifs que vous avez reçu, de manière que vous soyez prêt à partir demain, infanterie, cavalerie, artillerie, pour marcher en guerre et prêt à combattre, etc. (La suite offre peu d'intérêt.)

Signé ALEXANDRE.

Le prince de Neufchâtel et de Wagram au duc d'Abrantès.

Liady, le 17 novembre 1812, à huit heures du soir.

Monsieur le duc d'Abrantès, vous devez continuer votre mouvement pour aller coucher demain à Dubrowna, d'où vous m'enverrez un officier au point où couchera l'empereur, entre Liady et Dubrowna, afin que je puisse vous expédier des ordres ; mais cependant, si vous n'en recevez pas, vous devez après demain matin continuer votre marche sur Orsza ; là, vous prendrez position, vous ferez bien garder le pont, vous concourrez à établir le plus grand ordre dans la ville, vous ferez distribuer les rations à votre corps d'armée d'une manière régulière aux présens sous les armes ; vous ferez retenir à Dubrowna et à Orsza les hommes isolés, vous les ferez classer par corps d'armée, vous empêcherez toute espèce de pillage et tous les excès que commettent les hommes isolés, vous leur ferez faire des distributions en règle, et s'il y en a qui pillent et se conduisent mal, traduisez-les à une commission militaire pour être fusillés, c'est le cas de faire des exemples. Nous arrivons sur la ligne où l'armée va s'arrêter et se refaire, il faut donc économiser les subsistances et les ressources. Le général d'Alorma et le général Jomini sont à Orsza ; ils ont des ordres conformes à ceux que je vous donne ci-dessus. Veillez vous-même, monsieur le duc, à leur exécution, c'est ce que l'empereur vous recommande particulièrement.

Signé ALEXANDRE.

FIN DES NOTES DU TROISIÈME LIVRE.

LIVRE QUATRIÈME.

ARGUMENT.

Napoléon quitte Orsza le 20 au soir, et se dirige par Borisow sur Minsk. Réflexions sur les opérations militaires depuis le départ de Smolensk. Tableau de la situation de l'armée. Napoléon apprend le 22 novembre, en arrivant à Toloczin, que Borisow vient de tomber au pouvoir de Tchitchagof. Kutusof s'arrête sur la rive gauche du Dniéper, et laisse gagner plusieurs journées de marches à l'armée de Moskou. Victor se retire devant les forces supérieures de Wittgenstein. La situation de Napoléon semble désespérée. Oudinot reprend Borisow, mais Tchitchagof en fait couper le pont. Dispositions pour effectuer le passage de la Bérézina ; difficultés qu'offrait ce passage. Mesures rigoureuses, mais tardives, de Napoléon, pour diminuer les bagages de son armée et conserver ce qui lui restait d'artillerie. La gelée succède au dégel. On parvient, contre toutes les apparences, à établir des ponts à Studianka le 26 novembre. Force de l'armée de Napoléon à cette époque. Rupture des ponts. Lenteur du passage. Combat de la Bérézina le 28 novembre. Napoléon se retire par Malodeczno sur Wilna. Réflexions sur les opérations militaires depuis le passage du Dniéper. Suite du récit des opérations des corps d'armée détachés. Coup d'œil sur ce qui se passait à Wilna pendant la retraite. Situation de l'armée après le passage de la Bérézina. Réflexions sur les bulletins, et sur le vingt-neuvième en particulier. Napoléon quitte l'armée à Smorgoni, le 5 décembre, pour retourner à Paris; il laisse le commandement à Murat. Le froid devient excessif ; ses effets. Murat abandonne précipitamment Wilna : il repasse le Niémen. Combat de Kowno. L'armée s'arrête enfin sur le territoire prussien, où Platof cesse de la poursuivre. La rigueur du froid force Kutusof à s'arrêter; il cantonne ses troupes à Wilna et dans les environs. Alexandre arrive à Wilna le 22 décembre; sa conduite envers les Lithuaniens et les prisonniers. Retraite de Macdonald. Défection d'Yorck. Les Russes pénètrent en Prusse. Murat repasse la Wistule et transporte son quartier général à Posen. Schwartzenberg se retire sur Varsovie, et de là sur la Gallicie. Entrée des Russes à Varsovie le 8 février 1813. Réflexions sur les opérations militaires depuis le passage de la Bérézina.

Napoléon avait quitté Orsza le 20 au soir pour transporter son quartier général à Baranui, petit village qui en est éloigné de quatre lieues, et qui est situé sur la route de Borisow; il y reçut la première nouvelle de la marche de Ney, par la rive droite du Dniéper, et bientôt après il apprit son arrivée. Cet événement lui causa beaucoup de joie, moins encore sans doute à cause du mérite de Ney et du salut de quelques soldats destinés à périr un peu plus tard, que par intérêt. La prise d'un maréchal, dans de telles circonstances, aurait été une preuve de la destruction de son corps, tandis que, ce maréchal eût-il perdu jusqu'au dernier soldat, l'ennemi ne pouvait en acquérir une entière certitude, tant qu'il ne s'était point emparé de sa personne. Napoléon, pour détruire les bruits sinistres qui avaient couru relativement à Ney, fit écrire aux maréchaux

Victor et Oudinot et à Maret « que le bruit qui
» avait été répandu, que le duc d'Elchingen
» avait été coupé, était faux, et que ce ma-
» réchal, ayant fait son mouvement par la
» rive droite, venait de rejoindre à Orsza. »

Pendant les combats qui furent livrés depuis le départ de Smolensk, le soldat combattit avec une rare valeur. Ce n'était point ce courage passif des bataillons (1) de nos jours, mais un courage impétueux, qui semblait tenir du désespoir, et qui aurait ramené les succès si Napoléon ne se fût mis dans une position telle qu'il ne pouvait plus qu'essuyer des revers. Les généraux Eugène et Ney montrèrent une résolution qui contribua puissamment au salut des débris de leurs corps; toutefois l'on doit convenir que la fortune y eut aussi beaucoup de part; car aux combats qu'ils livrèrent entre Koritnia et Krasnoi, s'ils eussent rencontré l'ennemi quelques heures plutôt, la nuit ne serait pas venue les servir de son ombre, aucune circonstance n'aurait pu les empêcher de succomber. Ils auraient éprouvé le même sort si Miloradowitz les eût fait cerner pendant la nuit par de l'infanterie.

Les deux généraux en chef, pendant le court espace de tems qui venait de s'écouler depuis le 9 novembre, commirent de grandes fautes. Si Napoléon dirigea sa retraite de Smolensk sur Orsza, ce fut par suite d'un aveuglement qui ne peut être comparé qu'à celui de Kutusof, auquel il dut son salut (*a*). En suivant cette ligne de retraite, il mettait son sort entre les mains de son adversaire, qui pouvait le devancer sur l'un des points situés depuis Krasnoi jusqu'à Orsza.

Lorsque Napoléon atteignit Smolensk, il ne semblait lui rester d'autres ressources que de se diriger en toute hâte sur Wilna par Witepsk, Boiszikowa et Glubokoé, et par Babinowiczi, Senno, Lepel, Dokszitzi et Wileika (*b*). Wittgenstein, au seul bruit de l'arrivée de ce conquérant sur ses communications, aurait repassé la Dwina, dans la crainte de se

(*a*) J'ai fait connaître toutes les circonstances qui auraient dû convaincre Napoléon que Kutusof se dirigeait sur ses communications, et j'ai également fait voir que Kutusof ne pouvait ignorer l'état déplorable de l'armée française, qu'en refusant de croire aux rapports et renseignemens qui lui parvenaient tous les jours.

(*b*) Le second des deux itinéraires que j'indique aurait fait passer l'armée par quelques chemins de traverse, mais l'expérience venait de prouver que ce n'était pas un obstacle très-grand, surtout dans la saison où l'on se trouvait; d'ailleurs une partie de l'armée seulement aurait suivi cette route.

trouver compromis. Victor, qui l'aurait d'abord suivi, aurait ensuite fait l'arrière-garde. Les généraux Zayonscheck et Junot, qui étaient arrivés les premiers à Smolensk, se seraient retirés par Krasnoi et Orsza pour détruire les magasins et les ponts qui existaient sur cette route, afin de retarder Kutusof s'il voulait la suivre.

Ce qui devait causer la destruction de l'armée de Moskou, lui fit seulement éprouver de grandes pertes. J'ai déjà parlé des fautes que commit Kutusof; ce général, étant arrivé le 9 novembre à Ielnia, pouvait déboucher le 13 à Krasnoi et y être en position le 14 avec toute son armée. Il pouvait aussi envoyer directement un détachement sur Orsza pour y détruire les ponts (a). Quoique Kutusof ne fût arrivé que le 15 à la vue de Krasnoi, il pouvait cependant encore anéantir les débris de l'armée de Moskou; mais il resta deux jours en position parallèlement à la route; pendant lesquels, si l'on en excepte l'attaque du quatrième corps par des forces quadruples, il n'entreprit

---

(a) La garnison d'Orsza était très-faible, et la flèche qui couvrait les deux ponts sur le Dniéper ne pouvait tenir contre une attaque sérieuse.

rien de vigoureux. Il se contenta de canonner et de harceler avec ses Kosaques une armée qui n'avait, pour ainsi dire, ni cavalerie, ni artillerie; qui était accablée de maux et de privations; qui était embarrassée par ses bagages et par un nombre de traîneurs presqu'égal à celui des combattans; qui, par ces raisons, ne pouvait profiter d'aucun succès; une armée enfin, dont il pouvait attaquer tous les corps successivement, et qui aurait été hors d'état de lui résister, quand même tous ces corps auraient été réunis. Le 17, lorsqu'il se fut enfin décidé à attaquer la position de Krasnoi, il aurait dû diriger rapidement une partie de ses forces entre Krasnoi et Liady, pour couper la retraite de Napoléon, et, ne l'ayant pas fait, il devait au moins, s'apercevant que Napoléon était réduit à chercher son salut dans une retraite précipitée, quoique Ney ne l'eût pas encore rejoint, le pousser ce jour même jusqu'au delà de Liady, et faire construire des ponts à Khomino et ensuite à Rasasna (*a*), pour se porter, à marches forcées, sur la route d'Orsza à Borisow. Il aurait ainsi replacé l'ar-

(*a*) Kutusof aurait trouvé en ces deux endroits les rampes des ponts que les Français y avaient construits, ce qui était un grand avantage.

mée de Moskou dans une position aussi désespérée que celle de laquelle elle venait de se tirer. Nous avons vu que Kutusof, au lieu de faire ce que je viens d'indiquer, s'arrêta deux jours à Krasnoi, ajoutant ainsi une nouvelle faute à toutes celles qu'il avait déjà commises depuis le commencement de la retraite.

Cependant la prise de Minsk par Tchitchagof, et la nécessité de gagner quelques marches sur Kutusof, forçaient Napoléon à continuer sa retraite sans s'arrêter, ce qui portait le dernier coup à l'armée de Moskou, pour laquelle le repos était devenu le premier besoin. La situation de cette armée s'était améliorée sous quelques rapports ; le dégel (*a*), ayant succédé aux froids rigoureux, rendait les bivouacs plus supportables, et l'on parvenait plus facilement à les alimenter, en démolissant les maisons lorsqu'elles n'étaient point occupées par des états majors (2). L'armée, ayant touvé des magasins à Smolensk, à Dubrowna et à Orsza (*b*), et le pays commençant à offrir quelques ressources, la famine faisait moins de ravages ; les com-

(*a*) A cette latitude et à cette époque le dégel ne pouvait être que momentané.

(*b*) Je ne parle pas des magasins de Krasnoi, puisqu'ils avaient été pillés par les Russes avant l'arrivée des Français.

battans se nourrissaient pourtant encore habituellement de bouillie (*a*) et de chair de cheval, tandis que les militaires isolés étaient réduits, pour la plupart, à cette dernière nourriture, parce qu'ils n'avaient point été compris dans les distributions. La nécessité les avait réunis en petites corporations, composées d'individus d'une même nation, qui bivouaquaient ensemble, et chez lesquels tout était en commun. L'armée, ayant perdu une grande partie de ses bagages, et presque toute son artillerie, était moins embarrassée par les voitures, mais elle était suivie par un grand nombre de petits chevaux du pays (*b*) qui étaient chargés de bagages, de vivres et d'ustensiles de cuisine.

(*a*) La bouillie se faisait avec de la farine de seigle ou de sarrazin et de la neige que l'on faisait fondre.

(*b*) On donnait dans l'armée le nom de *cogna* à ces petits chevaux du pays. Le mot cogna est polonais, et signifie cheval. Les cognas se passaient facilement d'avoine, ne portaient point de fers, ce qui les empêchait de glisser, et leur chair était meilleure que celle des chevaux français et allemands. Par ces raisons ils rendaient de grands services dans les circonstances où l'on se trouvait. Lorsqu'on quitta Moskou, une partie des bagages étaient attelés avec des cognas que l'on conserva quand on fut obligé d'abandonner les bagages. Depuis Mojaïsk jusqu'à Smolensk on ne put se recruter de cognas, puisque l'habitant avait fui; mais depuis Smolensk on recommençait à en trouver dans les villages.

Si l'on éprouvait quelque soulagement par l'adoucissement du froid et sous le rapport des subsistances, la continuité des privations, des marches et des bivouacs (a) achevait la dissolution de l'armée, et lui causait des pertes incroyables. Aux maux affreux qui l'accablaient, vint se joindre un mal nouveau, produit par une cause morale. Les hommes trop sensibles, ou qui n'étaient pas doués d'assez d'énergie pour envisager d'un œil stoïque et et les scènes horribles qu'ils avaient sans cesse sous les yeux, et l'avenir effrayant qui les menaçait, éprouvaient un abattement, et quelquefois une aliénation d'esprit qui les conduisait bientôt au tombeau. Un grand nombre de soldats, accablés par les maladies, ou trop affaiblis, jetaient journellement leurs armes; d'autres s'en débarrassaient comme d'un fardeau funeste. L'indiscipline et l'insubordination faisaient de nouveaux progrès ; peu de jours devaient amener l'entière dissolution de l'armée. A Smolensk, le nombre des combattans surpassait encore celui des militaires isolés; après les combats de Krasnoi, ce fut tout le contraire,

---

(a) Le froid, humide pendant le dégel, était plus funeste que n'aurait été un froid sec, mais modéré.

et depuis, le nombre des combattans diminua chaque jour avec une grande rapidité. Lorsqu'on eut repassé le Dniéper, l'armée pouvait être considérée comme n'ayant plus de cavalerie (*a*), puisque le corps de Latour-Maubourg était réduit à deux cents hommes, et la cavalerie des corps d'armée, à un nombre moindre encore.

Quel déplorable aspect présentait alors cette armée naguère encore si redoutable ! Au milieu d'une masse confuse et désarmée, couverte des accoutremens les plus bizarres (*b*), on voyait marcher quelques pelotons épars ; la garde seule, quoique bien réduite, présentait une masse capable de résistance. La marche de l'armée était silencieuse ; et sur les visages pâles, décharnés, noircis par la fumée des bivouacs, défigurés par une longue barbe régnait la consternation.

Nous avions laissé Napoléon le 20 au soir à Baranui. Le 21, le mouvement général de re-

---

(*a*) La cavalerie de la garde faisait exception ; elle s'élevait encore à seize cents hommes et marchait avec Napoléon.

(*b*) La chaussure, dont on ne saurait se passer, et qu'on renouvelle si difficilement, était dans le plus mauvais état ; aussi voyait-on les pieds d'un grand nombre de soldats entourés de linges ou de peaux de bêtes.

traite continua; Napoléon établit son quartier général à Kokhanow; son arrière-garde abandonna Orsza (*a*) à deux heures de l'après midi, après avoir brûlé les deux ponts qui s'y trouvaient; l'armée avait été renforcée par la garnison d'Orsza, par celle de Mohilow qui allait la rejoindre, et par un dépôt de cavalerie qui était à Gorki, sur la route d'Orsza à Mstislaw. D'Alorna (*b*) avait évacué Mohilow dans la matinée, et se retirait sur Bobr, où il devait se réunir à l'armée. L'ordre de la marche avait été réglé ainsi qu'il suit : à l'avant-garde Junot et Zayoncschek; venaient ensuite la garde, Ney, Eugène et Davout qui continuait à être chargé de l'arrière-garde; Eugène devait soutenir Davout, s'il était nécessaire.

Napoléon, rempli d'inquiétudes, relativement à la conservation de Borisow, qui n'était encore occupé que par ce qui restait de la garnison de Minsk, fit écrire plusieurs fois aux généraux Oudinot et Dombrowski, pour leur faire sentir combien il était important qu'ils

---

(*a*) On abandonna dans Orsza beaucoup de blessés et de malades; les mêmes pertes se renouvelaient dans toutes les villes qu'abandonnait l'arrière-garde.

(*b*) Le lieutenant général marquis d'Alorna, Portugais, était gouverneur de Mohilow.

arrivassent pour défendre ce poste. Il poussa la prévoyance jusqu'à indiquer ce qu'il conviendrait de faire si l'ennemi s'était emparé de la tête de pont de Borisow. La lettre dans laquelle il traite cette question était ainsi conçue :

Le prince de Neufchâtel et de Wagram au duc de Reggio.

« Au quartier général près de Kokhanow, le 22 novembre,
» à deux heures et demie du matin.

» Je reçois, monsieur le duc, votre lettre du
» 21; sa majesté voit avec plaisir que vous serez
» aujourd'hui à Borisow; l'empereur espère
» que le général gouverneur de Minsk aura
» senti la nécessité de garder la tête de pont
» qui assure le passage. Le général Dombrows-
« ki ayant dû arriver le 20 avec une partie
» de sa division, doit avoir mis ce point im-
» portant à l'abri de toute insulte.

» Si l'ennemi s'était emparé de la tête de
» pont, et qu'il ait brûlé le pont, de manière
» qu'on ne puisse passer, ce serait un grand
» malheur, et le général Dombrowski serait
» bien coupable de la mauvaise direction qu'il
» a donnée à sa division. Il serait nécessaire
» que vous vissiez sur les lieux s'il y a moyen

» de passer la Bérézina quelque part, et dans
» le cas où cela serait difficile, il faudrait se
» disposer à marcher sur Lepel. Mais l'empe-
» reur espère que le gouverneur de Minsk
» n'aura pas rendu la tête de pont à la cava-
» lerie, et que le général Dombrowski aura
» pu arriver, et successivement votre corps.
» Laissez des officiers en arrière, échelonnés,
» afin que la principale nouvelle de Borisow
» puisse nous arriver très-promptement.

» *Signé* ALEXANDRE. »

Le 22, Napoléon se mit en marche pour Toloczin, où il voulait transporter son quartier général. Peu avant que d'atteindre ce bourg, un aide de camp d'Oudinot arrive en courrier, et lui apprend que les Russes venaient de s'emparer non-seulement de la tête de pont de Borisow, mais même de la ville où ils étaient entrés pêle-mêle avec les troupes de la division Dombrowski; à cette nouvelle, Napoléon manifesta quelque émotion, et s'écria : « Il est donc décidé que nous ne ferons que des sottises! » La consternation se répandit aussitôt sur les visages de ceux qui l'entouraient.

Par suite de cet événement, il se voyait contraint d'exécuter le passage de la Bérézina, malgré Tchitchagof, et avec la plus grande précipitation, puisqu'il était poursuivi par Kutusof et Wittgenstein. Cette opération, dont le succès était si incertain dans de telles conjonctures, devenait presque impossible par suite du manque d'équipages de ponts (a); on se voyait donc réduit à faire construire des ponts de chevalets; mais ces ponts, qui ne sont praticables que sur des rivières peu profondes, sont longs à construire, et l'on n'avait presque aucuns des matériaux nécessaires pour ce genre de travail. Dans ces fâcheuses conjonctures, Napoléon se hâta d'arriver à Toloczin, afin de prendre les dispositions qu'exigaient le changement apporté à sa position par la prise de Borisow.

L'on se souvient que Tchitchagof s'était emparé de Minsk le 16 novembre; après s'y être arrêté deux jours, il se remit en marche le 19 pour se porter sur la Bérézina; son armée marchait sur trois colonnes; Lambert et Langeron suivaient la grande route qui conduit à Borisow, Tchaplitz se dirigeait par Logoisk sur Zembin, Tchitchagof, en personne, avec la di-

---

(a) On avait trouvé à Orsza un équipage de ponts, de soixante bateaux, munis de tous ses agrès, et on l'avait brûlé avant que de quitter cette ville.

vision Woinon, marchait sur Antonopolie, d'où il pouvait se porter sur Zembin ou Borisow, selon la nécessité ; un faible détachement, composé particulièrement de Kosaques, fut chargé de suivre Dombrowski.

La tête de pont de Borisow, étant tournée vers la France, n'avait été ni réparée, ni armée, et n'était point à l'abri d'un coup de main ; le pont de Borisow ne pouvait donc être défendu que par des troupes assez nombreuses, pour tenir en échec le corps de Tchitchagof. Le 20 novembre, vers minuit, Dombrowski arriva avec sa division diminuée d'un régiment qui était encore en arrière, et établit ses bivouacs à droite de la tête de pont ; ce général prit le commandement de la totalité des troupes qui étaient sur ce point ; elles s'élevaient à environ cinq mille cinq cents hommes, dont quatre mille hommes de sa division, et quinze cents de la garnison de Minsk et de Borisow; son artillerie s'élevait à vingt bouches à feu ; un bataillon était en position en avant de la tête de pont, un autre bataillon occupait l'intérieur de cet ouvrage.

Le 21, à la pointe du jour, Lambert surprit et renversa le bataillon qui couvrait la tête du pont, et, en le poursuivant, fut sur le point d'y pénétrer. Dans le même tems, Dombrowski était attaqué vivement; ce général, sentant le danger de sa position, parvint, en appuyant à gauche, à se mettre à cheval sur la route de Minsk, de manière à couvrir le pont. Langeron arriva sur ces entrefaites, et déploya contre les troupes de Dombrowski un feu d'artillerie d'autant plus meurtrier, qu'il put placer des batteries sur le prolongement de leur ligne de bataille; il parvint aussi à en placer qui tiraient sur le pont (*a*); le passage en devint alors très-difficile, et Dombrowski se vit exposé à perdre d'un moment à l'autre sa communication avec Borisow. Il devait d'ailleurs s'attendre à voir arriver incessamment le reste de l'armée de Tchitchagof, il ne pouvait donc conserver sa position, que s'il était promptement secouru, mais il avait l'ordre de ne point l'abandonner, et il obéit. Une partie de la journée s'était écoulée ainsi, lorsque Langeron, jugeant que la division Dombrowski devait être ébranlée et avoir essuyé de grandes pertes par le feu de l'artillerie, la fit charger par des troupes fraîches; cette attaque réussit,

---

(*a*) Un rentrant que forme la Bérézina au dessous de Borisow, permit à Langeron de faire établir ces batteries.

les Russes renversèrent les Polonais et entrèrent pêle-mêle avec eux dans la tête de pont et dans Borisow. Tout ce qui avait défendu cette ville fut pris ou tué, à l'exception de quinze cents hommes, avec lesquels Dombrowski se retira par la route d'Orsza, pour se réunir à Oudinot, qui devait arriver ce jour même à Bobr (*a*). Tchitchagof se contenta d'envoyer la division Pahlen (*b*) à la poursuite de Dombrowski, et prit position sur la rive droite de la Bérézina, vis-à-vis de Borisow, avec le reste de son corps.

Ce fut ainsi que Tchitchagof remplit en grande partie les instructions qu'il avait reçues ; il ne pouvait pas, pour opérer sa jonction avec Wittgenstein, abandonner la route de Minsk, par laquelle arrivait Napoléon ;

(*a*) Ce fut dans l'après midi du 21 novembre que Borisow tomba au pouvoir de Tchitchagof. Le régiment de la division Dombrowski, qui était encore en arrière, parvint à repasser la Bérézina près d'Usza, et à rejoindre Dombrowski. C'était en comprenant ce régiment qu'il restait quinze cents hommes à ce général. Des vingt canons qui composaient son artillerie, il en avait perdu cinq.

(*b*) Le général major Pahlen avait remplacé Lambert, qui avait été blessé au combat de Borisow. Il y avait à l'armée de Kutusof un général du même nom qui commandait un corps de cavalerie, et avec lequel il ne faut pas le confondre.

mais Wittgenstein pouvait se réunir à lui, en faisant par sa droite un mouvement auquel Victor était hors d'état de s'opposer. Du reste, les instructions que les généraux Tchitchagof et Wittgenstein avaient reçues à la fin de septembre, ne devaient plus les guider ; trop de changemens étaient survenus depuis qu'elles leur avaient été adressées, et le général en chef se trouvait actuellement assez près d'eux pour leur faire parvenir ses ordres en peu de tems ; la rapidité avec laquelle se succédaient les événemens, obligeait d'ailleurs ces généraux à exécuter sans délai les opérations qu'ils jugeraient nécessaires pour fermer toute retraite à l'armée française ; en attendant les ordres de Kutusof, dans de pareilles circonstances, ils auraient laissé échapper l'occasion.

Tandis que Tchitchagof s'emparait des magasins et occupait la ligne de retraite de l'armée française, Kutusof continuait à poursuivre cette armée, mais avec une extrême lenteur. Après avoir envoyé quelques bataillons d'infanterie (*a*) à Platof, il avait quitté Dobroé le 20 novembre, pour suivre des chemins

---

(*a*) Cette infanterie passa le Dniéper à Rasasna, et ne rejoignit Platof qu'à Orsza.

de traverse sur la gauche de la route par laquelle se retirait Napoléon; il passa à Romanowo, à Lanniki, où il s'arrêta deux jours, atteignit Kopys le 25 novembre, et y traversa le Dniéper.

Nous avions laissé Victor à Krasnogura, et Oudinot à Czéréia; ce dernier général, ayant reçu, dans la journée du 20 novembre, l'ordre de Napoléon de se rendre à marches forcées sur Borisow, commença son mouvement le jour même. Le 21, il arriva à Bobr; le 22, peu avant le jour, lorsqu'il se disposait à se mettre en marche, il y reçut la nouvelle du désastre de la division Dombrowski, envoya aussitôt un aide de camp vers Napoléon pour l'instruire de cet événement, et continua à marcher dans la direction de Minsk. Il se proposait d'attaquer les Russes, de les rejeter sur la rive droite de la Bérézina, et de tenter de reprendre le pont de Borisow.

Victor avait remplacé Oudinot à Czéréia; il quitta cette ville le 22, et arriva le 23 à Kolopéniczi; Wittgenstein s'était contenté de le suivre et de harceler son arrière-garde, composée seulement d'une faible brigade de cavalerie et de quelques bataillons; ainsi il souffrait qu'un corps, de plus de moitié inférieur au sien, le tînt en échec, et couvrît les débris de l'armée française, qui occupaient plus de dix lieues sur la route d'Orsza à Borisow.

Cependant la situation de Napoléon était devenue encore plus critique qu'elle ne l'avait été à Krasnoi. Platof suivait son arrière-garde, plusieurs corps de partisans côtoyaient sa marche; sur la droite, et à peu de distance, était Wittgenstein, qui n'avait en présence que le corps de Victor, et devant lui Tchitchagof, qu'aucunes circonstances ne semblaient pouvoir empêcher d'opérer sa jonction avec Wittgenstein. Il était donc probable que ces deux généraux, qui réunissaient sous leur commandement à peu près cinquante-sept mille hommes de troupes régulières (a), allaient se trouver placés sur la communication de l'armée française. Le nombre des combattans, dont pouvait disposer Napoléon, en y comprenant les neuvième et deuxième corps, ne s'élevaient pas alors à quarante mille hommes, et en supposant qu'il obtînt un succès, il ne pouvait le rendre décisif, n'ayant presque plus de cavalerie. Il est incontestable que la réunion des forces de Witt-

---

(a) Dans cette évaluation, Wittgenstein est compris pour trente mille hommes et Tchitchagof pour vingt-sept mille.

genstein et de Tchitchagof, en supposant même qu'elles n'eussent pas été suffisantes pour achever la destruction de l'armée française, auraient retardé cette armée assez long-tems pour donner à Kutusof le tems d'arriver et de lui porter le dernier coup; ainsi l'avenir se présentait sous les aspects les plus sinistres. Pour que Napoléon pût échapper au sort qui le menaçait, il ne suffisait plus des fautes de Kutusof; il fallait que Wittgenstein et Tchitchagof en commissent également.

Aussitôt que Napoléon fut arrivé à Toloczin (22 novembre), il écrivit à Oudinot qu'il approuvait sa résolution de marcher à l'ennemi pour l'attaquer, le culbuter dans la Bérézina, et tâcher de s'emparer du pont de Borisow, mais que si l'ennemi parvenait à détruire ce pont, il devait s'emparer d'un passage à droite ou à gauche, et y faire construire sur-le-champ des redoutes et deux ponts, afin que l'armée pût déboucher rapidement. « Nous serons alors maîtres, lui
» dit-il, de nous porter sur l'ennemi pour le
» chasser de la tête de pont de Borisow, ou de
» marcher droit à Minsk, soit par Zembin, si
» le pont est sur la droite, soit par Berézino,
» si le pont est sur la gauche; il est important,
» monsieur le maréchal, que vous mettiez de

» l'activité dans cette opération : le général
» Colbert a passé la Bérézina au gué, vis-à-vis
» Zembin ; il dit qu'à ce gué le passage n'a que
» cinq à six toises; la rivière n'a pas davantage,
» vis-à-vis Bérézino (*a*); le général Dom-
» browski pourra vous en informer : or, de
» Bobr à Bérézino, Ighumen, Minsk, il y a
» quatorze verstes de moins que par Bobr,
» Borisow à Minsk (*b*).

» Il faut que vous soyez maître d'un passage,
» demain 23, dans la journée, et qu'au plus
» tard, dans celle du 24, nous sachions à quoi
» nous en tenir ; si l'on devait passer par Bé-
» rézino, il faudrait quitter la route à Bobr.

» L'empereur, dans cette circonstance im-
» portante, compte sur votre zèle et votre atta-
» chement à sa personne. »

Aussitôt que cette lettre fut expédiée, Na-

(*a*) Quoique la Bérézina, comme toutes les rivières de Russie, éprouve une très-grande diminution en été, époque à laquelle Colbert l'avait traversée, elle a cependant toujours beaucoup plus de sept toises de large.

(*b*) Napoléon se trompait ; la route de Bobr à Minsk, par Bérézino, est plus longue d'une grande journée que celle par Borisow. Cette erreur résulta sans doute de la précipitation avec laquelle il écrivit cette lettre. Nous allons voir que dans la nuit même il envoya de nouvelles instructions à Oudinot et qu'il abandonna le projet de passage par Bérézino.

poléon, qui venait de pourvoir au plus pressé, en ordonnant à Oudinot d'attaquer la partie de l'armée de Tchitchagof qui avait passé la Bérézina, médita sur ce qu'il devait faire quand cet ordre serait exécuté, car il semblait convaincu qu'Oudinot ne pouvait manquer de réussir dans cette entreprise (*a*).

Si Napoléon se fût dirigé de Bobr sur Minsk, par Bérézino et Igumen, sa perte devenait certaine, puisque cette route est plus longue d'une journée que celle par Borisow, et que Tchitchagof aurait facilement atteint Minsk avant lui. Si Victor avait suivi ce mouvement, Wittgenstein aurait pu se porter sur Minsk ou Malodeczno; s'il ne l'avait point suivi il ne lui serait resté qu'une retraite incertaine (*b*), et il se serait exposé à être accablé par Wittgenstein. Dans ce second cas, Napoléon ne serait arrivé à Minsk qu'avec des forces

---

(*a*) Napoléon semblait être convaincu qu'Oudinot, avec les seules forces dont il disposait, contraindrait les Russes à repasser sur la rive droite de la Bérézina; rien n'était cependant moins probable, car si Tchitchagof se fût avancé à la rencontre de l'armée française, il aurait contraint Oudinot à rétrograder.

(*b*) Victor aurait été obligé, dans le second cas, de se retirer sur Wilna par des chemins de traverse, et en repassant la Bérézina, ce qui lui aurait présenté de très-grandes difficultés.

très-inférieures à celles de Tchitchagof. Le passage sur la droite de Borisow offrait au contraire quelques chances de salut, parce que l'on pouvait prendre, aussitôt après avoir passé la rivière, la route qui, de Borisow, conduit à Wilna par Zembin et Malodeczno, ou celle par Zembin, Wileika et Smorgoni, et que ces deux routes sont plus courtes que la grande route de Borisow à Wilna, qui passe par Minsk.

La grande carte de Russie (*a*), dont Napoléon se servait, ainsi que tous ses généraux, indiquait un passage à Wésélowo, village situé sur la rive gauche de la Bérézina, cinq lieues au dessus de Borisow ; Napoléon, manquant de reconnaissances de la Bérézina, et n'ayant point un moment à perdre, se décida à désigner Wésélowo pour l'endroit où l'on établirait les ponts. Mais par cela même qu'il ne lui restait de voie de salut que de passer la Bérézina sur la droite de Borisow pour se

---

(*a*) Napoléon s'était procuré, en 1808, par son ambassadeur à Pétersbourg, deux exemplaires de la grande carte de Russie, et l'avait fait traduire et copier avec le plus grand soin au dépôt de la guerre. Cette carte fut distribuée à tous les généraux peu avant le commencement des hostilités contre les Russes.

diriger sur Wilna, par les routes que j'ai indiquées, son entreprise devait échouer, car il n'était pas probable que ses adversaires laissassent libre la seule route qu'il pût raisonnablement prendre. Je n'ai point parlé du passage de vive force par Borisow; outre que Napoléon était trop faible pour le tenter, la disposition des lieux ne le lui aurait pas permis, puisque la rive droite domine en cet endroit la rive gauche, et que la rivière y est très-large.

Huit heures seulement s'étaient écoulées depuis le départ des ordres de Napoléon pour Oudinot, lorsqu'il lui en fit adresser de nouveaux, conçus en ces termes.

Le prince de Neufchâtel et de Wagram au duc de Reggio.

« Toloczin, le 23 novembre, à une heure du matin.

» Monsieur le duc de Reggio, je reçois
» votre lettre du 22, datée de Nacza. Le duc
» de Bellune sera, aujourd'hui 23, à Kolo-
» péniczi; il se portera le 24 sur Baran. Tâ-
» chez d'être maître du gué de Wésélowo le
» plus tôt possible, d'y faire construire des
» ponts, des redoutes, des abattis pour le ga-

» rantir; nous pourrons de là revenir sur la
» tête du pont de Borisow pour en chasser
» l'ennemi, ou de là revenir sur Minsk, ou
» enfin, comme vous le proposez, nous por-
» ter sur Wileika par la route que vous avez
» faite, et que vous avez trouvé très-bonne ;
» le principal est, comme l'empereur vous l'a
» mandé, par le général Dode, d'être maître
» promptement d'un passage sur la Bérézina.
  » *Signé* ALEXANDRE. »

L'ordre d'établir des ponts à Wésélowo, ne pouvait qu'être subordonné aux mouvemens de Tchitchagof; car si ce général, se contentant de faire observer la rivière par des troupes légères, au dessus de Wélésowo et au dessous de Borisow, occupait avec son armée la partie de la rivière qui se trouve entre ces deux endroits (*a*), Oudinot seul ne pouvait y forcer le passage, et Napoléon, auquel la présence de Wittgenstein ne permettait point de perdre un seul instant, se serait vu contraint de tenter le passage de la Bérézina, au dessus de Wésé-

---

(*a*) Borisow et Wésélowo étaient assez rapprochés pour que Tchitchagof pût en quelques heures réunir toute son infanterie entre ces deux endroits, au point qu'Oudinot choisirait pour l'établissement des ponts.

LIVRE IV. 283

lowo, ou au dessous de Borisow, ce qui ne pouvait manquer d'avoir pour lui les suites les plus funestes.

Le 23, au point du jour, Napoléon toujours accompagné de la garde, quitta Toloczin, atteignit Bobr à quatre heures de l'après midi, et y fixa son quartier général. Il fit aussitôt écrire à Victor de se retirer sur Baran, pour occuper la route qui de Lepel conduit à Borisow et à Wéselowo ; malheureusement, Victor avait déjà commencé son mouvement de retraite sur Borisow, par Batury et Chtchavrui, lorsque cet ordre lui parvint ; ainsi, il ne put s'y conformer. (*a*)

Cette journée apporta quelque amélioration à la situation critique de l'armée. Oudinot ayant rencontré à trois quarts de lieue au delà de Losnitza, où il avait passé la nuit (*b*), la division Pahlen, qui marchait à sa rencontre, l'attaqua vivement, et la poussa de position en position, jusqu'à Borisow dont il s'empara (*c*).

(*a*) C'était Victor lui-même qui avait proposé de se retirer par Baran ; mais l'ordre ne lui en étant point parvenu assez tôt, il se conforma, en se retirant dans la direction de Borisow, à ce que prescrivaient ses dernières instructions.

(*b*) Oudinot avait été joint la veille par Dombrowski.

(*c*) Oudinot fit environ huit cents prisonniers à la division

Tchitchagof ne secourut point Pahlen ; mais aussitôt que ce général fut repassé sur la rive droite, il fit couper la partie du pont qui touchait à cette rive.

Le 24, avant que de quitter Bobr, Napoléon ordonna aux généraux Eblé, Chasseloup et Jomini (*a*) de se rendre en toute hâte près d'Oudinot, sous les ordres duquel il les mettait; ils devaient l'aider dans la reconnaissance de la Bérézina ; les deux premiers étaient chargés en outre de s'occuper de l'établissement des ponts. Ce qui restait de pontonniers, de sapeurs et de mineurs, avec ce qu'ils avaient conservé de matériel, reçut l'ordre de se rendre à Borisow à marches forcées. Indépendamment de ces mesures relatives à l'établissement des ponts sur la Bérézina, Napoléon, appréciant le danger de sa position, et voulant, à quelque prix que ce fût, diminuer ses bagages, et conserver ce qui lui restait de bouches à feu et de munitions, au moins jusqu'à ce que le passage fût

---

Pahlen, et s'empara de beaucoup de bagages qui étaient dans Borisow.

(*a*) Le lieutenant général baron Eblé était directeur général des équipages de ponts ; le lieutenant général comte Chasseloup commandait le génie de l'armée; et le général de brigade baron Jomini était attaché à l'état major général.

effectué, fit réitérer à toute l'armée l'ordre de brûler les voitures inutiles, et défendit qu'aucun officier du grade de colonel et au dessous, pût en avoir plus d'une. Il ordonna aux généraux Zayonscheck, Junot et Claparède de faire brûler la moitié des carrosses, fourgons et petites voitures de toute espèce de leurs corps, et d'en donner les chevaux à l'artillerie de la garde. Chacun de ces généraux devait réunir toutes les voitures de son corps pour procéder à cette opération ; un officier d'état major et cinquante gendarmes devaient y assister (*a*). Enfin Napoléon autorisa les officiers d'artillerie à s'emparer de tous les chevaux qui se trouveraient sous leur main, même des siens, plutôt que d'abandonner une seule voiture d'artillerie. Ces dispositions reçurent un commencement d'exécution : Napoléon lui-même diminua ce qui lui restait de bagages ; des généraux de sa garde en firent autant, quelques chevaux furent donnés à l'artillerie.

La garnison de Mohilow, composée de troupes polonaises, et forte d'environ douze

---

(*a*) Le même ordre ne fut point donné relativement aux corps d'Eugène, de Ney et de Davout ; les deux premiers avaient perdu toute leur artillerie et tous leurs bagages ; le dernier n'en avait conservé que très-peu.

cents hommes, ayant rejoint l'armée à Bobr, Napoléon la mit sous les ordres de Ney; il y mit également Zayonscheck, qui avait conservé plus de la moitié de son artillerie, mais dont le corps ne comptait plus qu'environ cinq cents hommes. Avec ces troupes réunies, Ney reçut l'ordre de prendre position à Bobr, afin de pouvoir soutenir Davout et Eugène, qui devaient se retirer lentement jusqu'à ce qu'on eût assuré le passage de la Bérézina. Quoique la cavalerie de l'armée fût réduite à quelques centaines de cavaliers, un assez grand nombre d'officiers étaient encore montés. Ils marchaient isolément; on les réunit, et l'on en forma deux compagnies dont le commandement fut donné aux généraux Grouchy et Sébastiani; des généraux de brigade y occupaient les emplois de lieutenans, des colonels ceux de sous-lieutenans, et ainsi de suite. Napoléon, prompt à se persuader ce qu'il désirait, semblait convaincu qu'Oudinot aurait, dans la journée même, établi les ponts sur la Bérézina, et assuré le passage; cela n'était pourtant point probable, puisque ce général était trop faible pour forcer le passage si Tchitchagof s'opposait à l'établissement des ponts, et que les moyens qu'on venait de mettre à sa disposition, aussi bien que les premières troupes qui pussent le soutenir (celles de la garde), ne devaient atteindre la Bérézina que le lendemain (25 novembre).

Toutes les dispositions que je viens de faire connaître prises et exécutées, autant que le tems et les circonstances le permettaient, Napoléon partit (*a*) avec son étatmajor, et vint établir son quartier général à Losnitza. L'armée savait que Tchitchagof avait coupé le pont de Borisow, et s'opposait au passage de la Bérézina; que Wittgenstein était sur la droite, à peu de distance, et l'on croyait être suivi par Kutusof. Les esprits étaient remplis d'une vive inquiétude; les mesures que l'on venait de prendre contribuaient à l'augmenter. Dans l'après midi le canon se fit entendre sur la droite, mais ce n'était plus le tems où ce bruit présageait des succès; cette canonnade résultait de l'attaque éxécutée au delà de Batury par environ six mille hommes du corps de Wittgenstein, contre l'arrière-garde de Victor, commandée par Delaitre (*b*), et composée ce jour-là d'une brigade d'infanterie et d'un ré-

---

(*a*) Napoléon quitta Bobr à dix heures du matin.

(*b*) Le général baron Delaitre commandait l'une des deux brigades de cavalerie légère du corps de Victor.

giment de cavalerie. Delaitre arrêta l'ennemi assez long-tems pour que l'artillerie et les bagages du neuvième corps pussent sortir d'un bois où ils étaient engagés. Pendant la journée du 24, le dégel cessa, et fut remplacé par la gelée; ce changement fut favorable dans les circonstances où l'on se trouvait; car, quoique le dégel n'eût pas été prononcé, les rivières éprouvaient de l'accroissement, et la route était devenue excessivement bourbeuse, dans les endroits les plus bas.

Oudinot, dans la nuit du 23 au 24, avait fait faire des reconnaissances au dessous et au dessus de Borisow. Il apprit qu'au dessous de cette ville le point le plus rapproché où l'on pût passer la Bérézina, était au village d'Ukoloda, qui était situé sur la rive gauche, à environ trois lieues de Borisow, mais que la route de Borisow à ce village n'était praticable pour l'artillerie que par les fortes gelées. Au dessus de Borisow, le premier point où l'on pût passer la rivière, était situé vis-à-vis de Stakowa, village qui se trouve à une lieue et demie de Borisow; sur la route de cette ville, à (a)........., le second point était à Stu-

---

(a) Une grande route qui ne se trouve point sur les cartes,

dianka, village situé sur la rive gauche, et à quatre lieues de Borisow; le troisième était à Wésélowo. Une circonstance imprévue avait procuré des renseignemens sur le point de Studianka; ce lieu, ayant acquis une grande célébrité, je crois devoir faire connaître cette circonstance avec quelque détail.

Corbineau qui, avec sa brigade de cavalerie légère, avait été mis sous les ordres de de Wrede après la retraite de Polotzk, ayant reçu, le 8 novembre, l'ordre de rejoindre Victor, avait quitté de Wrede à Danilowiczi, et s'était dirigé par Dokszytzi, Plészeniczy et Zembin, sur Borisow, pour y passer la Bérézina. Il arriva le 21 novembre au soir à la hauteur de Studianka, après avoir repoussé un détachement de Kosaques qu'il trouva devant lui, en approchant de la Bérézina, et, ayant appris que toute l'armée de Tchitchagof était

---

et dont il sera parlé plusieurs fois, part de Borisow, et suit sur la rive droite une direction opposée au cours de la Bérézina, dont elle s'éloigne peu; vis-à-vis de Studianka, elle n'en est distante que de sept cents toises. Une lieue plus loin, c'està-dire à cinq lieues de Borisow, on trouve à gauche un chemin de traverse qui mène à Zembin. Je n'ai pu savoir où conduit la grande route dont je viens de parler; je présume que c'est à Bérézino. J'ai préféré ne point la tracer entièrement sur la carte, que de risquer de commettre une erreur.

concentrée dans le voisinage de Borisow, il passa la Bérézina au gué de Studianka, qui lui fut indiqué par un paysan. Corbineau rejoignit Oudinot, le jour suivant, à Losnitza, et lui fit connaître que la route de Borisow à Zembin passait à moins d'une demi-lieue de Studianka; que le 21, au soir, le gué de Studianka avait trois pieds et demi de profondeur, et que la rive droite était bordée par un marais alors impraticable aux voitures, par suite du dégel. Oudinot ne pouvait s'exposer à tenter le passage à Stakowa, à cause de la proximité de Tchitchagof, qui était devant Borisow, avec la plus grande partie de ses forces; il avait appris que la rivière était plus profonde à Wésélowo qu'à Studianka; ce dernier endroit était le seul, sur la droite de Borisow, où les abords de la rivière eussent été reconnus sur les deux rives; la gelée avait remplacé le dégel; ainsi l'on pouvait espérer que le marais allait devenir praticable aux voitures (*a*). Par toutes ces raisons, et considérant qu'il n'avait pas un instant à perdre, Oudinot choisit, pour y effectuer le passage de la Bérézina, le point de Stu-

(*a*) On se proposait d'ailleurs de rendre le marais praticable avec des fascines.

dianka (a), malgré les inconvéniens qu'il présentait. Il ordonna donc au général Aubry, qui commandait son artillerie, de s'y rendre sur-le-champ, et de préparer les matériaux nécessaires à la construction d'un pont, en évitant d'être vu de la rive opposée. Le 24 au soir, Aubry adressa à Oudinot un rapport duquel il résultait que la rivière, devant Studianka, avait environ quarante toises de large; que le gué, qui n'avait que trois pieds et demi de profondeur, le 21 novembre, en avait actuellement cinq; qu'il fallait, en sortant de la rivière, traverser un marais impraticable aux voitures, excepté pendant le tems des fortes gelées; enfin qu'une division ennemie occupait, sur une colline qui dominait le point de passage, une position située à environ trois cent cinquante toises du fleuve; Aubry concluait de toutes ces circonstances que le passage serait impossible ou très-difficile si l'ennemi amenait une nombreuse artillerie. Ce rapport était alarmant; mais le tems pressait, et le point de Studianka semblait le plus favorable; on continua donc à y préparer des matériaux pour l'établissement d'un pont. Pendant

(a) Studianka était occupé par un détachement de cavalerie légère.

ce tems Oudinot redoublait ses démonstrations à Stakowa, à Borisow, et à Ukoloda, mais surtout dans ces deux derniers endroits.

Cependant aucun obstacle ne s'opposant à ce que Wittgenstein se portât de Kolopéniczi sur Studianka, et Tchitchagof pouvant également réunir son corps en quelques heures vis-à-vis de ce village, où il avait déjà une division, il semblait impossible que Napoléon réussît dans son entreprise ; ainsi tout faisait présumer que les destinées de cet homme extraordinaire et de son armée allaient se terminer près des rives de la Bérézina par une épouvantable catastrophe. Cette confiance aveugle dans le succès de tout ce qu'il entreprenait ne put lui fasciner entièrement les yeux sur le sort qui le menaçait; il ne pouvait dissimuler son inquiétude ; la lettre suivante, qu'il fit écrire à l'un de ses généraux, ne laisse aucun doute à cet égard.

Le prince de Neufchâtel et de Wagram au *****.

« Losnitza, le 25 novembre, à cinq heures du matin.

» L'empereur ordonne, général, que vous
» vous mettiez en mouvement de bonne heure

LIVRE IV. 293

» pour vous porter entre Losnitza et Niéma-
» nitza; vous passerez le ravin qui est entre
» ces deux endroits; l'empereur vous ordonne
» de faire brûler toutes les voitures de ceux
» qui n'ont pas le droit d'en avoir. Quant aux
» généraux qui y ont droit, ils doivent se bor-
» ner à une seule voiture. L'empereur a vu que
» le général ****** en a quatre, vous deux ou
» trois. J'ai vu, à la suite de mes équipages, une
» voiture du capitaine ******; aucun soldat ni
» vivandier ne doit avoir de voitures. Faites
» donc brûler; il faut le dire, dans vingt-
» quatre heures nous serons peut-être obligés
» de tout brûler; donnez tous les bons che-
» vaux à l'artillerie.
» *Signé* ALEXANDRE. »

Le 25, à huit heures du matin, Napoléon monta à cheval et se dirigea sur Borisow. Pendant ce trajet, il reçut fréquemment des nouvelles de la Bérézina; il mit pied à terre à cinq reprises différentes, et, s'arrêtant sur le bord de la route, il regardait passer les troupes et cette masse désorganisée qui les accompagnait. Il dut être livré à de bien cruelles réflexions à la vue du déplorable état de son armée dans des conjonctures si fatales! Une heure avant la nuit, il atteignit Borisow; cette ville était en partie brûlée; il la parcourut, ainsi que les bords de la Bérézina dans le voisinage du pont, puis il vint s'établir dans la première maison que l'on trouvait en arrivant d'Orsza. Oudinot, pendant cette journée, avait continué à occuper Borisow, Ukoloda, et Stakowa, en attendant que les préparatifs, pour jeter un pont à Studianka, fussent exécutés.

Eblé et Chasseloup étaient arrivés à Borisow à cinq heures du matin, et après y avoir laissé en matériel et personnel ce qu'il fallait pour donner plus d'activité et une plus grande apparence de réalité aux démonstrations que l'on faisait depuis deux jours, ils étaient partis à midi pour Studianka, et y arrivèrent à cinq heures du soir. Ils devaient y trouver les matériaux nécessaires à la construction d'un pont, mais l'on n'y avait préparé qu'une vingtaine de chevalets qui avaient été construits avec des bois trop faibles, si bien qu'on ne put s'en servir; ainsi, le 25, à cinq heures du soir, aucun des travaux préparatoires pour l'établissement des ponts n'était encore commencé. Le deuxième corps étant destiné à protéger ces travaux et à passer le premier, s'était, à la chute du jour (*a*), dirigé de Borisow sur Studianka ; Oudinot l'avait devancé de sa personne ; Murat avait accompagné Oudinot ; ces deux généraux devaient hâter les travaux et reconnaître les lieux.

Il fut d'abord convenu qu'Eblé, avec les moyens de l'artillerie, construirait deux ponts, et Chasseloup un troisième avec ceux du génie ; mais Chasseloup en ayant reconnu l'impossibilité, réunit ses moyens à ceux d'Eblé, et ces deux généraux travaillèrent ensemble à préparer des matériaux pour la construction de deux ponts.

Pendant que l'on se disposait ainsi à jeter des ponts à Studianka, la position des armées françaises et ennemies était la suivante : (le 25 au soir) Napoléon, de sa personne, occupait Borisow, et sa garde les environs. Le deuxième corps marchait sur Studianka, Ney était entre Losnitza et Niémanitza, Eugène à Nacza, Davout entre Nacza et Kupki ; Victor avait pris position à Ratuliczi pour couvrir Eu-

---

(*a*) A la latitude et dans la saison où l'on se trouvait, le jour commence déjà à décroître à deux heures de l'après-midi.

gène et Davout. Tchitchagof était, de sa personne, devant Borisow, avec la plus grande partie de ses forces; une de ses divisions observait les gués de Studianka et de Wéselowo ; des détachemens étaient placés à Stakowa et devant Ukoloda; Wittgenstein était à Baran avec son armée, diminuée de six mille hommes qui suivaient Victor. Kutusof avait son quartier général à Kopys, où il avait fait établir des ponts sur le Dniéper; son avant-garde, commandée par Miloradowitz, était à la Starozelie.

Napoléon n'étant point instruit du retard survenu à la préparation des matériaux pour la construction des ponts, avait ordonné de les commencer à dix heures du soir, mais cet ordre ne pouvait recevoir d'exécution; l'on ne pouvait même être en mesure de commencer les travaux que le lendemain dans la matinée.

Deux chemins mènent de Borisow à Studianka; l'un est la route de Wéselowo, qui passe tout près de Studianka, l'autre, un chemin de traverse plus rapproché de la Bérézina, et qui la côtoie pendant une lieue et demie. Napoléon quitta Borisow à dix heures du soir, et transporta son quartier général à Staroi-Borisow, petit village situé à droite du chemin de traverse, dans la partie qui borde la Bérézina. La garde, après quelques heures de repos, se dirigea pendant la nuit sur Studianka; Napoléon y arriva le 26, à sept heures du matin (*a*), et se rendit aussitôt chez Oudinot.

Le village de Studianka, situé sur le penchant d'une colline qui borde la Bérézina, était éloigné de cette rivière d'environ soixante toises; le terrain qui séparait le village de la rivière était solide; mais, après avoir passé la Bérézina, l'on trouvait un marais, que dominait la colline, sur le penchant de laquelle était Studianka, et au delà de ce marais, le terrain s'élevait et offrait, à environ trois cent cinquante toises, une position où l'ennemi pouvait placer avantageusement des batteries, s'il voulait s'opposer à l'établissement des ponts; plus loin encore, à environ sept cents toises, passait la route de Borisow. De nombreux feux de bivouacs avaient couvert pendant la nuit cette position favorable à l'établissement de batteries; ainsi l'on devait s'attendre à éprouver une vive résistance. Des bois entour-

---

(*a*) Napoléon avait quitté Staroi-Borisow à cinq heures du matin.

raient de tous côtés le terrain découvert qui se trouvait sur la rive droite, devant Studianka, et sur la gauche de ce village, ils n'étaient éloignés que d'une portée de canon.

A huit heures du matin, on fit passer la rivière à la nage à quelques cavaliers, et au moyen de deux radaux, contenant chacun dix hommes, on jeta successivement environ quatre cents hommes d'infanterie sur la rive ennemie : l'artillerie du deuxième corps couronnait la crête de la colline de Studianka, pour foudroyer tout ce qui se présenterait ; celle de la garde arriva bientôt. L'ennemi n'opposa aucune résistance ; quelques coups de canon et le feu des tirailleurs suffirent pour contenir les Kosaques. Deux pièces seulement débouchèrent du bois sur la gauche du point de passage, et tirèrent deux coups de canon, mais elles se retirèrent aussitôt après, accablées par le feu de l'artillerie française. Napoléon, le 26 novembre au matin, lorsqu'il commença ainsi la construction des ponts sur la Bérézina, ne disposait plus que d'environ vingt-neuf mille sept cents combattans (a), dont quatre mille de cavale-

---

(a) J'ai soin d'indiquer que ce nombre de combattans était celui du 26 novembre au matin. Le soir il y en avait déjà beaucoup moins, par suite des pertes que fit le neuvième

rie ; le nombre des militaires isolés était presque aussi grand.

Tandis que l'on jetait ainsi des troupes sur la rive ennemie, l'on travaillait à la construction de deux ponts ; ils étaient situés vis-à-vis de Studianka, et éloignés l'un de l'autre d'environ cent toises ; celui de droite n'était destiné qu'à l'infanterie et à la cavalerie ; l'autre, plus large et plus solide, l'était en outre à l'artillerie et aux voitures. Les glaces couvraient entièrement la Bérézina en plusieurs endroits, mais vis-à-vis de Studianka, ses bords seuls étaient gelés. Le lit de cette rivière était vaseux et inégal, son cours lent ; elle chariait des glaçons. On reconnut qu'au lieu de quarante toises de large elle en avait cinquante-quatre, et que sa plus grande profondeur était de six pieds ; ainsi les difficultés à vaincre se trouvèrent plus grandes qu'on ne l'avait calculé. Napoléon hâtait les travaux par sa présence ; ils marchaient trop lentement au gré de son impatience ; le dévouement des pontonniers dans cette circonstance vivra aussi long-tems

---

corps aussitôt qu'il eût eu du contact avec la partie désorganisée de l'armée de Moskou, et à cause de celles que fit le deuxième corps pendant la journée du 26, et de celles enfin qui s'opéraient journellement dans le reste de l'armée. Voici

que le souvenir du passage de la Bérézina; quoiqu'affaiblis par les maux qu'ils enduraient de-

quelle était la répartition de ces vingt-huit mille sept cents combattans :

DÉSIGNATION des CORPS D'ARMÉE.	GÉNÉRAUX qui les COMMANDAIENT.	Infanterie.	Cavalerie.	OBSERVATIONS.
Infanterie, vieille garde.	Lefevre	3,500	»	
Infanterie, jeune garde.	Mortier	1,500	»	
Cavalerie de la garde.	Bessières	»	1,400	
1er corps.	Davout	1,200	»	
2e corps, y compris la division Dombrowski et la garnison de Minsk.	Oudinot	5,600	1,400	
3e et 5e corps, y compris la division Claparède et la garnison de Mohilow.	Ney	2,700	300	
4e corps.	Eugène	1,200	»	
8e corps et la cavalerie démontée organisée en infanterie.	Junot	»	»	Ce corps était entièrement dissous.
9e corps.	Victor	10,000	800	
Les 4 corps des réserves de cavale.	Latour-Maubourg	»	100	Parmi ces cent cavaliers, il y avait quatre-vingts cuirassiers saxons.
TOTAUX.		25,700	4,000	

puis si long-tems, quoique privés de liqueurs et d'alimens substanciels, on les vit, bravant le froid qui était redevenu très-rigoureux, se mettre dans l'eau quelquefois jusqu'à la poitrine ; c'était courir à une mort presque certaine, mais l'armée les regardait; ils se sacrifièrent pour son salut.

Le pont de droite fut terminé à une heure de l'après midi, et Napoléon, qui n'avait point quitté les travaux depuis qu'ils étaient commencés, y fit passer sous ses yeux le corps d'Oudinot (*a*), qui défila dans le plus grand ordre et manifesta beaucoup d'ardeur. Aussitôt qu'Oudinot eut atteint la rive droite, il

---

Cette évaluation est approximative. Napoléon ne se fit point fournir de feuilles d'appel à cette époque; la dispersion des corps et la difficulté des communications se seraient opposés à ce que l'on pût les faire établir, et quand cela aurait été possible, à ce qu'on pût les lui fournir en tems utile. Néanmoins les renseignemens que j'ai recueillis me permettent d'affirmer que l'évaluation que je viens de donner s'écarte peu de la vérité.

(*a*) Oudinot réunissait toujours sous son commandement le deuxième corps, la division Dombrowski et la division Doumerc (de cuirassiers). La totalité de ces troupes ne s'élevait qu'à environ sept mille hommes.

Quoique le pont sur lequel passa Oudinot fût peu solide, et à peine assez large pour livrer passage à de l'artillerie, l'on parvint à y faire passer deux pièces avec leurs caissons et plusieurs caissons d'infanterie.

marcha contre les Russes, et les repoussa jusqu'au delà de Brilowa ; ils lui avaient d'abord opposé peu de résistance, mais ayant reçu des renforts, ils se maintinrent à Stakowa. Dans le même tems qu'Oudinot les repoussait ainsi dans la direction de Borisow, il dirigeait un petit détachement sur Zembin ; rien n'était plus important que d'occuper cette route, parce qu'à une lieue et demie de Studianka elle traverse un bois marécageux impraticable ; qu'elle n'a en cet endroit que la largeur nécessaire pour livrer passage à une voiture, et aussi parce qu'avant de quitter ce bois marécageux on passe sur trois ponts longs ensemble de trois cents toises, et séparés par des intervalles de cent toises (*a*). Si l'ennemi eût brûlé ces ponts, il aurait fermé à l'armée française la route de Wilna par Malodeczno, ce qui l'aurait plongé dans l'embarras dont elle venait de sortir. Le détachement envoyé par Oudinot atteignit Zembin (*b*) sans rencontrer d'ennemis ; quel-

(*a*) Cette route de Wésélowo à Zembin n'est praticable pour les voitures que par les fortes gelées ou les grandes chaleurs.

(*b*) Pour se rendre de Studianka à Zembin, il fallait traverser le marais qui borde la Bérézina, rejoindre la grande route de Borisow à ...., la suivre pendant une lieue, et prendre alors le chemin de Wésélowo à Zembin, qui traversait pendant une lieue le marais dont je viens de parler.

ques Kosaques qui occupaient ce bourg se retirèrent à son approche; ainsi Napoléon se trouva maître de la seule route qu'il pût prendre dans la situation où il se trouvait.

Le peu de résistance que Tchitchagof opposa au passage de la Bérézina, qui venait d'être exécuté en plein jour avec lenteur (*a*), et dans cette partie de la rivière où il devait soupçonner que Napoléon chercherait à la passer, tint à une circonstance très-extraordinaire. Le 25 novembre, il avait reçu une dépêche de Kutusof, par laquelle ce général l'instruisait que Napoléon marchait sur Bérézino pour y passer la Bérézina, et se diriger de là par Igumen sur Minsk, qu'ainsi il fallait qu'il se portât sur Bérézino avec la plus grande partie de ses forces (*b*). Tchitchagof, qui aurait dû

(*a*) Je dis que les ponts furent construits avec lenteur, parce qu'on travailla deux jours et deux nuits à en préparer les matériaux, et que l'on employa cinq heures à faire le pont pour l'infanterie, et huit heures à faire celui pour les voitures, tandis que si l'on eût eu un équipage de ponts de bateaux, en moins de deux heures, et sans préparatifs, l'on aurait eu construit un pont.

(*b*) Quand on réfléchit que Kutusof était encore à une journée du Dniéper lorsqu'il envoya à Tchitchagof l'ordre de se porter sur Bérézino; que les renseignemens qu'il transmettait sur la marche de l'armée française devaient lui avoir été fournis par Platof; que cependant ce général, qui suivait

être instruit par Platof de la marche de l'armée française, et qui pouvait d'ailleurs se procurer directement, et avec une grande facilité, les renseignemens les plus précis à ce sujet, l'avait négligé; mais la seule présence des troupes françaises qui remplissaient Borisow et couvraient les environs, et leurs démonstrations au dessus et au dessous de Borisow, lui faisaient craindre que Kutusof n'eût été induit en erreur. Ce général lui écrivait d'ailleurs de la rive gauche du Dniéper; les renseignemens qu'il lui transmettait ne pouvaient lui avoir été donnés que par Platof, et la position de l'armée française avait changé depuis cette époque. Les généraux qui entouraient

et entourait l'armée française, ne pouvait avoir mandé à Kutusof qu'elle se dirigeait sur Bérézino, parce qu'il savait bien le contraire; quand, d'autre part, on considère que Kutusof nourrissait du ressentiment contre Tchitchagof, qui l'avait remplacé en Moldavie, et que l'on se rappelle qu'il avait conclu la paix à Bukarest encore plus dans l'intérêt de son amour propre que dans celui de son pays, l'on est tenté de croire qu'il avait imaginé la marche si invraisemblable de Napoléon sur Bérézino, afin de pouvoir donner à Tchitchagof un ordre qui, en l'éloignant du véritable point de passage, l'empêchât d'acquérir la gloire d'avoir contribué le plus puissamment à l'anéantissement de l'armée française. C'est seulement ainsi que l'on peut expliquer d'une manière satisfaisante pourquoi Kutusof envoyait un ordre si insensé à Tchitchagof.

Tchitchagof pensaient que le renseignement transmis par Kutusof était évidemment faux, qu'ainsi il fallait conserver les positions que l'on occupait à Borisow et sur la gauche de cette ville; néanmoins Tchitchagof exécuta en partie l'ordre qu'il venait de recevoir; il se porta de sa personne, avec la division Woinon, à Szabaszewiczi, et fit pousser des reconnaissances de cavalerie jusqu'à Bérézino. Langeron resta devant Borisow, Tchaplitz reçut l'ordre de se réunir à lui avec la plus grande partie de ses troupes, mais avant que d'exécuter cet ordre, il rendit compte que l'ennemi allait indubitablement tenter le passage à Studianka. Tchitchagof n'ayant pas ajouté foi à ce rapport et ayant renouvelé ses ordres, la plupart des troupes qui étaient devant Studianka se retirèrent sur Borisow dans la nuit du 25 au 26 novembre. Il ne resta devant ce village qu'un régiment d'infanterie, un de hussards, quelques Kosaques et douze bouches à feu, forces bien insuffisantes pour empêcher le passage; toutefois, celui qui les commandait est très-blamable de n'avoir pas fait mettre ses douze bouches à feu en batterie sur la position dont j'ai parlé, et de ne les avoir pas fait tirer sur les travaux des ponts, jusqu'à la mort de son dernier canonnier, ou la destruction de sa dernière pièce. Le bruit de cette cannonade et de celle beaucoup plus forte des batteries qu'on lui aurait opposées, auraient été le meilleur et le plus prompt avertissement qu'il pût donner à Tchitchagof. Le retard qu'il aurait ainsi fait éprouver à l'établissement des ponts aurait probablement permis à Tchitchagof d'arriver assez tôt pour s'opposer au passage de l'armée française.

J'ai dit que le pont (3) de droite avait été terminé à une heure de l'après midi; celui de gauche, destiné aux voitures, ne le fut que trois heures plus tard; l'artillerie du deuxième corps passa aussitôt, et fut suivie par celle de la garde. La gelée avait rendu le marais que l'on traversait en débouchant du pont, assez solide pour qu'il pût supporter l'artillerie (*a*); deux jours plus tôt il aurait été impraticable.

Tandis que les corps qui ouvraient la marche de l'armée française franchissaient la Bérézina, ceux qui les suivaient se hâtaient pour mettre également cette rivière entre eux et les Russes. Victor quitta sa position de Ratuliczi le 26 au

(*a*) Quoique le marais fût gelé, il tremblait sous les voitures et se défonça en quelques endroits, ce qui en rendit le passage très-difficile.

matin, atteignit la grande route à Losnitza, y laissa Partouneaux avec sa division et la division Fournier (de cavalerie), et poussa ce jour même jusqu'à Borisow, qu'il occupa avec ses deux autres divisions. Ce fut pour l'armée de Moskou un spectacle nouveau que celui de soldats ayant conservé leurs uniformes, leurs armes et leurs rangs, et, pour le neuvième corps, un spectacle inattendu que celui du déplorable état auquel se trouvait réduite cette armée (*a*) ; il en fut frappé d'étonnement et de stupeur ; aussi dès le lendemain de sa jonction, avant que les maux qui devaient en résulter ne l'eussent atteint, un grand nombre de soldats,

---

(*a*) On a tant répété que ce fut le froid qui causa les désastres de l'armée, que je crois nécessaire de faire connaître exactement quelle avait été jusqu'alors son influence. Ce ne fut pas le froid seul qui détruisit et désorganisa l'armée de Moskou, puisque les deuxième et neuvième corps avaient conservé un ordre parfait, quoiqu'ils eussent enduré les mêmes froids qu'elle. Le froid sec, mais supportable, qui se fit sentir depuis le départ de Moskou jusqu'à l'apparition de la neige, fut plutôt avantageux que nuisible. Les principales causes des désastres de l'armée furent d'abord la famine ; ensuite les marches et les bivouacs non interrompus ; enfin le froid, lorsqu'il fut devenu rigoureux, ou lorsqu'il fut humide. Quant aux chevaux, ils supportent très-bien le froid, quelque rigoureux qu'il soit, quand ils sont bien nourris ; ainsi ils ne périrent que de faim et de fatigue.

effrayés ou entraînés par l'exemple, avaient déjà quitté leurs drapeaux. Davout atteignit Losnitza le 26 au soir, et cessa de faire l'arrière-garde ; elle fut confiée à Partouneaux. Eugène bivouaqua à Nićmonitza; Ney, étant arrivé à Studianka, reçut l'ordre de passer la rivière dans la nuit, de prendre position derrière Oudinot, et de le soutenir s'il était attaqué le lendemain. On réunit à son commandement la division Claparède; elle devait le rejoindre dans la matinée du 27. Pendant la nuit du 26 au 27, deux ruptures, survenues au pont pour voitures (a), interrompirent le passage ; ces accidens furent surtout nuisibles, parce qu'ils augmentèrent l'encombrement qui commençait déjà à se former entre la rivière et Studianka. Les pontonniers, quoiqu'accablés de fatigue par le travail de la journée, exécutèrent ces réparations avec un grand zèle.

Cependant Wittgenstein, étant arrivé le 26 à Kostritza, se trouvait à peu près à la même distance de Studianka que Victor, et par conséquent plus près de ce village que les troupes

(a) La première rupture arriva le 26 à huit heures du soir, la seconde le 27 à deux heures du matin. Le pont ne fut réparé la première fois qu'au bout de trois heures de travail, la seconde qu'au bout de quatre heures.

françaises, qui étaient encore en arrière de Borisow ; ainsi ces troupes pouvaient se trouver coupées si Wittgenstein se dirigeait rapidement sur Studianka. Partouneaux devait s'arrêter à Borisow, et y tenir jusqu'à nouvel ordre. Victor, s'étant mis en marche le 27 à quatre heures du matin, atteignit de bonne heure Studianka, et prit position autour de ce village ; Eugène et Davout y arrivèrent dans le courant de la journée. Napoléon avait passé la nuit dans une chaumière de Studianka ; il s'occupait personnellement, afin d'accélérer le passage de l'armée, à rétablir l'ordre continuellement troublé près des ponts ; quand il s'éloignait, Berthier, Murat, ou Lauriston le remplaçaient, mesure très-utile lorsque le passage était livré aux militaires isolés, car alors aucune autorité n'était assez puissante pour maintenir l'ordre ; il fallait employer la force. A une heure de l'après midi, Napoléon monta à cheval, passa la Bérézina, et fut établir son quartier général dans le petit hameau de Zaniwki, situé au milieu des bois, à une lieue des ponts, et près de la route de Borisow ; sa garde, qui le suivait, vint y prendre position ; la division Daendels, du corps de Victor, passa ensuite. Tchitchagof resta toute cette journée dans l'inaction ; une partie de son corps observait Borisow, l'autre était en présence de Ney.

On se souvient que Napoléon, aussitôt qu'il eût appris la perte du pont de Borisow, avait, de sa personne, et suivi de sa garde, accéléré sa marche, tandis que les généraux Eugène et Davout avaient au contraire ralenti la leur ; il en résulta que la plus grande partie des militaires isolés et des traîneurs suivirent d'abord ces deux généraux ; mais depuis que Partouneaux faisait l'arrière-garde, ils se trouvaient entre ce général et Borisow. Jusqu'au 27, l'on était parvenu à conserver quelqu'ordre près des ponts ; le passage n'avait été interrompu que par les deux ruptures dont j'ai parlé ; à quatre heures de l'après midi, une troisième rupture eut lieu toujours au même pont, et le passage ne fut rétabli qu'à six heures du soir. Les militaires isolés et les traîneurs commencèrent alors à arriver en foule, amenant avec eux une grande quantité de voitures et de chevaux ; leur marche tumultueuse et confuse occasiona un tel encombrement, que le terrain, entre la rivière et Studianka, se trouva couvert d'hommes, de chevaux et de voitures (*a*) ;

(*a*) L'armée de Moskou avait perdu, avant que d'atteindre

aussi n'était-ce plus qu'avec des peines infinies, et qu'après avoir couru de grands dangers que l'on pouvait pénétrer jusqu'aux ponts. Il devint alors impossible de rétablir l'ordre, et le passage fut souvent interrompu par les embarras qui se formaient aux culées, et par suite des disputes et des rixes qui s'y élevaient entre ceux qui voulaient passer. Ce qu'Eugène, Davout et Latour-Maubourg conservaient encore de combattans traversa la rivière pendant cette nuit et avec beaucoup de peine; ainsi il ne resta sur la rive gauche de la Bérézina, que les divisions Partouneaux et Girard, et deux brigades de cavalerie légère (a).

Nous avons vu que Wittgenstein s'était avancé le 26 jusqu'à Kostritza; le 27 il se dirigea sur Borisow avec tout son corps, se contentant d'envoyer devant Studianka un détachement de Kosaques pour observer les Français sur ce point. Partouneaux, dans le même

---

la Bérézina, presque toute son artillerie et la plus grande partie de ses bagages; mais les deuxième et neuvième corps ayant conservé leur artillerie et leurs bagages, le nombre des voitures de l'armée se trouva fort augmenté par suite de sa jonction avec ces deux corps.

(a) La division Girard était composée de Polonais, et ne comptait plus que dix-sept cents hommes.

tems, se retirait sur Borisow, où il arriva à midi : cette ville était encore remplie d'un très-grand nombre de traîneurs qu'il n'avait pu faire partir; il se disposait néanmoins à continuer sa retraite, lorsqu'il reçut l'ordre de se maintenir dans Borisow, et d'y passer la nuit. Il n'avait point encore achevé de prendre les dispositions nécessaires pour l'exécution de ce nouvel ordre, lorsque le bruit du canon, et la foule des voitures et des traîneurs qui rétrogradaient, lui apprit qu'il était coupé de Studianka. Sa position était on ne peut plus critique, puisque Napoléon n'avait point laissé de troupes entre Studianka et Borisow pour protéger sa retraite; et, selon toutes les apparences, on le sacrifiait pour le salut du reste de l'armée. Sa division, qui s'élevait encore à près de cinq mille hommes, avant que le neuvième corps n'eût opéré sa jonction avec l'armée de Moskou, était réduite à trois mille cinq cents hommes, et la brigade Delaitre, qui avait été mise sous ses ordres, ne comptait que quatre cents chevaux. Platof le suivait; Tchitchagof pouvait occuper Borisow aussitôt que le pont ne serait plus gardé, puisque la précipitation, avec laquelle Partouneaux était obligé de se retirer, ne lui permettait pas de le faire détruire (*a*); enfin c'était Wittgenstein avec toute son armée qui marchait sur Borisow. Dans cet état de choses, Partouneaux se hâta de quitter cette ville et de marcher à la rencontre de l'ennemi, pour tâcher de se frayer un passage (*b*); deux de ses brigades, ployées en masse, suivaient la route de Wésélowo (*c*); la troisième marchait à droite dans les terres. L'un des régimens de cavalerie devait seconder l'attaque de la tête de colonne, l'autre faisait l'arrière-garde et maintenait les Kosaques. Une foule désordonnée de traîneurs, de chevaux et de voitures, s'interposait entre les colonnes, et se pressait autour des combattans. Ces difficultés, l'arrivée d'un parlementaire, la grande supériorité de l'ennemi, rien n'arrêta la marche du soldat, qui attaqua avec une grande résolution, et à plusieurs reprises; mais ses efforts

---

(*a*) On se souvient que ce pont avait seulement été coupé du côté des Russes, et l'on se gardait bien de le détruire du côté de Borisow, puisque le but que se proposait Napoléon, en ordonnant à Partouneaux de passer la nuit dans cette ville, était de continuer les démonstrations sur ce point, afin que Tchitchagof y laissât comme précédemment une partie de ses forces.

(*b*) Il était alors quatre heures de l'après midi.

(*c*) Cette route conduisait aussi à Studianka, ainsi qu'on le voit sur la carte.

vinrent se briser contre une trop grande supériorité de forces : Partouneaux fut enveloppé et fait prisonnier à la tête d'une de ses brigades; les deux autres brigades et la cavalerie purent se retirer jusque près de Borisow, où elles passèrent le reste de la nuit, entourées de tous côtés par l'ennemi. Le 28 au matin, elles mirent bas les armes; la moitié des troupes de la division Partouneaux avaient été mises hors de combat; les généraux Blamont et Delaitre étaient au nombre des blessés (*a*). Indépendamment de la division Partouneaux, cinq ou six mille traîneurs et beaucoup de bagages tombèrent au pouvoir de Wittgenstein.

(*a*) Un bataillon qui était d'extrême arrière-garde, et fort seulement de cent vingt hommes, fut assez heureux pour atteindre Studianka, parce qu'il suivit le chemin de traverse qui est à gauche de celui de Wésélowo : il dut son salut à l'attaque de Partouneaux sur la route de Wésélowo; elle fut cause que Wittgenstein n'étendit pas d'abord sa droite jusqu'à la Bérézina. Le chemin de traverse commence à un quart de lieue de Borisow à border la Bérézina, et continue ainsi pendant une lieue et demie, resserré entre la rivière et des collines. Si Partouneaux eût pris ce chemin, il eût succombé beaucoup plus tôt; mais s'il eût su qu'il était coupé par la totalité de l'armée de Wittgenstein, et qu'il eût sacrifié une brigade et un régiment de cavalerie pour faire attaquer sur la route de Wésélowo pendant qu'il se serait dirigé en toute hâte sur Studianka par le chemin de traverse, il aurait peut-être pu échapper à Wittgenstein.

Pendant la nuit du 27 au 28, on continua à faire passer de l'artillerie, des bagages et des militaires isolés, mais en petite quantité, à cause du désordre. Napoléon voulant encore conserver ses ponts pendant la journée du 28, et Victor ne pouvant les défendre contre Wittgenstein avec la seule division Girard, on fit, au point du jour, repasser la division Daendels sur la rive gauche. Les forces de Victor s'élevèrent alors à environ quatre mille hommes d'infanterie, et trois cents de cavalerie. Des batteries de la garde furent placées sur le marais pour flanquer les troupes qui défendaient Studianka. Pendant que Napoléon prenait ces dispositions, Tchitchagof, ayant réuni toutes ses forces, l'attaquait sur la rive droite (a). Oudinot et Ney, qui lui étaient opposés, ne disposaient que de huit mille cinq cents hommes, dont quinze cents de cavalerie; ils appuyaient leur droite à un bois épais, qui borde la route de Borisow, leur gauche à la Bérézina. Oudinot occupait la droite et le centre, Ney la gauche; Napoléon était en réserve avec sa garde. Cette position avait moins d'une

(a) Tchitchagof attaqua au point du jour, c'est-à-dire à huit heures du matin; ses forces s'élevaient à dix-sept mille hommes d'infanterie et à neuf mille de cavalerie.

demi-lieue d'étendue. Le terrain était couvert de bois très-clairs, au milieu desquels on trouvait çà et là quelques parties cultivées ; cette disposition des lieux ne permettait d'utiliser qu'une petite quantité de cavalerie. Le soldat russe avait reçu abondamment des vivres et des liqueurs ; le soldat français au contraire, resserré sur ces bords couverts de bois et de marais, éprouvait les plus cruelles privations. Un vent du nord qui chassait une neige épaisse, et l'augmentation du froid, ajoutaient à la rigueur de son sort, et venaient glacer dans ses mains affaiblies ses armes devenues trop pesantes.

Le combat, dès le début, prit une grande activité, et Oudinot ayant été blessé, Ney se trouva seul chargé du commandement. L'on combattait déjà depuis deux heures sur cette rive lorsque Wittgenstein attaqua Victor. Aux premiers coups de canon, toutes les personnes bivouaquées sur la rive gauche se rapprochèrent des ponts, autant pour passer aussitôt qu'elles le pourraient, que pour se mettre à l'abri des boulets. Il en résulta une réunion d'hommes, de chevaux, de voitures qui occupaient un terrain d'environ cinq cents toises le long de la rivière, sur plus de cent toises de profondeur.

Victor, luttant contre des forces quintuples des siennes, n'ayant d'autre artillerie que celle de sa réserve (*a*), ne pouvant être soutenu, occupant un développement beaucoup trop grand en raison de ses forces, n'ayant point de retraite, puisque le passage des ponts était obstrué, se trouvait dans une situation tout-à-fait critique. Non-seulement il se soutint avec une valeur admirable, faisant charger tantôt son infanterie, tantôt ces trois cents hommes de cavalerie que commandait Fournier, mais l'ennemi s'étant emparé d'un bois situé sur la droite de Studianka, à une portée de canon de ce village, il l'en chassa, et s'y maintint jusqu'au soir.

Pendant le tems que Wittgenstein fut maître de ce bois, il dirigea le feu de plusieurs batteries sur cette foule qui entourait les ponts, et porta au milieu d'elle la désolation et la mort. Une terreur soudaine s'emparant alors de tous les cœurs, on se précipite vers les ponts; les voitures s'accrochent et se renversent; beaucoup d'hommes sont étouffés ou écrasés; d'autres, poussés dans la Bérézina, y

(*a*) On avait fait passer l'artillerie des divisions Girard et Daendels, et il était impossible de la faire repasser.

trouvent la mort ; quelques uns se sauvent à la nage, ou atteignent les ponts sur lesquels ils s'efforcent de monter en se cramponnant aux chevalets ; une grande partie de ceux qui étaient restés avec leur voitures dans l'espoir de les sauver, les abandonnent. La confusion fut alors à son comble : beaucoup de chevaux, poussés dans la rivière, se noyèrent, ou restèrent engagés dans les glaces ; d'autres, errant sans guides, se réunirent, et se serrant les uns contre les autres, formèrent en plusieurs endroits des masses impénétrables.

Sur la rive droite de la Bérézina, le combat était aussi animé et non moins glorieux ; à la vérité il n'y régnait pas la même disproportion entre les forces de Ney et celles de Tchitchagof, mais les troupes de Moldavie, composées de soldats vieillis sous les armes, étaient plus aguéries que celles de Wittgenstein. Toutes les attaques de Tchitchagof furent repoussées sans qu'il fût nécessaire de faire donner la garde. La batterie de réserve du deuxième corps, placée sur la route de Borisow, fit beaucoup de mal aux Russes, et Doumerc, à la tête de sa division de cuirassiers, qui comptait encore cinq cents chevaux, trouva occasion de charger, et fit quinze cents prisonniers.

La nuit sépara les combattans sur les deux rives; ils bivouaquèrent en présence, mais quelle différence dans les deux camps! chez les Russes, des feux nombreux dont la clarté se répandait au loin, l'abondance des vivres, une joie bruyante, causée par les succès de la veille et par la certitude de s'emparer le lendemain d'un immense butin; chez les Français, des feux rares et languissans, et tous les maux que j'ai si souvent dépeints. Aucune nuit ne fut plus fut cruelle depuis le départ de Moskou, et ce fut aussi la plus fatale.

La journée de la Bérézina fut très-sanglante (a), mais les pertes des Français qui étaient obligés, en se retirant, d'abandonner leurs blessés et une partie de leurs bagages, furent plus sensibles. Là se terminèrent les destinées de cette grande armée qui avait fait trembler l'Europe; elle cessa d'exister sous le rapport militaire (b); il ne lui resta d'autre voie de salut que la fuite.

(a) Plus de la moitié des généraux qui avaient combattu avaient été blessés. Les principaux étaient le maréchal Oudinot et les généraux de division Zayonscheck et Legrand.

(b) Les corps qui combattirent à la Bérézina avaient encore

EXPÉDITION DE RUSSIE.

Pendant le combat, Eugène, Davout et Latour-Maubourg s'étaient rendus à Zembin, ainsi qu'un grand nombre de militaires isolés.

Cependant, le passage étant devenu en quelque sorte impraticable, Eblé fit exécuter par les pontonniers, et avec l'aide d'un détachement de l'artillerie de la garde, une espèce de tranchée au travers de l'encombrement. On faisait passer sur la rive droite les chevaux abandonnés, et l'on conduisait sur les ponts, pour les renverser dans la rivière, les voitures abandonnées qui se trouvaient sur le terrain où passait la tranchée; les cadavres des chevaux étaient trop nombreux pour qu'on pût les enlever. A neuf heures du soir, Victor,

pour plusieurs jours de vivres lorsqu'ils rejoignirent l'armée de Moskou ; ainsi ils avaient jusqu'alors éprouvé peu de privations, et par suite ils avaient moins souffert du froid ; néanmoins ils firent des pertes si fortes pendant la journée du 28, que le 29 ils ne comptaient pas la moitié du nombre des troupes qu'ils avaient encore en atteignant la Bérézina. L'infanterie de la garde, quoiqu'elle n'eût pas combattu, avait fait des pertes presqu'aussi fortes ; celle de la vieille garde, qui comptait encore trois mille cinq cents hommes, le 26, en arrivant à Studianka, n'en comptait plus que deux mille, le 29 ; et l'infanterie de la jeune garde, qui comptait quinze cents hommes à la première époque, était réduite à huit cents à la seconde. La plupart de ces deux mille huit cents hommes étaient malades, où portaient dans leur sein des germes de maladie.

ayant laissé une arrière-garde en présence de l'ennemi, passa le pont, suivi de son artillerie (*a*); cette opération fut terminée à une heure du matin, et les ponts se trouvèrent alors libres, sans que personne en profitât pour passer.

Il restait encore sur la rive gauche un grand nombre de militaires isolés, d'employés, de domestiques, de vivandiers, et quelques-unes de ces familles fugitives qui nous suivaient depuis Moskou. La plupart auraient pu passer les ponts pendant la nuit, en abandonnant chevaux et voitures, mais un grand nombre d'entre eux étaient blessés ou malades, et l'excès de leurs maux les avait plongés dans l'apathie. Victor et Eblé firent de vains efforts pour les tirer des bivouacs qu'ils avaient formés aussitôt que le feu de l'ennemi eut cessé. A cinq heures du matin, on fit, pour les décider à partir, mettre le feu à plusieurs voitures; cette mesure produisit quelque effet. A six heures et demie, Victor retira ses avant-postes et fit passer son arrière-garde; cette multitude, qui était restée sur la rive gauche, se précipita alors

---

(*a*) L'artillerie éprouva beaucoup de difficultés à franchir les cadavres des chevaux.

sur les ponts, convaincue enfin qu'on allait les détruire, et y produisit un nouvel et dernier encombrement. Eblé, qui avait reçu l'ordre de brûler les ponts à huit heures du matin, ne voyant pas paraître l'ennemi, ne commença cette opération qu'à huit heures et demie. La rive gauche de la Bérézina offrit alors le spectacle le plus douloureux; hommes, femmes, enfans, y poussaient des cris de désespoir; plusieurs tentèrent de passer, en se précipitant à travers les flammes, d'autres se hasardèrent sur la glace qui s'était fixée entre les deux ponts, mais trop faible encore, elle céda sous leurs pieds et les engloutit; d'autres enfin essayèrent de passer à la nage au dessous des ponts. A neuf heures seulement parurent les Kosaques, qui firent prisonniers environ cinq mille personnes de tout sexe et de tout âge, restées sur la rive gauche; ils n'y trouvèrent que trois canons et quelques caissons, mais le butin était immense et très-précieux. Eblé se retira à neuf heures et demie du matin, après avoir achevé la destruction des ponts; ce fut alors seulement que parurent les premières troupes de Wittgenstein.

Napoléon, accompagné de sa garde, avait quitté son quartier général de Zaniwki à six heures du matin ; il était en voiture. Victor le suivait, Ney était chargé de l'arrière-garde ; ce général fut obligé de s'arrêter plusieurs heures à l'endroit où l'on quitte la grande route pour prendre le chemin de traverse qui conduit à Zembin, parce qu'un encombrement s'était formé en cet endroit par suite du retard qu'occasionait le passage sur la chaussée étroite et sur les ponts dont j'ai parlé précédemment. Ney repassa ensuite ces ponts et les fit brûler ; l'armée, le 29 au soir, fut placée ainsi qu'il suit : Ney occupait une position un peu au delà de Zembin, Victor était à Zembin, Eugène et Davout à Pleszeniczi, Napoléon, avec sa garde, à Kamen, où il reçut des dépêches de Maret par un espion juif que lui adressait ce ministre. Depuis son départ de Smolensk, il n'avait point reçu d'estafettes (a), mais seulement de semblables nouvelles, par un seigneur polonais qui avait fait par dévouement ce que le Juif venait de faire pour de l'argent. De Wrede (a), qui était alors à Dokszytzi, reçut l'ordre de se retirer sur Wileika, pour cou-

(a) Napoléon devait recevoir chaque jour une estafette ; elles partaient de Paris, passaient par Mayence, Berlin, Kœnigsberg, Wilna, et apportaient les dépêches des autorités françaises qui se trouvaient dans ces différentes villes.

vrir l'armée sur la droite. Tchitchagof s'était contenté de suivre et d'observer l'arrière-garde ; Wittgenstein faisait établir des ponts à Studianka, pour prendre la même direction ; Kutusof, après avoir passé le Dniéper à Kopys le 25 novembre, se rendit, par Staroselie, Krugloe et Mikiewiczi, à Usza, qu'il atteignit le 1er décembre, après y avoir traversé la Bérézina ; puis il se dirigea par Rawaniczi et Smolewiczi sur Radoszkowitzi, pour y prendre la grande route de Minsk à Wilna. Le corps de Hertel, qui n'avait point encore rejoint Tchitchagof, reçut l'ordre de marcher par Minsk et Nowoi-Swerjin sur Slonim.

Pendant la période si funeste de la retraite qui venait de s'écouler depuis le départ de Krasnoi, Napoléon commit trois fautes très-graves : la première, de n'avoir point donné assez tôt à Victor l'ordre de se retirer avec la plus grande partie de ses forces par Baran sur Studianka, pour couvrir le point de passage, ce qui aurait dû entraîner sa perte ; la seconde, de ne s'être pas transporté de sa personne à Borisow, aussitôt qu'il eut appris que le pont

(a) De Wrede, indépendamment de ce qui lui restait de Bavarois, avait un régiment de marche français qui lui avait été envoyé de Wilna.

de cette ville était brûlé ; aucune circonstance ne pouvait exiger plus impérieusement sa présence ; aussi quelle que fut sa confiance dans Oudinot, il est très-blâmable de lui avoir abandonné le choix du point de passage et la direction des opérations qu'il fallait faire pour tromper l'ennemi. En se dispensant, dans des circonstances aussi critiques, de diriger en personne l'opération de laquelle dépendait son salut, il semblait en quelque sorte convenir tacitement que sa position était désespérée (*a*). Enfin, au lieu de faire repasser le 28 au matin la division Daendels sur la rive gauche, pour conserver encore ses ponts pendant cette journée, il aurait dû, au contraire, faire passer Victor avant le jour, et exécuter aussitôt sa retraite ; les corps de Ney, d'Oudinot et de Victor avaient encore alors assez de forces pour la soutenir, tandis que par suite des pertes qu'ils firent pendant la journée du 28 et de

---

(*a*) La conduite apathique de Napoléon, dans cette circonstance, devient encore plus extraordinaire lorsqu'on se rappelle la grande activité qu'il déploya au commencement de la guerre, lors du passage du Niémen. On se souvient qu'il reconnut lui-même ce fleuve pour déterminer les points de passage. Il aurait pu cependant, sans inconvénient, abandonner cette besogne à l'un de ses généraux.

la désorganisation qui en fut en grande partie la suite, ils se trouvèrent bientôt réduits à un tel état de faiblesse, qu'ils ne pouvaient plus retarder la poursuite de l'ennemi. Les fautes des adversaires de Napoléon, bien plus nombreuses que les siennes, le sauvèrent.

Kutusof accorda du repos à son armée et la fit marcher avec une extrême lenteur, alors qu'il aurait dû la faire marcher avec la plus grande rapidité; si ce général eût poursuivi sans relâche l'armée de Moskou, au lieu de lui laisser gagner plusieurs marches, il l'aurait forcée à précipiter sa retraite, et la cernant à Borisow avec son armée et celles de Wittgenstein et de Tchitchagof, il ne lui aurait laissé d'alternative, que de périr en combattant, ou de mettre bas les armes.

Quoique Kutusof eût abandonné la poursuite de cette armée, les généraux Wittgenstein et Tchitchagof disposaient d'assez de forces pour achever sa destruction. Wittgenstein, aussitôt qu'il eut appris le départ d'Oudinot, aurait dû attaquer avec toutes ses forces Victor, qui, étant trop faible pour accepter le combat, se serait vu contraint d'accélérer sa retraite; s'il l'eût effectuée par Baran sur Borisow, Wittgenstein le suivait et faisait jeter un pont à

Wésélowo ou à Studianka, pour opérer sa jonction avec Tchitchagof. Si au contraire il se retirait, ainsi qu'il le fit, par Batury, Wittgenstein, se contentant de le faire suivre par un détachement composé en grande partie de cavalerie, se dirigeait à marches forcées, avec le reste de son corps, sur Borisow, et opérait comme précédemment sa jonction avec Tchitchagof par Studianka ou Wésélowo. Dans ces deux cas, la perte de l'armée française était certaine. Quoique Wittgenstein se fût contenté de suivre Victor sans presque troubler sa retraite, il aurait pu, puisqu'il atteignit Kolopénizi le 24, et que la route de Borisow par Baran était libre, arriver le 26 au matin devant Studianka, et y attaquer Napoléon, qui n'y avait encore que le corps d'Oudinot et sa garde; en supposant que Wittgenstein ne fût pas parvenu à empêcher l'établissement des ponts, le bruit de la cannonade aurait attiré Tchitchagof, dont la présence aurait rendu le passage impossible. Enfin, le 27, au lieu d'aller attaquer Partouneaux qui ne pouvait lui échapper, il aurait dû attaquer Victor, qui alors n'avait conservé que la seule division Girard, et n'aurait pu, par cette raison, défendre Studianka. La journée du 28 fait aussi peu d'honneur à Wittgenstein que les précédentes, puisqu'il ne put s'emparer du village de Studianka, que Victor défendait avec des forces six fois moindres que les siennes.

Les fautes de Tchitchagof contribuèrent autant que celles de Wittgenstein à sauver Napoléon ; après s'être emparé de Borisow, il aurait dû passer la Bérézina avec toute son armée, et rejeter Oudinot sur l'armée de Moskou, afin de forcer Napoléon à se concentrer. Wittgenstein faisant alors un mouvement par sa droite, aurait très-facilement effectué sa jonction avec Tchitchagof. La division Pahlen, qui avait seule passé la Bérézina, ayant été repoussée, et Tchitchagof, au lieu de la soutenir, l'ayant fait repasser sur la rive droite, il aurait dû laisser sur la rive gauche la moitié de ses Kosaques ; il aurait pu alors être instruit plusieurs fois par jour de la marche de Napoléon, mais il négligea cette précaution, et resta à ce sujet dans une ignorance pour ainsi dire volontaire ; rien n'était cependant plus facile que d'être instruit de la marche d'une armée qui ne quitta pas la grande route d'Orsza à Borisow, et Tchitchagof n'aurait pas alors été trompé par un renseignement qui lui arrivait de par delà le Dniéper, et que son invraisemblance seule aurait dû lui faire repousser. Il renchérit encore sur les fautes qu'il venait de commettre, en ne tenant point compte des rapports qui lui furent faits relativement à l'établissement des ponts à Studianka (a). L'on conçoit que les premiers rapports, s'ils lui annonçaient seulement les préparatifs que faisaient les Français, aient pu le laisser dans le doute; mais comment put-il douter encore, lorsqu'on lui rendit compte que le village de Studianka et les environs étaient couverts de troupes et de bagages, qu'une nombreuse artillerie couronnait la colline qui domine la Bérézina, que la construction des ponts se poussait avec la plus grande activité, et que plusieurs généraux surveillaient les tra-

---

(a) Lorsque deux généraux sont en présence, séparés seulement par une rivière, et que l'un d'eux se décide à la passer pour prendre l'offensive, il y réussira indubitablement s'il prend bien ses dispositions; mais un tel passage n'offre aucune ressemblance avec celui qu'était obligé d'effectuer Napoléon. En effet, il était suivi par Kutusof, menacé sur sa droite par Wittgenstein, ce qui l'empêchait de s'y étendre, et il ne pouvait cependant passer que sur la droite de Borisow par les raisons que j'ai données précédemment. Enfin l'établissement des ponts présentait de grandes difficultés, parcequ'on n'avait point conservé d'équipage de pont de bateaux.

vaux (a). Tchitchagof aurait dû au moins arrêter le mouvement des troupes qui descendaient la Bérézina, et se transporter de sa personne, et en toute hâte, sur les lieux, pour y juger les faits par ses yeux ; il se serait alors convaincu que le passage s'effectuait à Studianka, et aurait probablement encore eu le tems de prendre les mesures nécessaires pour s'y opposer. On serait tenté de croire que l'erreur de ce général se prolongea pendant toute la journée du 26, car on n'opposa à Oudinot pendant cette journée que peu de monde. Son inaction pendant la nuit du 26 au 27, et pendant la journée du 27, furent de nouvelles fautes. Enfin, pour couronner cette suite de fautes, Tchitchagof ne fit pas même occuper les ponts qui se trouvent entre Studianka et Zembin par un détachement chargé de les brûler, si l'armée française suivait dans sa retraite la route sur laquelle ils se trouvent. Toutefois, il est juste d'ajouter que les généraux Wittgenstein et Tchitchagof, ne pouvant croire

(a) Peut-être même rendit-on compte à Tchitchagof que Napoléon, en personne, assistait aux travaux ; il était facile de le distinguer si l'on connaissait le costume qu'il avait adopté.

à la véracité et à l'exactitude des rapports d'un général qui s'était proclamé vainqueur à Borodino (*a*), étaient persuadés que Napoléon disposait encore de plus de quatre-vingt mille combattans. L'erreur de ces généraux, en quelque sorte excusable, atténue beaucoup mes critiques, relativement à leurs opérations militaires. Enfin, je dois ajouter que la désobéissance d'Hertel aux ordres de Tchitchagof fut aussi une des causes du salut de Napoléon, car si Tchitchagof eût eu ce corps à sa disposition, il l'aurait peut-être laissé devant Studianka.

Tandis que Napoléon éprouvait ainsi de cruels revers sur la partie du théâtre de la guerre où il commandait immédiatement et n'échappait pour ainsi dire que miraculeusement à une destruction qui semblait inévitable, ses armes partout ailleurs conservaient leur supériorité, et par cette raison, l'importance des corps détachés augmentait. Il est digne de remarque qu'ils étaient presque tous composés de troupes étrangères ; en effet,

---

(*a*) Pour que Wittgenstein et Tchitchagof ajoutassent foi aux rapports de Kutusof, il aurait fallu qu'ils fussent persuadés que l'armée de Moskou avait éprouvé de tels désastres qu'il n'avait pas été possible à Kutusof de les exagérer. C'est ce qui était arrivé, mais cela ne leur semblait pas probable.

Macdonald avait sous ses ordres des Prussiens, des Polonais et des Allemands; de Wrede, des Bavarois; la division Loison était composée d'Allemands; le corps de Schwartzenberg d'Autrichiens; Reynier seul avait avec les Saxons une division composée aux trois quarts de troupes françaises.

Nous avions laissé Macdonald en présence d'environ huit mille hommes de la garnison de Riga, qui occupaient, sur la rive gauche de la Dwina, le pays compris depuis Schlock jusqu'à Fridrichstadt. La plus grande partie de ces forces était stationnée à Neigut; la ligne des avant-postes, sur la droite de ce village, suivait la Mis et l'Aa; sur la gauche, les Russes occupaient Walhof, en avant de Fridrichstadt. Les troupes qui se trouvaient à gauche de la route de Riga à Bausk étaient dans une position très-hasardée, puisqu'on pouvait en un jour arriver d'Ekau à Dahlenkirchen, et leur couper la retraite. Macdonald se décida à entreprendre cette opération; elle ne pouvait avoir que des résultats avantageux, car, en supposant même qu'il ne réussît pas selon ses désirs, sa supériorité lui donnait la certitude de repousser les Russes sur Riga, et il se débarrassait ainsi, au moins pour quelque tems, de la petite guerre qu'ils lui faisaient depuis les premiers jours de novembre. Après s'être transporté de sa personne à Ekau, pour être plus à portée de diriger les opérations, il retira à Hunerbein le commandement qu'il lui avait confié, après le combat de Meschten, pour le donner à Bachelu (*a*). Hunerbein ne conserva que le commandement de la brigade polonaise; le brigadier de Horn eut celui de la brigade prussienne; ces deux brigades et les six escadrons de cavalerie prussienne s'élevaient à environ huit mille hommes, et furent réunis en avant d'Ekau le 14 novembre au soir. Le 15, avant le jour, Bachelu marcha sur Baldon, s'en empara, et, y ayant laissé Hunerbein, il poussa les Russes jusqu'à Dahlenkirchen, où il prit position. Dans le même tems, de fausses attaques furent dirigées principalement sur Olai et Neigut, tandis que Massenbach (*b*), avec la réserve qui était à Anenburg, marchait, par Ekau

---

(*a*) Le général de brigade, baron Bachelu, était à Illuks avec sa brigade lorsque Macdonald le rappela pour lui confier ce commandement.

(*b*) Le lieutenant général Massenbach commandait la cavalerie du corps prussien. Cette cavalerie étant disséminée, Macdonald avait donné à Massenbach le commmandement de la réserve qui était à Stalgen et Anenburg.

et Walhof, sur Fridrichstadt. Tout ce qui était sur la droite de la route d'Ekau à Riga se trouva coupé; Lewis commandait cette partie de la ligne russe; il avait peu de cavalerie, quelques pièces seulement, et environ cinq mille hommes de nouvelle infanterie. Il se retira d'abord sur Riga; mais, ayant rencontré, une lieue avant que d'arriver à Tomsdorf, l'avant-garde d'Hunerbein, qui lui prit un bataillon, et, ayant appris que Bachelu occupait Dahlenkirchen, il rétrograda sur Fridrichstadt. Bientôt il fut prévenu que Massenbach se portait sur cette ville et s'arrêta. La Dwina était gelée, mais la glace ne portait point encore; il aurait donc probablement été contraint de mettre bas les armes si le froid, qui devint tout à coup très-rigoureux, n'eut rendu la glace assez forte pour lui permettre de repasser sur l'autre rive, même avec son artillerie (*a*). Ce passage s'exécuta dans la nuit du 17 au 18, un peu au dessus de Linden. Une partie des troupes qui occupaient Fridrichstadt repassèrent également sur la glace; mais Massenbach, étant arrivé inopinément devant cette ville

---

(*a*) Lewis, pour faire repasser son artillerie, fit sur la glace un lit de paille et de planches.

le 17, à neuf heures du soir, s'en empara, et y prit un bataillon et un escadron.

Lewis dut son salut à ce qu'Hunerbein, au lieu de le poursuivre, ainsi qu'il en avait reçu l'ordre, se retira au contraire sur Baldon.

Palucci, ayant été exposé, par suite de ses mauvaises dispositions, à perdre une partie de la garnison de Riga, devint plus circonspect ; Macdonald reprit ses anciennes positions. Ce général avait reçu le 16 novembre, et par l'intermédiaire de Maret, des nouvelles de l'armée de Moskou qui l'instruisaient du retour de Napoléon à Smolensk, sans toutefois lui faire connaître l'état déplorable de l'armée, ni combien sa position devenait critique. Le mois de novembre s'écoula sans qu'il reçût d'autres nouvelles ; mais, étant instruit de la prise de Minsk et de Borisow par l'armée de Moldavie, de la position de Wittgenstein à une si petite distance de la ligne de retraite de Napoléon, et de ce que publiaient les bulletins russes, relativement aux désastres de l'armée de Moskou, il éprouvait de vives inquiétudes. Le 4 décembre il reçut, par Maret, des nouvelles du combat de la Bérézina : ce ministre lui annonçait que Napoléon avait battu les généraux Wittgenstein et Tchitchagof, qui voulaient l'empêcher de repasser la Bérézina, et avait réduit l'armée de ce dernier général à sept mille hommes d'infanterie et à six mille de cavalerie (*a*); ces nouvelles le rassurèrent sur le sort de Napoléon et de son armée.

Nous avons vu que Schwartzenberg avait poursuivi Sacken jusqu'en Wolhinie, et que le 27 novembre, par suite de l'invitation de Maret, il avait rétrogradé pour se diriger sur Minsk. Le 1er décembre, il arriva à Prujany et y séjourna; le 7, son avant-garde atteignit Slonim. Il reçut, pendant qu'il était entre ces deux villes, une dépêche de Maret du 2 décembre ; ce ministre lui apprenait que Napoléon avait forcé le passage de la Bérézina et battu plusieurs fois les Russes; par suite de cette nouvelle, Schwartzenberg, croyant que l'armée russe battait en retraite, envoya l'ordre à Frimont (*b*) de se porter sur Nieswij, et de pousser des reconnaissances sur Minsk et

(*a*) Peu de jours après, Macdonald reçut, par voie particulière, la copie d'un ordre du jour, publié à Kœnigsberg relativement au brillant succès obtenu à la Bérézina; il y était dit que Napoléon y avait fait neuf mille prisonniers, et avait pris neuf drapeaux et douze canons.

(*b*) On se souvient que Frimont était resté à Slonim avec six mille cinq cents hommes lorsque Schwartzenberg rétrogradait sur Wolkowisk.

Slutzk pour inquiéter les corps russes, battus à la Bérézina, si, dans leur retraite, ils passaient par ces points. Schwartzenberg, aussitôt arrivé à Slonim, reçut une nouvelle dépêche (4) du 4 décembre qui le jeta dans l'incertitude sur ce qu'il devait faire. Maret lui donnait des détails sur la victoire de la Bérézina, et lui disait de marcher dans le sens de la position actuelle, sans lui faire connaître quelle était cette position. Schwartzenberg s'arrêta donc, attendant de nouveaux ordres. Il n'y avait d'ailleurs que la plus impérieuse nécessité qui pût engager à faire marcher des troupes, le froid étant devenu si rigoureux, que chaque marche faisait périr ou estropiait, par la congellation, un grand nombre de soldats.

Reynier avait quitté, le 1er décembre, Brezesc-Litowski, après y avoir laissé sa brigade polonaise, et s'était dirigé sur Slonim; il s'arrêta le 7 à Rujana, et cantonna ses troupes dans les environs.

Wilna, si importante sous le point de vue militaire, à cause de sa position sur la principale communication de l'armée, et parce qu'on y avait réuni d'immenses magasins et formé des établissemens militaires (*a*), l'était encore

---

(*a*) Il y avait à Wilna un arsenal, des casernes, des hôpi-

davantage comme chef-lieu du gouvernement lithuanien, et parce que Maret et le corps diplomatique y résidaient : son importance s'était encore accrue depuis que Napoléon avait pénétré jusqu'à Moskou ; elle était devenue, pour ainsi dire, la capitale des pays qu'il venait de conquérir, et sa perte aurait convaincu toutes les puissances de l'Europe que les affaires de ce conquérant étaient désespérées. En vain les Russes faisaient-ils connaître les revers inouis qui venaient de l'accabler, on ne pouvait y ajouter foi ; on croyait leurs bulletins aussi inexacts et aussi exagérés qu'ils l'avaient été au tems de leurs revers (*a*). On ne concevait point, d'ailleurs, que Napoleon eût éprouvé de telles pertes sans qu'un seul des commandans de corps d'armée fût tombé au pouvoir des Russes ; aussi, quoiqu'il ne restât plus de l'armée de Moskou que des débris dans le plus déplorable état, quoique les cadavres de ses guerriers

taux, une manutention et un grand nombre de magasins, de vivres et d'effets militaires.

(*a*) Les bulletins russes avaient alors été rédigés uniquement pour agir sur la nation russe, et l'on avait apporté le plus grand soin à empêcher qu'elle n'eût communication de ceux de Napoléon ; aussi remplirent-ils le but qu'on s'était proposé. Ils ne pouvaient tromper également ceux qui lisaient les deux versions.

fussent dispersés sur le sol russe, elle existait encore dans l'imagination des potentats de l'Europe. Ce fut ce qui sauva Napoléon, car tout porte à croire que, si la vérité eût été connue, la société secrète du Tugenbund (5), dont le but était de secouer son joug, serait parvenue à soulever contre lui l'Allemagne entière, alors dégarnie de troupes, et à lui fermer ainsi le retour en France.

Maret contribua puissamment à cacher les revers de Napoléon, et, sous ce rapport, lui fut très-utile; ce ministre avait reçu de vives alarmes, relativement à Wilna, quand Wittgenstein pénétra en Lithuanie; elles augmentèrent lorsque Tchitchagof s'empara de Minsk (a); mais ce général s'étant dirigé sur Borisow, Maret eut à s'occuper du salut même de Napoléon. Il parvint à tromper les agens diplomatiques réunis à Wilna, et par suite leurs cabinets, autant par ses discours que par l'éclat de sa représentation. Chaque revers était converti en succès, et devenait le motif d'une

---

(a) Les craintes de Maret étaient fondées, car si Tchitchagof, au lieu de se diriger sur Borisow, se fût dirigé sur Wilna, il s'en serait indubitablement emparé. Tchitchagof, en prenant cette direction, aurait probablement fait plus de mal encore à Napoléon qu'en se portant sur la Bérézina, puisqu'il ne parvint point à en empêcher le passage.

fête nouvelle. Le combat de la Bérézina, glorieux à la vérité, mais si funeste en même tems, fut présenté comme ayant été très-avantageux. On a vu l'erreur singulière dans laquelle Maret fit tomber Schwartzenberg. C'était sans doute une très-grande faute sous le point de vue militaire que de tromper ainsi des commandans de corps d'armée, mais ce n'était qu'en leur cachant toute l'étendue de ses pertes que Napoléon pouvait espérer de revoir la France.

La première brigade de la division Loison était arrivée à Wilna le 21 novembre, et le 23 toute cette division y avait été réunie; Wilna contenait en outre environ sept mille hommes de troupes qui rejoignaient, et beaucoup de blessés, de malades, d'administrateurs et d'employés; leur nombre s'accrut encore par l'arrivée de tout ce qui avait pu fuir de Minsk. Aussitôt que Maret eut appris le passage de la Bérézina, il envoya au devant de l'armée la division Loison et deux régimens de cavalerie napolitaine (*a*); ces troupes s'avancèrent jus-

---

(*a*) Ces régimens étaient le régiment des gardes d'honneur napolitains, et celui des hussards de la garde royale napolitaine. La division d'infanterie napolitaine (33ᵉ) était restée à Dantzig.

qu'à Oszmiana, sur la route de Minsk et y prirent position.

Nous avions laissé Napoléon se dirigeant sur Wilna; il traversait un pays neuf qui lui offrait quelques ressources en subsistances; mais le premier besoin de ses troupes était toujours un repos qu'il ne pouvait leur accorder. Il se hâtait de gagner Malodeczno, dans la crainte que quelques corps russes ne le prévinssent sur ce point; son arrière-garde était d'ailleurs devenue si faible, qu'elle n'aurait pu retarder long-tems l'ennemi. Trois jours après avoir passé la Bérézina, l'armée ne comptait plus que huit mille quatre cents combattans, qui appartenaient aux corps suivans :

DÉSIGNATION DES CORPS.	Infanterie.	Cavalerie.	OBSERVATIONS.
Vieille garde.......	2,000	1,200	
Jeune garde.......	800	»	
Commandement de Ney (a)........	1,800	500	
Corps de Victor...	2,000	100	
1er et 4e corps.....	400	»	Ces militaires étaient armés, mais n'étaient pas formés en compagnies.
Totaux.....	7,000	1,800	

Je ne parle point des compagnies d'officiers

(a) Ney, dans une lettre à Berthier, du 2 décembre au ma-

de cavalerie dont on avait ordonné l'organisation, parce qu'on ne put les former.

Depuis le passage de la Bérézina, l'armée éprouva quelque soulagement sous le rapport des subsistances, mais sa situation devint encore plus déplorable d'ailleurs, et l'on vit s'accroître tous ces maux dont j'ai déjà tracé la peinture. L'indiscipline et l'insubordination furent portées à leur comble ; un grand nombre de soldats isolés qui jusqu'alors avaient conservé leurs armes les jetèrent. Les traces d'uniformes disparurent entièrement. Les masses désorganisées qui couvraient la route n'étaient plus, comme précédemment, composées presqu'en entier de soldats ; on y remarquait un grand nombre d'officiers de tous grades. Des généraux qui avaient perdu domestiques, chevaux et bagages, au passage de la Bérézina, se trouvaient souvent réduits à mendier des se-

---

tin, donne de la force de son infanterie le détail suivant :

La division Claparède................	200 hommes.
La division Dombrowski............	800
Les deux autres divisions du cinquième corps..............................	323
Les trois divisions du deuxième corps...	500
Total.............	1,823 hommes.

Ney ajoute qu'il a envoyé les cadres du troisième corps avec les aigles à la suite de la jeune garde. Le lendemain il ne restait à Ney que mille combattans.

cours (6) auprès des soldats qu'ils avaient commandés; ils étaient d'autant plus malheureux qu'ils passaient tout à coup d'une sorte d'abondance à une extrême misère. Les fourrages étaient devenus communs, les vivres moins rares. L'on trouvait quelquefois à acheter des denrées près des soldats qui avaient passé la nuit dans les villages du voisinage de la route; beaucoup de personnes ne vécurent que de ces achats, à des prix exorbitans. Heureux encore d'une ressource aussi incertaine! Le léger soulagement que l'on éprouvait sous le rapport des subsistances, ne produisait point d'effet sensible; on était accablé par la continuité des marches et des bivouacs. La route n'avait point encore offert un aspect plus affreux. On y remarquait un grand nombre de malheureux, estropiés par le fer de l'ennemi, par le froid, ou accablés par la maladie, et succombant à l'excès de leurs maux; elle était jonchée de morts et de mourans. L'influence du moral sur la santé devint encore plus grande; on remarquait beaucoup de personnes auxquelles il restait à peine l'intelligence nécessaire pour satisfaire aux premiers besoins.

La Lithuanie est couverte de forêts de sapins, dans lesquelles le chemin de traverse que l'on suivit jusqu'à Malodeczno était quelquefois resserré au point de ne pouvoir livrer passage à plus d'une voiture de front ; il en résultait des encombremens continuels, et toutes les misères qui en étaient la suite. La route était devenue très-glissante depuis la reprise du froid, et l'on se voyait contraint d'abandonner chaque jour de l'artillerie et des bagages. Les Kosaques se montraient fréquemment ; aussitôt qu'ils paraissaient, tout ce qui se trouvait sur la route rétrogradait ou pressait sa marche ; il n'y restait bientôt plus que quelques traîneurs et quelques bagages dont ils s'emparaient. Dès qu'on pouvait leur tirer quelques coups de fusils ils se retiraient ; s'ils avaient osé charger franchement sur les masses désorganisées qui couvraient la route, ils auraient fait, sans presque s'exposer, un grand nombre de prisonniers ; mais ils montrèrent constamment une lâcheté que l'appât même du plus riche butin ne pouvait vaincre.

Ney s'était retiré le 2 décembre jusqu'à Zawikino, où il bivouaqua ; son infanterie se trouvant alors réduite à mille combattans, Victor le remplaça à l'arrière-garde ; on augmenta de ce dernier corps ce qui restait encore à Ney de cavalerie et d'artillerie.

Le quartier général de Napoléon avait été le 30 à Pleszéniczi, le 1er décembre à Staiki, le 2 à Sélitsze, et fut le 3 à Malodeczno. Napoléon reçut, en arrivant dans ce dernier lieu, vingt estafettes qui lui manquaient. De Wrede était à Wileika; il reçut l'ordre de se diriger sur Wilna par des chemins de traverse, de manière à couvrir sur la droite la grande route de Minsk à cette ville.

Tchitchagof suivait Napoléon; Tchaplitz, qui commandait son avant-garde, n'avait attaqué sérieusement l'arrière-garde française que deux fois, le 2 décembre, avant Pleszéniczi, et le 3, près d'Ilia, lorsqu'elle avait déjà établi ses bivouacs; elle fut obligée de les abandonner pour les établir une lieue en deçà. Wittgenstein n'avait suivi la route de Malodeczno que jusqu'à Kamen, de là il se dirigea sur Wileika; il devait marcher sur le flanc droit de l'armée française; le corps de cavalerie du général major Kutusof(a), qui se dirigeait également sur Wileika, fut mis sous ses ordres; il avait eu le 2

(a) On a vu que Saint-Priest avait remplacé Wintzingerode. Le général major Kutusof venait depuis peu de jours de remplacer Saint-Priest, qui avait été rappelé à l'état major de Kutusof. Depuis Moskou, le corps de Saint-Priest avait mar-

une rencontre à Dolhinow avec l'arrière-garde de de Wrede. Depuis cette époque, il fit l'avant-garde de Wittgenstein.

Napoléon avait l'intention d'accorder quelques jours de repos à son armée à Malodeczno, où il attendait des convois de vivres de Wilna; mais il fut obligé d'y renoncer; son arrière-garde ne put maintenir l'ennemi. Il se flattait néanmoins de pouvoir s'arrêter et rallier (7) les débris de son armée à Smorgoni, où se trouvait un dépôt de vivres considérable, quoiqu'il fût évident que ce projet ne pouvait se réaliser que si l'ennemi s'arrêtait lui-même, ce qui ne paraissait nullement probable.

Les Polonais furent dirigés directement de Malodeczno sur Olita par des chemins de traverse; ils devaient se rendre de ce dernier endroit à Varsovie. Junot, avec tous les cavaliers démontés, fut dirigé sur Mérecz, également par des chemins de traverse; le reste de l'armée continua sa retraite par Wilna.

Pendant les guerres qu'avait entreprises Na-

ché constamment sur la droite de l'armée française. Il n'avait quitté Moskou que le 3 novembre, avait passé à Ruza le 5, à Dukowszina le 14, à Rudnia le 17, à Babinowiczi le 19, et de là ce corps avait continué à marcher sur la droite de l'armée française.

poléon depuis qu'il gouvernait la France, guerres qui toutes s'étaient terminées heureusement, les bulletins de ses opérations militaires avaient été remarquables par leur ton absolu, l'emphase et l'exagération avec laquelle on y parlait des succès, le silence qu'on y gardait sur les revers, ou l'adresse avec laquelle on les atténuait. Ces bulletins étaient destinés encore moins à encourager les siens, qu'à tromper et effrayer ses ennemis déclarés ou secrets.

Le dix-neuvième bulletin, daté du 16 septembre, fut celui qui annonça la prise de Moskou et l'incendie de cette ville. Les trois bulletins suivans ne contiennent guère que des détails sur cet incendie, et les ressources qu'avait procurées cette ville en munitions et subsistances.

Le vingt-troisième et le vingt-quatrième bulletins, datés du 9 et du 14 octobre, donnent quelques détails sur les positions respectives des armées françaises et russes; dans le premier, il est dit « qu'il fait depuis huit jours du
» soleil, et plus chaud qu'à Paris, dans cette
» saison; qu'on ne s'aperçoit pas qu'on soit
» dans le nord. » Et dans le second, « que le
» tems est encore beau; que la première neige

» est tombée le 13 octobre ; que dans vingt
» jours il faudra être en quartiers d'hiver. »

Le vingt-cinquième bulletin, daté de Troitskoé, le 20 octobre, parle du combat de Winkowo ; il fait connaître que l'armée a quitté Moskou, en laissant une garnison au Kremlin. Il y est dit qu'on a en même tems armé et miné cette citadelle ; que les uns pensent que l'empereur veut marcher sur Tula et Kaluga pour passer l'hiver dans ces provinces, en occupant Moskou par une garnison dans le Kremlin ; que les autres croient qu'il fera sauter le Kremlin, et qu'il se rapprochera de cent lieues de la Pologne pour établir ses quartiers d'hiver dans un pays ami, être à portée de ses magasins, et se rapprocher de Pétersbourg. Ce bulletin se termine ainsi : « Le tems est très-beau, comme
» en France, en octobre, peut-être un peu
» plus chaud ; mais dans les premiers jours de
» novembre on aura des froids.

» Tout indique qu'il faut songer aux quar-
» tiers d'hiver ; notre cavalerie surtout en a
» besoin. L'infanterie s'est remise à Moskou,
» et elle est très-bien portante. »

Le vingt-sixième bulletin, daté de Borowsk, le 23 octobre, contient une récapitulation succinte des opérations militaires, depuis la ba-

taille de la Moskwa, jusqu'à l'arrivée à Borowsk; Napoléon y dévoile ses projets. « L'em-
» pereur, y est-il dit, compte se mettre en
» marche le 24 pour gagner la Dwina, et
» prendre une position qui le rapproche de
» quatre-vingts lieues de Pétersbourg et de
» Wilna, double avantage, c'est-à-dire plus
» près de vingt marches des moyens et du but. »
Ce bulletin se termine par ces mots : « Les ha-
» bitans de la Russie ne reviennent pas du
» tems qu'il fait depuis vingt jours. C'est le so-
» leil et les belles journées du voyage de Fon-
» tainebleau. L'armée est dans un pays extrê-
» mement riche, et qui peut se comparer aux
» meilleurs de la France et de l'Allemagne. »

Le vingt-septième bulletin est daté de Wéréia, le 27 octobre ; il contient le récit du combat de Malojaroslawetz ; la retraite que Napoléon était obligé d'effectuer y est annoncée ainsi : « L'empereur se porta à Malo-
» jaroslawetz (25 octobre), reconnut la posi-
» tion de l'ennemi, et ordonna l'attaque pour
» le lendemain ; mais la nuit l'ennemi a battu
» en retraite. Le prince d'Eckmulh l'a pour-
» suivi pendant six lieues ; l'empereur alors l'a
» laissé aller, et a ordonné le mouvement sur
» Wéréia.

» Le tems est superbe ; les chemins sont
» beaux ; c'est le reste de l'automne : ce tems
» durera encore huit jours, et à cette époque
» nous serons rendus dans nos nouvelles po-
» sitions. » Il est dit dans ce bulletin « que
» l'ancienne infanterie russe est détruite, et
» que l'armée russe n'a quelque consistance
» que par les nombreux renforts de Kosaques
» récemment arrivés du Don. »

Il s'écoula quinze jours avant que l'on publiât le vingt-huitième bulletin, qui est daté de Smolensk, le 11 novembre ; il y est dit que jusqu'au 6 novembre le tems a été très-beau, mais que l'hiver a commencé le 7 ; que l'on a perdu plus de trois mille chevaux de trait, et près de cent caissons ; que l'on n'avait vu depuis le combat de Malojaroslawetz que des Kosaques, excepté à Wiazma, où douze mille hommes d'infanterie russe, couverts par une nuée de Kosaques, avait coupé la route entre Davout et Eugène, mais qu'ils avaient été culbutés dans les bois, et avaient perdu six pièces de canon et bon nombre de prisonniers. Ce bulletin ne faisant point connaître que Napoléon continue sa retraite, et présentant, ainsi que le précédent, l'armée russe comme composée en grande partie de Kosaques, on en devait conclure que Napoléon prenait ses quartiers d'hiver derrière le Dniéper et la Dwina, ainsi qu'il l'avait projeté. Mais bientôt des bruits alarmans, qu'accréditait son silence, se répandirent en France; la vérité devait finir par percer, au moins en partie; et il avait intérêt à faire connaître lui-même les événemens, afin de les présenter sous le jour le moins défavorable. Il ne lui fut pas possible de publier de bulletin avant le passage de la Bérézina, parce que la communication était interceptée; il voulait, d'ailleurs, auparavant sortir de la situation critique où il se trouvait. Depuis, il ne l'avait pas encore fait, parce qu'il nourrissait le dessein de retourner à Paris dès que la route serait libre, et voulait y arriver aussitôt que la nouvelle des désastres de son armée.

Le vingt-neuvième bulletin (8), daté de Malodeczno, le 3 décembre, rend compte des opérations depuis le départ de Smolensk. Quoiqu'il ne fît connaître qu'une bien faible partie de la vérité, l'on était dans une telle erreur, relativement à la situation de l'armée, qu'il produisit un effet difficile à décrire. Napoléon y attribue principalement les désastres de son armée au froid (*a*). Ce bulletin contient le passage suivant : « Les hommes que la nature n'a pas trempés assez fortement pour être au dessus de toutes les chances du sort et de la fortune, perdirent leur gaîté, leur bonne humeur, et ne rêvèrent que catastrophes; ceux qu'elle a créés supérieurs à tout, conservèrent leur gaîté et leurs manières ordinaires, et virent une gloire nouvelle dans des difficultés différentes à surmonter. » Aucun reproche ne pouvait être plus injuste et plus odieux (*b*) ; pouvait-on rêver une catastrophe plus épouvantable que celle dont on était les témoins et les victimes? et les maux qui accablèrent l'armée ne surpassaient-ils pas ceux que les forces humaines peuvent supporter? Tant que l'on eut la force de porter ses armes, ne combattit-on pas avec une rare valeur? Vous le savez, champs de Krasnoi, et

(*a*) J'ai fait voir que jusqu'alors le froid n'avait été qu'une cause secondaire des désastres de l'armée.

(*b*) Ce reproche était surtout odieux de la part de Napoléon, qui savait combien il était injuste, et qui n'avait jamais partagé les souffrances de ses troupes, puisqu'il était couvert de fourrures, avait une bonne voiture, couchait dans un lit et buvait chaque jour du vin de Bordeaux, comme s'il eût été à Paris.

vous, rives désolées de la Bérézina! Les guerriers qui avaient combattu à Malojaroslawetz n'étaient-ils pas la plupart morts de misère, ou près de succomber à l'excès de leurs maux, lorsqu'on combattit à Krasnoi, et ceux qui avaient combattu dans ce dernier endroit n'éprouvèrent-ils pas depuis le même sort? les maux affreux qui accablèrent l'armée ne produisirent-ils pas les mêmes effets sur les troupes de toutes les nations qui la composaient? que si la garde résista plus long-tems, ce fut parce qu'elle reçut des vivres, et ne fit jamais l'arrière-garde. Enfin des hommes qui avaient vu tant de combats, qu'aucun danger ne pouvait émouvoir, ne succombèrent-ils pas comme ceux qui débutaient dans la carrière? Le vingt-neuvième bulletin se terminait par cette phrase, qui semblait insulter à la douleur publique :
» La santé de sa majesté n'a jamais été meil-
» leure (*a*). »

Napoléon quitta Malodeczno, le 4 décembre, à neuf heures du matin, et transporta son quartier général à Bénitza. Loison devait arriver le lendemain à Oszmiana, et il y avait gar-

(*a*) Une semblable phrase se trouvait à la fin du vingt-huitième bulletin, mais ne se trouvait dans aucun de ceux qui avaient été publiés précédemment.

nison à Smorgoni et à Miedniki. La communication ainsi assurée, Napoléon se décida à quitter l'armée, et commença dans le secret les préparatifs de son départ. Le 5 novembre, à huit heures du matin, il partit pour Smorgoni, où il arriva à une heure de l'après midi; il avait fait la route en voiture. Après avoir achevé les préparatifs de son départ, il réunit en conseil les généraux Murat, Eugène, Berthier, Ney, Davout, Lefèvre, Mortier et Bessières, leur fit connaître qu'il quittait l'armée pour se rendre à Paris, où sa présence devenait nécessaire, remit le commandement à Murat, et partit aussitôt après, à sept heures du soir, avec sa voiture ordinaire et un traîneau. Il était accompagné seulement des généraux Caulincourt, Duroc et Mouton (a); le premier était dans sa voiture, les deux autres dans le traîneau; sur le siège de sa voiture étaient son mameluck et un capitaine (b) des lanciers polonais de sa garde qui devait lui

(a) Le général de division Caulincourt, duc de Vicence, était grand écuyer. Le général de division Duroc, duc de Frioul, était grand maréchal du Palais. Le général de division Mouton, comte de Lobeau, était aide de camp de Napoléon.

(b) Ce capitaine s'appelait Wasowicz.

servir d'interprète. Il voyageait incognito, sous le nom du duc de Vicence, et croyant la route libre, n'était escorté que par un faible détachement de cavalerie napolitaine.

Loison venait d'arriver dans l'après midi à Oszmiana, et à cause de la rigueur du froid il avait réparti ses soldats dans les maisons. Le colonel russe Seslawin, qui se dirigeait aussi sur Oszmiana, mais par des chemins de traverse, situés sur la gauche de la route, arriva à la chute du jour devant cette ville avec un régiment de hussards, des Kosaques et du canon; ignorant qu'elle était occupée par une division d'infanterie, il y pénétra brusquement, à la tête de sa cavalerie, mais il en fut chassé aussitôt, et après l'avoir canonnée pendant quelques instans il bivouaqua sur la gauche, à peu de distance de la route. Napoléon atteignit heureusement Oszmiana; l'on voit pourtant qu'il aurait pu tomber entre les mains de Seslawin; c'est ce qui serait indubitablement arrivé si ce partisan eût été instruit de son passage.

A Miedniki, Napoléon trouva Maret, qu'il avait instruit de son voyage, et auquel il avait ordonné de venir au devant de lui. Ce ministre remplaça, dans la voiture de Napoléon, Cau-

lincourt, qui monta dans la sienne. L'escorte, depuis Miedniki, était composée d'environ cinquante cavaliers napolitains, commandés par le duc de Rocca Romana (*a*). Napoléon arriva à Wilna le 6, à dix heures un quart du matin, tourna autour de la ville, et s'arrêta dans une maison isolée, située au bout du faubourg de Kowno. L'entretien qu'il eut avec son ministre roula sur les motifs qui le déterminaient à retourner en France, sur la situation des affaires, et surtout sur celle de l'armée. « Quant à l'ar-
» mée, dit Napoléon, il n'y en a plus; on ne
» peut appeler armée une troupe de débandés,
» errant çà et là pour chercher leur subsistance
» et des abris. On en ferait encore une armée
» si, sur un point rapproché quelconque, on
» pouvait donner du pain à des affamés, des
» souliers et des vêtemens à des hommes qui
» ne peuvent continuer de marcher sur la
» glace avec de mauvaises chaussures, et qui
» sont en proie à un froid de plus de vingt de-
» grés; mon administration militaire n'a rien
» prévu, et mes ordres n'ont point été exé-
» cutés. » Maret répondit à ce reproche, en

(*a*) Cette course fit perdre au duc de Rocca Romana une partie des doigts de la main gauche, qui furent gelés.

mettant sous les yeux de Napoléon l'état des magasins immenses (9), existant à Wilna. Il paraît que ce conquérant n'avait point reçu de rapport à ce sujet depuis son départ de Moskou, car il s'écria : « Vous me rendez la vie ! » et il chargea son ministre de rester jusqu'à l'arrivée du roi de Naples et du major-général, pour leur ordonner de s'arrêter quelque tems à Wilna, huit jours s'ils le pouvaient, afin d'y rallier l'armée, de réparer le moral et le physique du soldat, et de le préparer à continuer sa retraite dans un état moins déplorable. « Dites leur,
» ajouta Napoléon, que telles sont mes inten-
» tions, et que je compte qu'elles seront rem-
» plies. » Après cet entretien, qui avait duré cinq quarts d'heures, il quitta Wilna, et partit pour Varsovie. Avant que de monter en voiture, il adressa ces derniers mots à son ministre : « Je compte que vous réussirez à
» persuader au roi de Naples qu'il peut faire
» prendre ici une face nouvelle à la retraite ;
» dites lui que le salut de l'armée est là ; dites
» lui que je compte sur lui. » Jusqu'à Wilkowiski, Napoléon continua sa route dans sa voiture ; il la remplaça en cet endroit par un traîneau que lui donna un gentilhomme polo-

nais (*a*); le 10, il arriva à Varsovie dans la matinée, et descendit à l'hôtel d'Angleterre; il vit son ambassadeur, le président du conseil de gouvernement, le ministre des finances du duché, et repartit au bout de quelques heures. Depuis lors il ne s'arrêta plus qu'à Dresde, où il arriva le 14 décembre; il descendit chez son ministre, vit le roi de Saxe, et, après un séjour de quelques heures, repartit pour Paris, où il arriva le 19 décembre, à onze heures et demie du soir; le vingt-neuvième bulletin avait été publié le 17.

Lorsque le départ de Napoléon fut connu dans l'armée, on éclata en malédictions contre lui. Il fuit, s'écriait-on, comme en Egypte! Il nous abandonne après nous avoir sacrifiés! Ces plaintes étaient naturelles; c'était le cri du désespoir. Mais étaient-elles justes? La conduite de Napoléon, s'il n'eût été que général, eût été infâme; comme chef d'un grand peuple, elle lui était tracée par la politique, puisque les circonstances exigeaient impérieusement sa présence au sein de ses états. Elle y était nécessaire, soit qu'il voulût continuer la guerre, ou traiter de la paix. Il fallait, d'ail-

---

(*a*) Ce gentilhomme se nommait Wibiski.

leurs, qu'il pénétrât en Allemagne à la tête d'une armée nouvelle, pour conserver des alliés que lui avait acquis la force, mais qui étaient ses ennemis secrets. A quels dangers d'ailleurs son absence ne l'exposait-elle pas, lorsqu'on apprendrait ses désastres, puisque Mallet, avant qu'ils fussent connus, et avec si peu de moyens, avait mis en péril son gouvernement (*a*).

Cependant le froid, qui s'était adouci depuis le passage de la Bérézina, prit tout à coup, à dater du 3 décembre, une intensité inconnue dans nos climats. Le 5, le thermomètre marqua vingt degrés au dessous de zéro; le 6, vingt-quatre; le 7, vingt-six. Les habitans du nord, pendant des froids si rigoureux, ne s'exposent jamais à l'air, qu'enveloppés de fourrures; les effets de ce froid excessif sur des malheureux qui en manquaient pour la plupart, et qui étaient obligés de bivouaquer, furent terribles. Ce n'était plus cette mort lente qui se présentait sous tant de formes; le froid immolait ses victimes avec la rapidité de la foudre; il frappait indistinctement les forts et les faibles, les valides et les mori-

---

(*a*) Un conseil de régence était investi de l'autorité pendant l'absence de Napoléon.

bonds, mais surtout ceux qui quittaient les habitations pour le bivouac (*a*); aussi ne rencontrait-on plus de mourans gissans de chaque côté de la route. Mais quelle quantité de cadavres dispersés sur cette route et autour des bivouacs! Jamais armée n'éprouva un pareil désastre (10). Wilna était le but qu'on s'efforçait d'atteindre ; on savait qu'on y trouverait des secours, et l'on espérait que Napoléon y avait réuni assez de forces pour arrêter les Russes, et procurer enfin quelque repos aux débris de son armée. Au milieu de tant de maux, l'abondance des vivres aurait dû procurer quelque soulagement, mais on voulait remplir toutes les formalités; on semblait croire que les corps dissous se reformeraient tout à coup pour envoyer aux distributions. Il ne fut donc point donné de vivres aux militaires isolés; c'est-à-dire que les dix-neuf vingtièmes de l'armée en furent privés; les Russes en profitèrent, car on ne détruisit même pas les magasins de Smorgoni, avant que d'abandonner cette ville. Chaque jour voyait tomber entre les mains de l'ennemi des bagages de

(*a*) La division Loison, qui prit l'arrière-garde à Oszmiana, et qui était alors forte de dix mille hommes, perdit sept mille hommes en trois jours par la congélation.

l'artillerie et un grand nombre de militaires, restés la plupart dans les villages situés sur la route. Le soldat russe, aussitôt arrivé, les jetait hors des maisons pour s'y loger, et ils périssaient bientôt; quelquefois ils suivaient la colonne russe jusqu'à ce qu'il plût à un Kosaque de hâter l'instant de leur mort, en les dépouillant de leurs vêtemens. Si quelque officier, mu par un sentiment d'humanité, voulait interposer son autorité, le soldat russe, ordinairement si soumis, se contentait de s'écrier « Moskou ! Moskou ! » faisant allusion à l'incendie de cette capitale, qu'il attribuait aux Français. On doit convenir aussi que la destruction des murailles du Kremlin et de Smolensk, l'incendie du palais des Tzars et de tout ce qu'on avait pu atteindre depuis le départ de Moskou jusqu'à Smolensk, le massacre des prisonniers russes qui ne pouvaient suivre, étaient bien capables de le confirmer dans sa persuasion, et de le rendre impitoyable à l'égard des prisonniers français. Le nombre en était d'ailleurs si grand, que les Russes ne se donnaient pas même la peine de les recueillir ; et quand même ils auraient pu leur donner des alimens, tous étaient dans un état de santé qui réclamait d'autres secours encore.

EXPÉDITION DE RUSSIE.

Napoléon avait laissé les instructions suivantes pour guider Murat dans la conduite des opérations militaires.

Napoléon au major-général.

« Bénitza, le 5 décembre 1812.

» Mon cousin, deux ou trois jours après mon
» départ, on mettra le décret ci-joint à l'ordre
» de l'armée (*a*); on fera courir le bruit que je me
» suis porté sur Varsovie, le corps autrichien
» et le septième corps. Cinq à six jours après,
» suivant les circonstances, le roi de Naples
» fera un ordre du jour, pour faire connaître
» à l'armée qu'ayant dû me porter à Paris,
» je lui ai confié le commandement; qu'il es-
» père qu'officiers, généraux et soldats lui ac-
» corderont la confiance qu'il mérite par son
» dévouement et ses services, etc., etc.; qu'il
» s'empressera de faire connaître à l'empe-
» reur, à son retour, les officiers qui, dans
» cette circonstance, l'auront le mieux se-
» condé.

(*a*) Le décret dont il est question était la nomination de Murat. On ne put le mettre à l'ordre de l'armée, puisque ce qui en existait encore marchait à la débandade.

» Sur ce, je prie Dieu qu'il vous ait en sa
» sainte et digne garde.
» *Signé* NAPOLÉON. »

Napoléon au major-général.

« Bénitza, le 5 décembre 1812.

» Mon cousin, je vous envoie ci-joint une
» instruction pour la réorganisation générale
» de l'armée; le roi de Naples y apportera
» les modifications que les circonstances exi-
» geront. Je pense cependant qu'il est néces-
» saire d'organiser aussitôt les Lithuaniens à
» Kowno, le cinquième corps à Varsovie, les
« Bavarois à Grodno, le huitième corps et
» les Wurtembergeois à Olita, les petits dé-
» pôts à Merecz et Olita, et la cavalerie à
» pied sur Varsovie et Kœnigsberg, ainsi que
» les soldats du train et les équipages mili-
» taires qui n'ont pas de chevaux. Il faut faire
» partir après demain toutes les remontes de
» cavalerie de Wilna sur Kœnisberg; il faut
» faire partir après demain les agens diplo-
» matiques pour Varsovie; il faut également
» faire partir pour Varsovie et Kœnisberg tous
» les généraux et officiers blessés, en leur fai-
» sant comprendre la nécessité de débarrasser

» Wilna, et d'y avoir des logemens pour la
» partie active de l'armée. On assure que le
» trésor de Wilna est considérable; donnez or-
» dre d'en envoyer à Varsovie et à Kœnisberg,
» où cela est nécessaire, ce qui débarrassera
» d'autant Wilna. Enfin tous les ordres qui
» tendent à débarrasser Wilna doivent être
» donnés demain, puisque cela est utile pour
» plusieurs raisons.

» Sur ce, etc.   » *Signé* NAPOLÉON. »

Instruction.

« Smorgoni, le 5 décembre 1812.

» Rallier l'armée à Wilna, tenir cette ville
» et prendre ses quartiers d'hiver; les Autri-
» chiens sur le Niémen couvrant Brezesc,
» Grodno, Varsovie; l'armée sur Wilna et
» Kowno. En cas que l'armée ennemie mar-
» che, et qu'on ne croye pas pouvoir tenir en
» deçà du Niémen, la droite couvrant Varso-
» vie, et s'il se peut Grodno; le reste de l'ar-
» mée en ligne derrière le Niémen, gardant,
» comme tête de pont, Kowno. Faire faire de
» grands approvisionnemens de farine à Kœ-
» nisberg, Dantzig, Varsovie, Thorn. Faire
» tout évacuer de Wilna et de Kowno, afin

» d'être libres de ses mouvemens : les évacua-
» tions auront lieu sur Dantzig pour ce qui
» est le plus précieux.

» *Signé* NAPOLÉON. »

L'on voit que Napoléon conservait l'espoir de s'arrêter à Wilna, ce qui n'était possible, qu'autant que l'ennemi s'arrêterait lui-même.

Depuis l'apparition des froids extrêmes, la retraite devint plus rapide, ou, pour mieux dire, ce ne fut plus une retraite, mais une fuite. Le quartier général fut le 6 à Oszmiana, le 7 à Miedniki, le 8 à Wilna. Murat arriva dans cette ville à onze heures du matin et se logea au palais; Maret vint aussitôt l'y trouver (11) pour lui transmettre les nouvelles instructions de Napoléon; ce ministre vit aussi Berthier pour le même sujet, et partit ensuite pour Varsovie le 9 à onze heures du matin. Les agens du corps diplomatique l'avaient précédé de deux jours (*a*); ils n'avaient été tirés de l'erreur dans laquelle les avait entretenus Maret qu'au moment de leur départ, en voyant cette foule de militaires isolés qui avaient pris les devans, et qui commençaient à arriver dans Wilna. Jamais étonnement ne fut pa-

---

(*a*) Les agens du corps diplomatique étaient partis pour Varsovie le 7 au matin très-précipitamment.

reil à celui des habitans (12) de cette ville, qui croyaient encore le 6 à l'existence de la grande armée. Les maisons et les boutiques restèrent d'abord ouvertes; la crainte du pillage les fit bientôt fermer. On voulut comme précédemment mettre de l'ordre dans les distributions, et l'on trouva la disette au milieu de l'abondance. Les soldats découvrirent cependant quelques magasins d'eau-de-vie et de biscuit qu'ils pillèrent, et les juifs se hasardèrent à vendre des alimens. La ville se remplit bientôt d'une foule de militaires, persuadés la plupart que l'on s'arrêterait quelque tems à Wilna; il régnait un encombrement continuel à la porte de Minsk, par laquelle arrivait l'armée.

L'arrière-garde ne put retarder la poursuite de l'ennemi, ainsi qu'on l'avait espéré, et ce qui restait encore à Victor de combattans, acheva de se débander à Smorgoni; ce général fit l'arrière-garde avec la division Loison et la cavalerie napolitaine, depuis Oszmiana jusqu'à Rukoni, village situé à trois lieues de Wilna. De Wrede y rejoignit l'armée le 9, au point du jour; ses forces s'élevaient encore à deux mille combattans, et il avait conservé quelques canons. Ney venait d'être désigné pour commander l'arrière-garde qui fut composée du corps de de Wrede et de la division Loison, seules troupes avec celles de la garde qui eussent conservé des armes. De Wrede, resté seul à Rukoni, devait y tenir le plus long-tems possible ; mais il fut bientôt attaqué vivement par une nombreuse cavalerie, canonné par douze bouches à feu montées sur traîneaux, et contraint de se replier. Vers deux heures de l'après midi, la cannonade se fit entendre à Wilna, et y répandit la consternation. Ney ne put réunir que six cents hommes de la division Loison (*a*); il parvint néanmoins avec ce léger secours et ce qui restait encore du corps de de Wrede à se maintenir sur la hauteur qui domine Wilna du côté de Minsk, parce qu'il n'eut affaire qu'à de la cavalerie. Tandis que l'ennemi attaquait ainsi du côté de Minsk, le faubourg situé de l'autre côté de Wilna était assailli par des Kosaques ; un détachement de la garde les repoussa.

Murat, aussitôt que l'ennemi fut en présence de Wilna, avait quitté cette ville avec une précipitation qui augmenta le désordre et les alarmes, et avait transporté son quartier général dans un café qui se trouve sur la route de Kowno, à une portée de fusil du faubourg.

(*a*) La division Loison comptait encore ce jour-là environ quinze cents combattans ; mais la plupart s'étaient dispersés dans Wilna.

La garde vint y établir ses bivouacs. Dans ces conjonctures critiques, Murat négligea les soins du commandement et se montra abattu : ainsi, ce courage, qu'aucun danger n'avait pu dompter jusqu'alors, fléchit sous la rigueur des circonstances. Pendant cette soirée, les lettres suivantes furent adressées à Ney et à Daru; elles peignent mieux l'état des choses que tout ce que je pourrais dire.

Le prince de Neufchâtel et de Wagram au duc d'Elchingen.

« Wilna, le 9 décembre 1812.

» Le général de Wrede ayant été forcé dans
» ses positions, et se trouvant aux portes de
» la ville, et la division Gratien (*a*) ne vous
» ayant point donné le moyen de le soutenir et
» de repousser l'ennemi, le roi a porté son
» quartier général à la barrière de la porte de
» Kowno, où il a réuni la garde ; l'intention
» de sa majesté est de se mettre en marche de-
» main à quatre heures du matin avec la garde
» impériale, pour arriver le plus promptement
» possible à Kowno, rallier autant que possi-
» ble les fuyards et les isolés, et y prendre po-

(*a*) Le général de brigade, baron Gratien, avait remplacé le général Loison, tombé malade.

» sition. Continuez à faire l'arrière-garde avec
» les divisions de Wrede et Loison, et tout ce
» que vous pourrez rallier à ces troupes ; faites
» évacuer cette nuit, autant que possible, l'ar-
» tillerie et tout ce que l'on pourra, notam-
» ment le trésor. Dans la circonstance pré-
» sente, le roi ne peut que marcher le plus vite
» possible sur Kowno.

» Faites pour le mieux dans cette circons-
» tance pénible, où les froids rigoureux ont
» achevé de désorganiser l'armée. Le roi vous
» autorise à écrire en partant au général com-
» mandant les troupes russes, pour recom-
» mander nos malades.

» *Signé* ALEXANDRE. »

Le prince de Neufchâtel et de Wagram au comte Daru.

« Wilna, le 9 décembre 1812.

» Monsieur le comte Daru, le roi a trans-
» porté son quartier général à la barrière de
» Kowno ; le duc d'Elchingen fait la retraite
» et partira demain le plus tard qu'il pourra ;
» faites partir dans la nuit le trésor. J'ai auto-
» risé le général Eblé à donner des chevaux
» d'artillerie, s'il est nécessaire. Il faut tout
» faire pour le sauver ; qu'il vienne cette nuit

» au quartier général, à la barrière de Kow-
» no, où nous le ferons escorter.

» Faites distribuer, sans formes lentes d'ad-
» ministration et avec abondance, des vivres
» et des effets d'habillement à tous ceux qui en
» demanderont, puisque la position de l'ennemi
» ne nous permet pas d'espérer de tenir demain
» toute la journée à Wilna. Rejoignez cette
» nuit le quartier général, et mettez tout en
» mouvement pour évacuer sur Kowno ce qui
» sera possible. » *Signé* ALEXANDRE. »

Ce qu'on prescrivait relativement aux magasins était inexécutable, puisqu'on partait dans la nuit; Murat aurait dû ordonner de les livrer au pillage sur-le-champ, et de les incendier au moment où l'arrière-garde évacuerait Wilna. Dans cette même soirée, on expédia des ordres (13) aux généraux Schwartzenberg et Macdonald; Berthier les leur donnait au nom de Napoléon, comme s'il eût été présent; il leur faisait connaître qu'on allait probablement faire repasser le Niémen à l'armée pour prendre des quartiers d'hiver sur ce fleuve; il en concluait la nécessité que Schwartzenberg se retirât sur Bialystok pour couvrir le grand duché de Varsovie, et Macdonald sur Tilsit, pour se rappro-

LIVRE IV. 371

cher de la nouvelle ligne d'opération ; il leur enjoignait d'exécuter ces mouvemens le plus lentement possible.

Le 10 décembre, à quatre heures du matin, Murat se remit en marche : toute l'armée, à l'exception de quelques détachemens Polonais, que l'on dirigea par Nowoi-Troki sur Olita, suivit la route de Kowno. Berthier, Eugène, Davout, Lefèvre, Mortier et Bessières accompagnaient Murat (*a*); la garde leur servait d'escorte. L'armée ne comptait plus alors que quatre mille trois cents combattans qui appartenaient aux corps suivans :

DÉSIGNATION DES CORPS.	Infanterie.	Cavalerie.	OBSERVATIONS.
Vieille garde.	600	800	
Jeune garde.	100	»	
Corps de de Wrede et division Loison.	2,300	200	
1er, 2e, 3e, 4e et 9e corps	300	»	Ces 300 hommes marchaient avec le quartier général, et escortaient leurs aigles.
Totaux. . . .	3,300	1,000	

A une lieue et demie de Wilna, la route franchit la colline escarpée de Ponary ; depuis

(*a*) Murat et Berthier étaient en voiture.

le 9, il s'y était formé un encombrement, que l'arrivée de l'armée augmenta à un tel point, qu'en très-peu de tems il devint impossible, même aux cavaliers et aux piétons, d'y suivre la route ; ils furent obligés de passer de chaque côté, à travers le bois qu'elle traverse. Le défilé de Ponary (*a*) contraignit d'abandonner ce qui restait encore d'artillerie et de bagages, les trophées enlevés à Moskou, que l'on avait conduits jusque-là, les équipages de Napoléon, et environ dix millions d'argent monnoyé que les soldats pillèrent. Enfin il fallut abandonner aussi un assez grand nombre d'officiers blessés ou malades qui avaient été assez heureux pour conserver jusqu'alors leurs voitures. Aucun sort ne fut plus cruel ! ils virent s'approcher lentement cette mort qui les menaçait depuis si long-tems, et qui venait les frapper au moment où ils allaient atteindre le port.

Ney abandonna Wilna au point du jour ; les Kosaques y pénétrèrent aussitôt. Cette ville était intacte ; elle fut seule épargnée sur la route

---

(*a*) Il aurait été très-facile d'éviter le défilé de Ponary, puisqu'on aurait pu prendre la route de Nowoi-Troki, que l'on trouve à gauche entre Wilna et Ponary. Cette route passe en plaine, n'offre que peu d'obstacles, et de Troki l'on rejoint facilement la grande route de Wilna à Kowno, à Ewé ou à Jijmory.

que suivit l'armée dans sa retraite, et cette guerre si funeste à la Lithuanie lui fut même profitable ; elle dut sans doute son salut à la solidité de ses maisons et de ses édifices (*a*), à la présence d'officiers chez la plupart des habitans, et surtout à la police sévère qui l'avait régie jusqu'alors, et dont l'effet agit encore au milieu de ces déplorables circonstances. Wilna contenait, au moment où Ney l'abandonna (*b*), environ vingt mille personnes, blessées, malades ou mutilées par la congellation ; les efforts inouis qu'ils avaient faits pour atteindre une ville où ils espéraient trouver les secours que réclamait leur état, avaient achevé d'épuiser leurs forces.

La fuite de l'armée, depuis le départ de Wilna, devint encore plus rapide. Murat poussa le 10 jusqu'à Ewé, et le 11, à sept heures du soir, il atteignit Rumsziki ; la garde et les maréchaux s'y arrêtèrent, mais de sa personne, il continua sa marche sur Kowno, où il arriva à minuit. Cette ville contenait des magasins très-considérables et deux millions et demi d'argent monnoyé, qu'on n'avait pas eu la précaution de

---

(*a*) Les maisons et tous les bâtimens publics de Wilna sont bâtis en briques.

(*b*) Je dis au moment où Ney abandonna Wilna, parce que chaque jour voyait périr un grand nombre de ces malheureux.

faire évacuer. Elle était à peine à l'abri d'un coup de main, surtout depuis que le Niémen et la Wilia étaient gelés; elle contenait quarante-deux bouches à feu, dont vingt-cinq attelées (*a*), et avait une garnison de troupes allemandes de nouvelles levées, qui ne s'élevait pas à quinze cents hommes. Murat songea d'abord à conserver Kowno jusqu'à ce que l'ennemi montrât de l'infanterie, mais il en reconnut bientôt l'impossibilité. Le Niémen étant gelé n'opposait aucun obstacle; ainsi Kowno, et la garnison insuffisante qu'on aurait pu y laisser, auraient bientôt été cernés et forcés de capituler. Vit-on jamais semblables vicissitudes! Les débris des cinq cent mille hommes qui naguère avaient passé le Niémen en vainqueurs, le repassaient aujourd'hui poursuivis par un détachement de cavalerie. Murat conçut toutefois l'espoir que Ney pourrait se maintenir à Kowno pendant les journées du 13 et du 14, mais il était décidé à repartir le lendemain, de sa personne, avec la garde. Dans

---

(*a*) Seize des vingt-cinq bouches à feu qui étaient attelées appartenaient à la division Loison ; elles étaient en route pour rejoindre cette division lorsque l'armée abandonna Wilna. Murat les rencontra à Ewé, et les fit rétrograder aussitôt, convaincu que s'il les attachait à l'arrière-garde elles tomberaient au pouvoir de l'ennemi sans que l'on pût les utiliser.

l'après midi, neuf bouches à feu furent placées près d'Alexioten, sur la hauteur qui domine Kowno; le soir, la garde vint y bivouaquer.

Tchitchagof s'était arrêté à Wilna. Platof seul poursuivait les Français avec ses Kosaques, quelques régimens de cavalerie et quinze bouches à feu sur traîneaux. Ney, sans artillerie, sans cavalerie, voyant périr chaque jour une partie de sa faible arrière-garde, débordé continuellement par la cavalerie de l'ennemi, canonné par son artillerie, ne put retarder la poursuite; il fut obligé de marcher sans relâche. Le 12, à deux heures de l'après midi, la garde, et toute la foule qui l'accompagnait pour en être protégée, atteignit Kowno. Cette ville, déjà remplie de militaires isolés, se trouva dès lors encombrée sur tous les points. Bientôt le plus grand désordre s'y manifesta; les magasins furent pillés, et des incendies se déclarèrent en plusieurs endroits. Le 13, à cinq heures du matin, Murat quitta Kowno et se dirigea sur Gumbinen avec la garde et quatre des neuf bouches à feu qui étaient sur la hauteur d'Alexioten; il laissa un faible détachement avec les cinq autres pièces, pour occuper cette hauteur.

Ney, qui s'était arrêté le 12 au soir à l'entrée

du défilé de Rumsziki, s'était mis en marche le 13, avant le jour, et arriva à Kowno dans la matinée avec mille combattans qui lui restaient encore. Pendant les trois journées qui venaient de s'écouler, la neige tomba avec abondance; le froid continua à être aussi rigoureux; les mêmes calamités accablèrent l'armée, et furent augmentées encore par une plus grande rapidité dans les marches.

Ney, loin de pouvoir conserver Kowno pendant deux jours, ne parvint à s'y maintenir jusqu'à la nuit qu'en développant une énergie extraordinaire. Il régnait dans cette ville, embrasée en plusieurs endroits, un désordre et une confusion extrême; le pillage des magasins d'eau-de-vie y avait beaucoup contribué. Les rues étaient remplies de soldats ivres et des cadavres de ceux que la congélation avait atteints. La plupart des soldats qui avaient jusqu'alors conservé leurs armes, s'étaient débandés pour piller ou pour se mettre à l'abri dans les maisons. Tel était l'état des choses, lorsque Platof, ayant occupé la hauteur d'Alexioten (*a*), où il plaça une batterie, attaqua vers deux heures de l'après midi. Il canonna en même tems le pont sur le

---

(*a*) Le détachement et la batterie que Murat avait laissés sur la hauteur d'Alexioten avaient effectué leur retraite.

Niémen, celui sur la Wilia et la porte de Wilna. Dans ce dernier endroit, les pièces de position avaient été enclouées par suite d'un mal entendu, et quatre-vingt recrues, chargées de la défense de ce poste, s'enfuirent. L'ennemi, n'éprouvant aucune résistance sur ce point, fit mettre pied à terre à un détachement, pour le faire pénétrer dans Kowno; mais Ney, secondé par Gérard, parvint à réunir quelques soldats, à mettre quelques canons de bataille en batterie sur le rempart, et à repousser l'ennemi, résultat qu'on doit plutôt attribuer à l'audace du général français qu'à ses forces réelles. Dans le même tems, Marchand (*a*) parvenait aussi à rassembler quelques soldats, et attaquait la hauteur d'Alexioten, dont il s'empara, mais il ne put s'y maintenir. La nuit vint tirer Ney d'une position si critique; l'ennemi occupait alors toutes les routes qui aboutissaient à Kowno, excepté celle de Tilsit, par la rive gauche du Niémen. La retraite devenait urgente; Ney l'effectua à neuf heures du soir, après avoir détruit tout ce qui existait encore en approvisionnemens, en matériel d'artillerie,

(*a*) Les généraux de division Gérard et Marchand avaient été mis sous les ordres de Ney pour le seconder dans la défense de Kowno.

et après avoir mis le feu aux ponts du Niémen et de la Wilia. Il ne lui restait plus que deux cents hommes armés, avec lesquels il voulut d'abord prendre la route de Gumbinen par Alexioten et Schrance, ainsi qu'il lui avait été ordonné ; il espérait, à la faveur de l'obscurité de la nuit, cacher la faiblesse de ses moyens ; mais le soldat, accablé de froid et de fatigue, se refusa à aborder franchement l'ennemi. Ney remonta donc le Niémen, et prenant à gauche, à travers la forêt de Pilwiski, se dirigea sur Schirwindt, où l'on trouve une grande route qui conduit à Gumbinen. Il fut obligé d'abandonner dans la forêt l'artillerie de la division Loison qu'il avait emmenée.

Le 14, l'armée ne comptait plus en combattans que quatre cents hommes de l'infanterie de la vieille garde et six cents hommes de la cavalerie de la garde, en y comprenant les régimens de marche qui y étaient réunis. Les corps étaient représentés par leurs aigles escortés par quelques officiers et sous-officiers (14) ; toute l'artillerie se réduisait aux neuf bouches à feu qu'on avait emmenées de Kowno (*a*).

(*a*) De tous les corps qui avaient pénétré jusqu'à Moskou, ou qui s'étaient réunis à l'armée de Moskou, il n'y eut que le

Murat avait eu son quartier général à Schrance le 13; le 14, il fut à Wirballen, le 17 à Gumbinen, le 19 à Kœnigsberg. Les Prussiens, en revoyant l'armée, la prirent d'abord pour des militaires isolés qui la précédaient; mais ils furent bientôt détrompés, et dès lors ne déguisèrent point la haine qui les animait contre les Français. Rien n'aurait empêché Platof de pénétrer jusqu'à Kœnigsberg, où il ne se trouvait alors que très-peu de troupes, s'il n'eût reçu l'ordre de s'arrêter au territoire prussien; ainsi l'armée française, qui retrouva l'abondance aussitôt qu'elle eut atteint ce territoire, commença à goûter du repos, et ce fut pour la première fois depuis le départ de Moskou; elle éprouva bientôt un nouveau soulagement de l'adoucissement qui se fit sentir dans le tems, vers la fin de décembre. Murat profita du repos que lui accordait l'ennemi pour réunir les débris des différens corps dans les lieux suivans : ceux du cinquième corps à Varsovie, du sixième à Plock, des premier et huitième à Thorn, des deuxième

---

cinquième (Polonais) qui ramena de l'artillerie, parce qu'il quitta l'armée à Malodeczno pour se diriger sur Olita, et que depuis ce départ il ne fut point poursuivi, et put se procurer abondamment des vivres et des fourrages.

et troisième à Marienburg, des quatrième et neuvième à Marienwerder ; la garde occupa Insterburg, où elle devait être remplacée bientôt par la division Heudelet (*a*), du onzième corps, dont les premières brigades étaient attendues le 22 décembre à Kœnigsberg.

Nous avons vu que les Kosaques étaient entrés dans Wilna aussitôt après le départ des Français ; ils pillèrent aussitôt cette foule de malheureux qui occupaient les églises, les hangards et les lieux abrités, et souvent ils les dépouillaient de tout ou d'une partie de leurs vêtemens. Les juifs montrèrent dans cette circonstance une cruauté d'autant plus odieuse qu'elle n'avait pour motif qu'une cupidité effrénée ; presque tous signalèrent aux Kosaques, ou chassèrent de leurs habitations ceux qui s'y étaient réfugiés. L'avant-garde de Tchitchagof arriva dans l'après midi, et ce général (15), lui-même, le lendemain avec le reste de son corps.

J'ai dit que Kutusof s'était dirigé sur Radoszkowiczi pour y prendre la route de Minsk à Wilna ; il y arriva le 6 décembre, et y apprit l'apparition de détachemens autrichiens vers Nieswij et Slutz, et la marche de Schwartzen-

---

(*a*) La division Heudelet (30ᵉ) était forte d'environ quatorze mille hommes, tous recrues, et avait vingt bouches à feu.

berg sur Slonim. Le corps de Hertel, qui, de Minsk, se dirigeait sur Slonim, étant insuffisant pour tenir tête aux Autrichiens, Kutusof mit sous le commandement de Miloradowitz deux corps d'infanterie et un de cavalerie, et lui ordonna de se porter avec ces forces réunies par Wolojin sur Grodno; son but, en menaçant ainsi le flanc gauche des Autrichiens, était de les forcer à la retraite. Il continua, avec le reste de son armée, à suivre la route dévastée de Wilna; son quartier général avait été le 7 décembre à Malodeczno, le 8 à Smorgoni, le 9 à Oszmiana, et il fut le 13 à Wilna. Le 14 décembre Tchitchagof quitta cette ville pour se diriger par Nowoi-Troki sur le Niémen; il atteignit ce fleuve le 18, et prit ses cantonnemens dans les environs de Gezna et de Prenn. Le 16, l'armée de Kutusof fut réunie à Wilna et dans les environs, et y prit des cantonnemens. Wittgenstein, laissant Wilna à gauche, se dirigea par Rossiena sur Tilsit, pour tâcher de couper la retraite de Macdonald.

Kutusof pensa que l'état de son armée exigeait qu'il s'arrêtât. La rigueur excessive du froid, la continuité des marches et des bivouacs, et les privations éprouvées sur la route dévastée qu'il venait de suivre, lui avaient causé de telles pertes, que cette armée encore si nombreuse et si belle au combat de Krasnoi, ne comptait plus maintenant que trente-cinq mille hommes. Peu de jours après l'arrivée des Russes à Wilna, dix-huit mille de leurs malades, dont une partie l'étaient par suite des accidens occasionés par le froid, encombraient les hôpitaux. L'armée russe était alors réduite à cent mille combattans, répartis ainsi qu'il suit :

	hommes.
Armée de Kutusof.	35,000
Idem de Wittgenstein.	15,000
Idem de Tchitchagof.	15,000
Corps de Sacken, Hertel, etc.	25,000
Garnison de Riga.	10,000
Total.	100,000

Le froid excessif qui s'était fait sentir depuis le 16 décembre avait été plus funeste aux Français qu'aux Russes ; mais, sous le point de vue militaire, il fut favorable à Napoléon ; en effet, s'il fit périr un plus grand nombre de soldats dans l'armée française, la plupart auraient succombé un peu plus tard, ou seraient tombés entre les mains de l'ennemi. Dans l'armée russe, au contraire, le froid n'atteignit que des soldats pleins de santé, et força Kutusof à s'arrêter, ce qui sauva les débris de l'armée française; le retard qu'éprouvait le général russe était d'ailleurs, dans les conjonctures où se trouvait Napoléon, ce qui pouvait lui arriver de plus heureux; car l'Allemagne appelait les Russes de ses vœux, mais elle appartenait au premier occupant, et Napoléon avait la certitude d'en maintenir les peuples dans son alliance s'il y devançait les Russes avec la nouvelle armée qu'il organisait.

Nous avons vu qu'Alexandre, après le court séjour qu'il avait fait à Moskou, s'était rendu à Pétersbourg, et s'y était occupé sans relâche d'organiser les moyens que le dévouement de ses peuples avait mis à sa disposition. Le succès avait couronné ses travaux; les forces des Russes, si long-tems inférieures à celles des français, leur devinrent d'abord égales, et bientôt les surpassèrent. Un esprit de vertige semblant alors guider les résolutions de Napoléon, les Russes avaient obtenu des succès plus rapides encore que ne l'avaient été leurs revers, et sans l'ineptie de Kutusof, Wiazma, Krasnoi ou la Bérézina eussent vu terminer les déstinées de Napoléon et de son armée. Tout étant donc préparé pour alimenter la guerre,

Alexandre se décida à reparaître à la tête de ses armées. Sa présence y devenait nécessaire pour y soutenir l'activité d'opérations qu'un vieux général devait être disposé à ralentir, par suite de la disparition du danger; et aussi pour négocier avec les souverains allemands, qui comptaient sur son appui pour recouvrer leurs états ou leur indépendance.

Alexandre quitta Pétersbourg le 18 décembre, et arriva à Wilna le 22; son armée le reçut avec de vives acclamations. Les seigneurs lithuaniens qui l'avaient trahi attendaient avec anxiété quel serait leur sort; il pouvait les accabler du poids de sa vengeance, mais il usa à leur égard d'une clémence à la quelle ils devaient peu s'attendre, excusant sans doute un entraînement qui prenait sa source dans de généreux souvenirs. Ce monarque donna ses premiers soins aux prisonniers. leur sort était affreux: plus des quatre cinquièmes avaient déjà succombé, ainsi que l'attestaient leurs cadavres dispersés çà et là dans toutes les parties de la ville, et amoncelés près des hôpitaux et de tous les lieux où on les avait réunis. La faim aurait terminé tous leurs maux, si on ne leur eût fait quelques distributions de biscuit; mais dans le désordre qui suit nécessairement l'arrivée d'une armée dans de telles conjonctures, on n'avait pu leur donner ni bois (*a*), ni secours d'aucune espèce ; et jusqu'alors, les Kosaques, et souvent même les soldats préposés pour les garder, pénétraient au milieu d'eux, et achevaient de les dépouiller. Saint-Basile (*b*), séjour horrible, quel aspect offrait alors votre enceinte silencieuse ? Des malheureux entassés les uns sur les autres, dans des appartemens glacés et infectés par les membres gangrénés (*c*), et les ordures de ceux qui les occu-

(*a*) Chose extraordinaire dans un pays comme la Lithuanie, on manquait de bois à Wilna ; cela résultait de ce que les arrivages par la Wilia avaient été suspendus pendant le séjour des Français, parce qu'ils avaient voulu mettre un droit trop fort sur ce commerce.

(*b*) Saint-Basile était un couvent où l'on entassait les prisonniers ; une garde avait été placée à la porte d'entrée pour les empêcher de sortir. Jusqu'à l'arrivée d'Alexandre ils furent sans feu, sans eau, car il n'y en avait point dans l'enceinte du couvent, sans paille et sans secours d'aucune espèce. Chaque matin des soldats de corvée jetaient par les fenêtres les cadavres de ceux qui étaient morts pendant la nuit et la journée précédente. De nouveaux prisonniers, trouvés chez les habitans, dans les villages du voisinage, ou amenés de la route de Kowno, remplaçaient les morts. On fit quelques distributions de biscuit ; mais la neige, dont la cour était remplie, servit seule à étancher la soif de ceux qui avaient assez de force pour descendre dans la cour.

(*c*) La gangrène se déclare bientôt après la congellation d'un membre.

paient ; autour d'eux, plus de six mille cadavres, amoncelés dans les cours où on les avait jetés par les fenêtres, et sur les escaliers où beaucoup de ces infortunés avaient rendu les derniers soupirs. Une épidémie terrible qui vint se joindre à tant de maux fut la suite de ce traitement barbare ; bientôt elle s'étendit des lieux où elle avait pris naissance jusqu'au sein de l'armée russe, et y exerça ses ravages. Tel était le sort des prisonniers, lorsque Alexandre, ne consultant que son cœur, voulut juger par ses yeux de leur situation ; il osa pénétrer dans ces demeures horribles et infectes, où l'air corrompu portait les germes les plus actifs de l'épidémie. Quel spectacle, grand Dieu, pour un souverain encore enivré des acclamations de la victoire ! Monarque russe, quoi que tu puisses faire, cette action sera une des plus belles de ta vie !

Alexandre, profondément ému d'un sort si déplorable (*a*), désigna l'un de ses aides de camp, Saint-Priest(*b*), un français que nos dissentions intestines avaient jeté sur ces terres lointaines,

(*a*) Le grand duc Constantin marcha sur les traces de son frère ; il secourut plusieurs prisonniers de sa bourse, en fit soigner quelques-uns dans ses appartemens, et pensa devenir la victime de son humanité. Il fut atteint par la maladie épidémique ; mais sa forte constitution en eut bientôt triomphé.

(*b*) Saint-Priest, qui fut chargé par Alexandre de prendre

pour prendre soin des prisonniers. Saint-Priest remplit son attente ; il distribua des secours pécuniaires, fit payer aux prisonniers la solde qui leur avait été affectée, écouta leurs réclamations, et parvint à établir des hôpitaux, où ils étaient aussi bien traités que les malades russes eux-mêmes. Bientôt tous les souverains dont les troupes servaient dans l'armée de Napoléon envoyèrent des secours pour soulager des infortunes si extraordinaires et si peu méritées ; Napoléon seul n'en envoya point.

Cependant l'erreur de Macdonald relativement à la situation de l'armée de Moskou fut de courte durée ; il apprit d'abord qu'elle s'était retirée avec une précipitation extrême sur Wilna, et bientôt après, qu'elle avait abandonné cette capitale, et allait indubitablement repasser le Niémen. Dans cet état de choses, ce général ne pouvait différer sa retraite, sans se compromettre, puisque les Russes pouvaient se diriger sur Tilsit avec des forces bien supérieures aux siennes ; il rappela donc la division Grandjean pour la concentrer autour de Bausk : York occupait Mitau, le quartier général était à Stalgen. La position du dixième corps devenait d'au-

soin des prisonniers, est le même qui avait remplacé Wintzingerode lorsqu'il fut fait prisonnier.

tant plus critique, que les troupes prussiennes en composaient les deux tiers, et que la force, ce ciment des alliances entre l'oppresseur et l'opprimé, échappait alors à Napoléon : aussi Macdonald, livré à de vives inquiétudes, et ne consultant que la nécessité, s'était enfin décidé à se retirer, lorsqu'il reçut, le 18 dans l'après midi, l'ordre que Murat lui avait fait adresser de Wilna (*a*). Le lendemain il commença sa retraite : il l'effectua sur plusieurs routes qui se rejoignent à Piklupenen, deux lieues avant que d'arriver à Tilsit. La division Grandjean et une brigade de cavalerie prussienne ouvraient la marche; Yorck les suivait à une journée de distance. Palucci ne poursuivit point Macdonald; il se dirigea sur Mémel dont il s'empara le 27 décembre.

La colonne la plus forte du corps de Macdonald, était celle qui marchait le plus à gauche; elle était destinée à garantir les autres colonnes des Kosaques, que l'on s'attendait à

(*a*) L'ordre que Murat avait fait adresser à Macdonald avait été donné au major prussien Schenk, qui, de Wilna, s'était dirigé sur Olita, et de là sur Tilsit. Ce fait se trouve rapporté dans une lettre que Macdonald écrivit à Berthier le jour de son départ. « Comment, s'écrie ce général, n'envoie-t-on pas, dans de telles circonstances, dix, vingt, cent duplicatas ! »

rencontrer bientôt ; elle passait par Ianiski, Szawli, Kelm, Nimoksty, Taurogen et Piklupenen. Bachelu, avec sa brigade et un régiment de cavalerie prussienne, marchait à l'avant-garde de cette colonne ; le 22, il rencontra des Kosaques pour la première fois, et sa cavalerie délogea des hussards qui occupaient Kelm. Le 27, avant le jour, il trouva le village de Piklupenen, où il arrivait, occupé par une brigade d'infanterie, du corps de Wittgenstein ; Laskof, qui la commandait, se retira aussitôt, mais il fut poursuivi et chargé par la cavalerie prussienne, qui lui prit deux bataillons. Cette rencontre faisant craindre à Macdonald de trouver à Tilsit des forces plus considérables, il employa une partie de la journée du 27 à concentrer la division Grandjean. Il était déjà nuit lorsqu'il pénétra dans Tilsit ; des Kosaques qui occupaient cette ville, l'abandonnèrent à son approche.

Le lendemain, Macdonald s'étendit sur sa droite jusqu'à Ragnit ; ses communications avec Murat, interrompues depuis quelques jours, furent rétablies, mais elles se trouvèrent interceptées avec Yorck. Cette circonstance semblait peu importante, parce que le général prussien était attendu à Tilsit dans la journée même ; il n'arriva pas, ce qui pouvait résulter de la nécessité de se concentrer, ou de retards occasionés par la marche des convois. Le 29, Macdonald ne reçut point de nouvelles d'Yorck, et aucun des nombreux émissaires qu'il lui envoya ne revint; le 30, il resta dans la même ignorance sur le sort du corps prussien. La position de ce général était on ne peut plus embarrassante; s'il se retirait, et que Yorck eût été coupé par des forces supérieures, on pouvait l'accuser de ne l'avoir pas secouru; s'il l'attendait encore, chaque instant pouvait amener sa perte, puisque le rideau de cavalerie qui entourait une partie de sa position pouvait cacher des dispositions pour l'attaquer avec des forces bien supérieures aux siennes. Il était livré à ces cruelles inquiétudes, lorsqu'ayant remarqué des mouvemens parmi les troupes russes, il crut qu'il ne pouvait différér plus long-tems sa retraite, et se décida à l'effectuer le lendemain, quoi qu'il arrivât; il concentra donc pendant la nuit toutes ses troupes dans Tilsit. Cette opération était à peine terminée, lorsque Massenbach, le 31 décembre, quelques heures avant le jour, repassa brusquement le Niémen avec sa brigade de cavalerie et un régiment d'infanterie prussienne, qui marchait avec la division Grandjean; aussitôt après, Macdonald reçut la lettre suivante :

Le lieutenant général d'Yorck au maréchal Macdonald.

« Taurogen, le 30 décembre 1812.

» Monseigneur,

» Après des marches très-pénibles, il ne
» m'a pas été possible de les continuer sans
» être entamé sur mes flancs et mes derrières;
» c'est ce qui a retardé la jonction avec votre
» excellence, et devant opter entre l'alterna-
» tive de perdre la plus grande partie de mes
» troupes et tout le matériel qui, seul, assurait
» ma subsistance, ou de sauver le tout, j'ai
» cru de mon devoir de faire une convention,
» par laquelle le rassemblement des troupes
» prussiennes doit avoir lieu dans une partie
» de la Prusse orientale, qui se trouve, par la
» retraite de l'armée française, au pouvoir de
» l'armée russe.

» Les troupes prussiennes formeront un
» corps neutre, et ne se permettront pas d'hos-
» tilités envers aucun parti; les événemens à
» venir, suite des négociations qui doivent

» avoir lieu entre les puissances belligérantes,
» décideront sur leur sort futur.

» Je m'empresse d'informer votre excel-
» lence d'une démarche à laquelle j'ai été
» forcé par les circonstances majeures.

» Quelque jugement que le monde portera
» de ma conduite, j'en suis peu inquiet; le de-
» voir envers mes troupes et la réflexion la
» plus mûre me la dictent; les motifs les plus
» purs, quelles que soient les apparences, me
» guident. En vous faisant, monseigneur, cette
» déclaration, je m'acquitte des obligations
» envers vous, et vous prie d'agréer l'assu-
» rance du plus profond respect, avec lequel
» j'ai l'honneur d'être, de votre excellence,
» le très-humble serviteur,

» *Le lieutenant général, Signé* d'YORCK. »

Yorck fit connnaître sa résolution au roi de Prusse par une lettre ainsi conçue :

A sa majesté le roi.

« Taurogen, le 30 décembre 1812.

» Sire,

» Mon départ, postérieur à celui de M. le
» maréchal, l'ordre de marcher de Mitau à

» Tilsit, donné dans l'unique vue de couvrir
» la retraite de la septième division, les mau-
» vais chemins, et enfin la saison la plus défa-
» vorable, avaient rendu ma position si dé-
» sespérée, que j'ai été forcé de conclure avec
» le général major de Diebitsch, au service de
» sa majesté l'empereur Alexandre, la con-
» vention que j'ai l'honneur de mettre ci-joint
» aux pieds de votre majesté.

» Dans l'entière conviction qu'en persis-
» tant de marcher, j'aurais compromis l'exis-
» tence de tout le corps d'armée, et entraîné
» la perte de son artillerie et de ses bagages,
» comme nous en avons vu l'expérience dans
» la grande armée, j'ai cru, comme fidèle su-
» jet de votre majesté, ne devoir consulter
» que son intérêt, sans égard pour celui de
» son allié, pour lequel j'aurais sacrifié tout le
» corps d'armée, sans pouvoir lui être d'un
» véritable secours dans sa position actuelle.

» Je mets volontiers ma tête aux pieds de
» votre majesté, dans le cas où elle jugerait
» ma conduite répréhensible. J'aurais la douce
» tranquillité de penser, dans ce dernier ins-
» tant, que je mourrai comme fidèle sujet,
» comme un véritable Prussien, et comme un

» homme enfin qui n'a voulu que le bien de
» sa patrie.

» *Signé* d'YORCK.

» Pour traduction exacte, le chancelier d'é-
» tat,

» *Signé* baron de HARDENBERG (*a*). »

La Prusse, depuis plusieurs années, gémissait sous l'oppression de Napoléon, qui l'avait accablée de maux et d'outrages ; l'occasion venait de se présenter de lui faire recouvrer sa liberté, de la replacer au rang qu'elle avait perdu, peut-être même dans un rang plus élevé. Ses destinées s'étaient trouvées en quelque sorte entre les mains d'Yorck, qui commandait sa seule armée, et dont l'exemple allait avoir tant d'influence sur ses compatriotes. Le tems lui avait manqué pour prendre les ordres de son roi, il fut obligé d'en recevoir des circonstances ; d'ailleurs, le roi ne pouvait être instruit de l'état des choses; il n'était point libre, il était captif dans sa capitale. La défection (16)

(*a*) Cette traduction fut envoyée par ordre du roi de Prusse à M. le comte de Saint-Marsan, envoyé extraordinaire et ministre plénipotentiaire près de ce souverain.

d'Yorck était donc louable et naturelle : toutefois on peut lui reprocher d'avoir laissé Macdonald quatre jours dans l'incertitude sur son sort, et d'avoir terni ainsi une généreuse résolution par l'apparence d'une trahison. Quand on se décide à prendre un tel parti, il faut le faire connaître aussitôt aux alliés que l'on quitte, et sans en déguiser les motifs, ainsi qu'il le fit dans sa lettre à Macdonald, et même dans celle qu'il écrivit à son souverain.

Macdonald, aussitôt qu'il eut appris la défection d'Yorck, commença sa retraite sur Kœnisberg et marcha sur Melauken, ne s'arrêtant que le tems nécessaire pour faire prendre quelque nourriture à ses troupes; il atteignit ce village le 1er. janvier, à trois heures du matin. La rapidité de sa marche le tira d'une position d'autant plus critique, que les habitans ne déguisaient plus la haine qui les animait contre les Français, et leur joie de l'arrivée des Russes, qu'ils considéraient comme leurs libérateurs; et que, réduit à moins de huit mille hommes d'infanterie, il était poursuivi par la totalité du corps de Wittgenstein, augmenté des troupes de la garnison de Riga. Le 3, au point du jour, Bachelu, qui faisait l'arrière-garde avec sa brigade, fut attaqué inopinément dans Labiau par des forces très-supérieures aux siennes ; ce combat fut court, mais très-animé ; on combattit jusque dans les rues ; Bachelu parvint à effectuer sa retraite en bon ordre.

Pendant les opérations que je viens de raconter, Murat avait dirigé les brigades de la division Heudelet de Kœnisberg sur Tapiau à mesure qu'elles arrivaient ; toute cette division avait été réunie dans ce dernier endroit, le 26 décembre ; Mortier occupait encore alors Wehlau et Talplaken.

Cependant Platof ayant reçu l'ordre de pénétrer sur le territoire prussien, ses Kosaques entrèrent le 23 décembre à Stallupohnen, le 24 à Gumbinen, et le 26 à Insterburg. Dans le même tems, Tchitchagof quittait ses cantonnemens sur le Niémen, pour se diriger sur cette dernière ville. Le 28, une centaine de Kosaques occupèrent Wehlau, que Mortier avait évacué la veille ; cette ville contenait deux millions de rations de vivres. Murat, ce jour même, ayant reçu la nouvelle de l'arrivée de Macdonald à Tilsit, ordonna à Heudelet de réoccuper Wehlau et Talplaken. Le 3 janvier, Tchitchagof arriva à Insterburg, et Macdonald à Caymen, à cinq lieues de Kœnisberg.

Murat réunit au commandement de ce général la division Heudelet, la brigade Cavaignac (de cavalerie), qui venait d'arriver, et le chargea de faire, avec ces troupes, l'arrière-garde de l'armée.

Aussitôt que le roi de Prusse fut instruit de la conduite du général d'Yorck, il ordonna que le lieutenant général de Kleist (*a*) le remplacerait dans le commandement du corps prussien, et le ferait arrêter et conduire à Berlin, pour y être mis en jugement. Il envoya le lieutenant colonel de Natzmer, son aide de camp, près de Murat, pour lui exprimer son improbation, relativement à la convention qui venait d'être conclue, et le prier de donner à cet officier l'appui nécessaire, pour qu'il pût faire mettre à exécution ses ordres, relativement au général Yorck. Monsieur de Natzmer ne put remplir sa mission, puisqu'il aurait fallu passer au travers de la ligne des Russes pour parvenir jusqu'à Yorck. Aussi ce général n'apprit-il les mesures prises contre lui que par les gazettes prussiennes, mais il n'en tint aucun compte. Les gazettes, disait-il avec raison, ne sont point investies du droit de porter les ordres du souverain aux militaires.

(*a*) De Kleist n'était que général major; il fut nommé lieutenant général.

Dans le même tems que le roi de Prusse envoyait M. de Natzmer près de Murat, il envoyait à Paris le prince de Hatzfeld, pour faire connaître à Napoléon les mesures qu'il venait de prendre, et lui porter l'expression de son attachement à sa cause, et de son indignation de la conduite d'Yorck. Selon toutes les apparences, le roi de Prusse était de bonne foi (17), c'est-à-dire que ne croyant point encore pouvoir secouer le joug de Napoléon, la conduite d'Yorck lui semblait contraire à ses intérêts; au moins c'est ce que l'on doit conclure des événemens subséquens.

Jusqu'au moment de la défection d'Yorck, Murat avait espéré pouvoir tenir derrière la Pregel (*a*); cet événement désastreux le força à

(*a*) Murat, sans la défection d'Yorck, aurait pu réunir derrière la Pregel, à l'époque du 5 janvier,

Le corps de Macdonald.	26,000 hommes.
La division Heudelet.	8,000 (*a*).
La division Detrés, qu'on pouvait faire venir de Dantzig.	6,000
La division Marchand, auparavant Loison.	2,400 (*b*).
La brigade Cavaignac.	1,600
Total.	44,000 hommes.

Indépendamment de ces quarante-quatre mille hommes,

(*a*) La division Heudelet n'étant composée que de recrues, fut bientôt réduite à huit mille combattans.

(*b*) On avait donné des armes à ce qui restait de soldats valides de la division

évacuer la vieille Prusse. Il quitta Kœnigsberg le 2, et eut le 3 son quartier général à Elbing. Le 4, Macdonald arriva à Kœnigsberg, où il

Murat aurait formé une réserve avec ce qu'on avait pu réunir de la garde et des deuxième, troisième, quatrième et neuvième corps; ainsi il aurait disposé de forces plus nombreuses que celles de Tchitchagof et Witgenstein, réunies, qui ne s'élevaient qu'à quarante mille hommes.

J'aurais voulu pouvoir donner une situation complète de tous les corps qui avaient fait la retraite avec Napoléon; mais les renseignemens me manquent pour l'établir. Voici ceux que j'ai pu me procurer.

L'infanterie de la vieille garde, le 20 décembre 1812, à Insterburg, comptait cent cinquante-neuf officiers et treize cent douze sous-officiers et soldats dont cinq cents tout au plus en état de faire feu.

L'infanterie de la jeune garde, le 19 décembre 1812, à Insterburg, comptait deux cent soixante-dix-huit officiers et sept cent quatre-vingt-quinze sous-officiers et soldats. On ne dit pas combien il y en avait en état de combattre.

Le premier corps, le 5 janvier 1813, à Thorn, comptait neuf cent quatre-vingt-seize officiers et deux mille trois cent soixante-deux sous-officiers, dont sept cent vingt-neuf officiers et dix-huit cent sept sous-officiers et soldats en état de servir.

Le deuxième corps, le 10 janvier 1813, à Marienburg, comptait trois mille six cent vingt-neuf hommes, infanterie, artillerie, équipages, etc., tout compris, dont trois mille deux cent quarante-quatre d'infanterie. On ne fait pas connaître combien il y en avait en état de combattre.

Loison, et on y avait réuni quelques bataillons de marche composés de troupes allemandes. Deux jours après le départ de Kœnigsberg, cette division était déjà diminuée de moitié.

trouva la division Heudelet et la brigade Cavaignac ; avec ces forces réunies, il évacua Kœnigsberg le 5 janvier, et se retira par Elbing sur Dantzig. Murat quitta Elbing le 11 janvier, et transporta son quartier général à Posen. Les Russes trouvèrent à Wehlau, à Kœnigsberg, à Elbing et à Bromberg, dont ils s'emparèrent bientôt, des magasins très-considérables. Le 16 janvier, les dernières troupes du corps de Macdonald entrèrent dans Dantzig; le 21, cette place fut entièrement cernée; sa garnison s'élevait alors à trente-cinq mille neuf cent trente-quatre hommes, dont cinq mille neuf

---

Le troisième corps, le 6 janvier 1813, à Marienburg, comptait trois cent cinquante-huit officiers et seize cent vingt-sept sous-officiers et soldats, dont deux cent quatre-vingt treize officiers et treize cent deux sous-officiers et soldats en état de servir.

Le quatrième corps, le 4 janvier 1813, à Marienwerder, comptait six cent soixante-huit officiers et deux mille cent quatre-vingt-trois sous-officiers et soldats, dont cinq cent quinze officiers et treize cent cinquante-neuf sous-officiers et soldats disponibles.

Ces renseignemens se trouvent dans des situations ou dans des rapports adressés par les généraux qui commandaient ces corps à Berthier ; je les ai recopiés textuellement. On remarquera que ces situations doivent comprendre plusieurs militaires qui n'avaient point été à Moskou, mais qui avaient rejoint pendant la retraite ; d'autres qui n'avaient rejoint que depuis qu'on avait repassé le Niémen.

cent dix-neuf, aux hôpitaux (a). Vittgenstein seul avait poursuivi Macdonald; Tchitchagof s'était dirigé d'Insterburg sur Thorn.

Les succès des Russes dans le grand duché de Varsovie avaient été moins rapides que ceux qu'ils venaient d'obtenir dans la vieille Prusse. Nous avons vu que Schwartzenberg était arrivé à Slonim, persuadé que Napoléon était victorieux, et poursuivait l'armée russe; son erreur fut de courte durée; il apprit bientôt la retraite précipitée de l'armée française sur Wilna; et, ne doutant pas qu'elle ne repassât le Niémen, il commença, le 14 décembre, à rétrograder sur Bialystock; il n'avait point encore atteint cette ville lorsqu'il reçut l'ordre que Murat lui avait fait adresser de Wilna, et qui lui prescrivait exactement le mouvement qu'il exécutait. Le 18 décembre, Schwartzenberg prit des can-

---

(a) La garnison de Dantzig était composée des corps suivans :

Division Grandjean (septième),
Division Heudelet (trentième),
Division Bachelu, auparavant Loison (trente-quatrième),
Division Detrés (trente-troisième),
Brigade Cavaignac,
Des troupes de l'artillerie et du génie,
Un dépôt de militaires de différentes armes qui y étaient entrés étant malades.

tonnemens à Bialystock, et en avant de cette ville ; sa droite s'étendait jusqu'à Narewka ; le détachement qui occupait Grodno se reploya, le 20 décembre, sur Bialystock. Reynier avait rétrogradé en même tems que Schwartzenberg, et s'était retiré de Rujana sur Kamenetz. Il prit des cantonnemens derrière la Lezna ; sa droite s'appuyait au Bug; sa gauche occupait Kamenetz. A cette époque, Alexandre, convaincu que l'empereur d'Autriche allait rompre une alliance qu'avait dictée la politique, mais qui était en opposition avec ses intérêts, et qui blessait sa fierté, ordonna à ses troupes de ne plus commettre d'hostilités contre les Autrichiens, et fit proposer à Schwartzenberg un armistice pour entrer en négociations. Ce général répondit qu'il n'avait point reçu d'instructions à ce sujet, et il écrivit aussitôt à Murat pour prendre ses ordres, à son souverain pour savoir si les grands changemens survenus depuis peu en Europe, n'en avaient point apporté dans ses résolutions.

Cependant Miloradowitz, après s'être emparé de Grodno, dirigea un fort détachement par Goniunds, Jedwabno, et Lomza sur Ostrolenka, afin de menacer la gauche de Schwartzenberg, et marcha sur Bialystock avec le reste de son armée (*a*). Dans le même tems, Sacken se portait sur Reynier; son avant-garde occupa Brezesc-Litowski, le 25 décembre. Tutchkof (*b*) observait les cantonnemens ennemis. Par suite de ces mouvemens, Schwartzenberg se décida à se rapprocher de Varsovie; son corps vint occuper de nouveaux cantonnemens entre le Bug et la Narew; sur la première rivière ils s'étendaient jusqu'à Nur, sur la seconde jusqu'à Ostrolenka; Reynier cantonna ses troupes derrière la petite rivière qui passe à Wengrod. Ce général, s'apercevant que les Russes ne commettaient plus d'hostilités contre les Autrichiens, tandis qu'ils le harcelaient continuellement, demanda à Schwartzenberg, et en obtint quelques régimens de cavalerie autrichienne pour couvrir ses cantonnemens. Toutes les troupes qui se trouvaient sous les ordres de Schwartzenberg, s'étendirent alors comme si l'on n'eût pas été en présence de l'ennemi. Ces dispositions furent terminées dans les premiers jours de janvier. Pendant une partie de ce mois

---

(*a*) Miloradowitz avait été renforcé par un corps d'infanterie et un de cavalerie, venus de Wilna.

(*b*) Tutchkof avait pris le commandement du corps de Hertel; ce dernier avait été envoyé à Wilna comme maître de police.

on resta dans l'inaction, et il exista un armistice de fait, quoiqu'on n'eût rien stipulé ni par écrit ni verbalement. La réponse de Murat se trouva favorable à cet état de choses. « Le roi, écrivait Berthier à Schwartzenberg, » me charge de vous mander qu'il approuve » vos dispositions, et qu'il sera charmé d'apprendre que vous soyez parvenu à conclure » un armistice tacite et non écrit, qui vous » permettrait de faire reposer vos troupes, » ainsi que celles du général Reynier, et qui » deviendrait nul si les corps ennemis que vous » avez en opposition marchaient sur un autre » point. »

Pendant que les Russes pénétraient ainsi dans le grand duché de Varsovie, les corps de l'armée russe restés à Wilna et dans les environs, quittaient leurs cantonnemens pour se diriger sur Merecz, où ils devaient passer le Niémen. Alexandre, accompagné de Kutusof, eut son quartier général, le 8 janvier, à Orani, et le 9 à Merecz, où ce monarque resta quelques jours, et d'où il adressa la proclamation suivante à son armée.

LIVRE IV.

« Merecz, le $\frac{1^{er}}{13}$ janvier 1813.

» Soldats!

» L'année est écoulée! année mémorable et
» glorieuse, dans laquelle vous avez plongé
» dans la poussière l'orgueil de l'insolent
» agresseur! elle est écoulée, mais vos faits hé-
» roïques restent; le tems ne saurait en effacer
» le souvenir; ils sont présens à vos contem-
» porains : ils vivront dans la postérité.

» Vous avez acheté au prix de votre sang la
» délivrance de votre patrie que menaçaient
» des puissances liguées contre son indépen-
» dance. Vous avez acquis des droits à la re-
» connaissance de la Russie, et à l'admiration
» des autres pays. Vous avez prouvé par votre
» fidélité, votre valeur et votre persévérance,
» que contre des cœurs remplis d'amour pour
» Dieu, et de dévouement envers le souverain,
» les efforts des plus formidables ennemis sont
» semblables aux vagues furieuses de l'océan,
» qui se brisent en efforts impuissans contre
» les rochers inébranlables, et ne laissent
» après elles qu'un bruit confus.

» Soldats! désirant distinguer tous ceux qui
» ont participé à ces exploits immortels, j'ai

» fait frapper des médailles d'argent qui ont
» été bénies par notre sainte église. Elles por-
» tent la date de la mémorable année 1812.
» Suspendues à un ruban bleu, elles décore-
» ront les poitrines guerrières qui ont servi de
» bouclier à la patrie. Chaque individu de l'ar-
» mée russe est digne de porter cette hono-
» rable récompense de la valeur et de la cons-
» tance.

» Vous avez tous partagé les mêmes fatigues
» et les mêmes dangers. Vous n'avez eu qu'un
» cœur et qu'une volonté. Vous serez enor-
» gueillis de porter tous la même décoration.
» Elle proclamera partout que vous êtes les fi-
» dèles enfans de la Russie, enfans sur lequels
» Dieu le père répandra sa bénédiction.

» Que vos ennemis tremblent en voyant ces
» décorations! qu'ils sachent que sous ces mé-
» dailles palpitent des cœurs animés d'une va-
» leur impérissable! impérissable parce qu'elle
» n'est point fondée sur l'ambition ou l'im-
» piété, mais sur les bases immuables du pa-
» triotisme et de la religion.

» *Signé* ALEXANDRE. »

De Merecz, l'armée russe se dirigea, par Au-
gustowo et Willenberg, sur Plotzk. Le 22 jan-

vier, Schwartzenberg reçut des instructions qui lui prescrivaient de se retirer sur la Gallicie, et d'y prendre des quartiers d'hiver; ainsi ce que Yorck avait cru devoir faire dans l'intérêt de son souverain, Schwartzenberg allait l'exécuter par les ordres du sien. A cette époque, le quartier général de l'armée française était toujours à Posen (*a*). Les russes s'étaient emparés des magasins considérables que l'on avait réunis à Bromberg; Thorn était bloqué par des troupes du corps de Tchitchagof; l'avant-garde de Kutusof n'était plus qu'à quelques marches de Plotzk, où ce général allait passer la Vistule.

Miloradowitz, pour contraindre Schwartzenberg à la retraite, avait dirigé l'un de ses corps sur Przasnie, afin de menacer sa gauche; et dans le même tems il avait envoyé près de lui pour l'engager à se replier sur Varsovie. Schwartzenberg avait répondu qu'il ne le pourrait que lorsqu'il aurait reçu les ordres de son souverain, et qu'il les attendait incessamment. Deux jours après, Miloradowitz envoya prévenir Schwartzenberg que, l'armée de Kutusof

---

(*a*) Eugène avait, le 16 janvier, succédé dans le commandement de l'armée à Murat, qui était parti pour Naples.

continuant son mouvement, il ne pouvait plus différer davantage à se porter sur Varsovie. Le général autrichien commença donc sa retraite le 25 janvier, conjointement avec Reynier, qu'il avait instruit des nouvelles résolutions de son souverain ; ils se retiraient lentement, afin de gagner du tems pour l'évacuation des malades et des magasins : le premier par Pultusk et Sierock, le second par Stanislawow. Une garnison fut laissée à Modlin. Les habitans de Varsovie, craignant la vengeance des Russes, prièrent Schwartzenberg de solliciter pour eux une capitulation ; ce général la demanda et l'obtint beaucoup plus favorable qu'ils ne pouvaient l'espérer dans de telles conjonctures. Varsovie devait être évacué le 5 février ; Reynier et Poniatowski obtinrent de Schwartzenberg qu'il y resterait encore trois jours pour couvrir leur retraite : Reynier était parti le 4 pour se diriger par Kalisch sur Glogau ; Poniatowski partit le 6 pour Cracovie, préférant suivre Schwartzenberg plutôt que Reynier, ce qui semble d'autant plus extraordinaire que l'empereur d'Autriche rompait alors son alliance avec Napoléon. Le 7, l'arrière-garde autrichienne quitta Varsovie ; le 8 les Russes y entrèrent. C'était assurément un événement très-favorable aux

Russes, que la neutralité de l'Autriche ; mais Schwartzenberg leur avait été beaucoup plus nuisible depuis qu'ils étaient entrés en pourparlers avec lui par les retards qu'il leur avait fait éprouver, que s'il eût été leur ennemi déclaré.

Depuis le passage de la Bérézina, l'on avait continué à faire de grandes fautes de part et d'autre. Napoléon, s'étant persuadé qu'il pourrait s'arrêter à Malodeczno, puis à Smorgoni, enfin à Wilna, n'avait fait faire de distributions qu'aux militaires qui étaient restés aux drapeaux ; il avait ainsi causé la mort d'un grand nombre de soldats, dont une partie, si on leur eût donné des alimens, auraient atteint le Niémen, et en ne détruisant pas les magasins de Smorgoni et de Wilna, on avait rendu à l'armée russe le plus grand de tous les services. Napoléon aurait dû faire étaler, de chaque côté de la route, tout ce qui se trouvait dans les magasins de Smorgoni, surtout le biscuit, et détruire ce qui n'aurait pu être emporté. On aurait dû prendre les mêmes mesures à Wilna, car il était trop évident, après le désastre de la division Loison, et ayant laissé tomber les magasins de Smorgoni au pouvoir de l'ennemi, qu'on ne pourrait s'arrêter à Wilna. Quel jeu bizarre de la fortune ! Ces immenses magasins, réunis avec tant de peine et de soins, ne furent d'aucune utilité à l'armée française, et servirent à alimenter l'armée russe.

Napoléon laissa des garnisons dans les places qui avoisinent la Vistule, parce qu'il conservait l'espoir de reprendre bientôt l'offensive et de ramener ses armées sur ce fleuve. Cet espoir était-il fondé? je ne le pense pas. Quoi qu'il en soit, ce fut une faute incontestable de laisser dans Dantzig trente-six mille hommes, forces plus que doubles de celles qu'il était nécessaire d'y laisser, surtout dans la saison où l'on se trouvait.

On a vu que Kutusof, pendant la retraite de l'armée française, avait suivi jusqu'à Radoszkowiczi des chemins de traverse, afin de pouvoir alimenter son armée. Depuis ce village jusqu'à Wilna, il suivit la même route que l'armée française, et ses troupes souffrirent beaucoup malgré le secours des magasins de Smorgoni; il put s'arrêter à Wilna, parce que, contre toutes les apparences, il y trouva intact les immenses magasins qu'y avaient réunis les Français. La marche sur Wilna était insensée; si Kutusof voulait continuer à suivre les débris de l'armée française, il devait se diriger par des chemins de traverse sur Kowno, ou sur un point voisin, situé sur le Niémen, au dessus de cette ville, par exemple, sur Prenn, et pousser jusqu'à la vieille Prusse, pays riche, pour y accorder quelque repos à ses troupes s'il le jugeait indispensable.

Après le passage de la Bérézina, puisque Wittgenstein se portait sur les communications de Macdonald, et que Tchitchagof seul était plus que suffisant pour poursuivre les débris de l'armée française, Kutusof aurait dû se rendre d'abord à Minsk, y accorder quelque repos à ses troupes, pendant lequel il leur aurait fait distribuer des vivres, et de là se diriger sur Varsovie. Schwartzenberg aurait été contraint de se replier, et Kutusof aurait occupé cette capitale, et par suite, pénétré en Allemagne un mois plutôt, événement de la plus haute importance; car, quoique l'Allemagne appelât les Russes de ses vœux, elle appartenait au premier occupant, et il fallait se hâter pour y devancer Napoléon, dont l'activité et l'intelligence, concernant l'organisation des armées, étaient admirables. Enfin ce fut une très-grande faute d'avoir attendu quelques jours avant que de pénétrer sur le territoire prussien; si les Kosaques avaient continué à poursuivre l'armée française, ils n'auraient été arrêtés qu'au delà de Kœnigsberg, par la division Heudelet ; ils auraient fait un très-grand nombre de prisonniers, pris beaucoup d'artillerie, qu'on eut le tems d'évacuer sur Dantzig, et mis Macdonald dans une position si critique qu'il n'aurait probablement pu s'en tirer.

FIN.

NOTES

DU LIVRE QUATRIÈME.

(1) Page 259.

« *Ce n'était point ce courage passif des bataillons de nos jours.* » Les bataillons sont de véritables machines à coup de fusils; les cadres y jouent le principal rôle, puisqu'ils parviennent, pourvu qu'un tiers des soldats soient aguéris et braves, à contenir les deux autres tiers bon gré malgré.

Il est très-rare qu'on en vienne à l'arme blanche. Si un bataillon en charge un autre qui soit en position, et que ce dernier ne commence le feu qu'à petite portée et fasse bonne contenance, il est probable que le premier perdra beaucoup de monde et fuira ; mais si, au contraire, celui qui est en position, commence le feu trop tôt, et que le bataillon qui le charge, continue à marcher avec résolution, ce sera celui qui est en position qui fuira.

(2) Page 263.

« *En démolissant les maisons, lorsqu'elles n'étaient point occupées par les états majors.* » Les états majors occupaient les villages où s'arrêtaient les quartiers généraux, et les combattans prenaient position autour. Lorsqu'une partie des maisons n'étaient pas occupées par les états majors, les combattans les démolissaient malgré ceux qui les occupaient, pour en brûler les bois, et c'était un grand soulagement que de trouver ainsi du bois sec à la portée des bivouacs. Les villages, maisons, granges ou hangars qui n'étaient point occupés par des quartiers généraux, l'étaient par les premiers qui s'y établissaient ; souvent alors il s'élevait des rixes entre eux et ceux qui, étant forcés de bivouaquer, voulaient démolir les maisons pour en brûler le bois. Lorsque les premiers parvenaient à les conserver, les seconds y mettaient quelquefois le feu par vengeance.

(3) Page 306.

« *J'ai dit que le pont de droite avait été terminé à une heure de l'après midi.* » Je pense qu'on lira avec intérêt quelques nouveaux détails relatifs à l'établissement des ponts sur la Bérézina, à cause de l'importance de cette opération, dans les circonstances où se trouvait l'armée.

La construction des ponts ne fut possible que parce qu'Eblé avait conservé un matériel consistant en :

1º Deux forges de campagne.

2º Deux voitures chargées de charbon.

3º Six caissons qui contenaient des outils d'ouvriers en bois et en fer, des clameaux, des clouds, des haches, des pioches et du fer. Ce général avait eu aussi la précaution, à son passage par Smolensk, d'y faire prendre à chaque pontonnier un outil et quelques clouds et clameaux que presque tous avaient conservés et qu'ils déposèrent à l'endroit où l'on fit les préparatifs du passage.

L'on ne possédait point une seule des pièces de bois nécessaires à l'établissement des ponts ; la construction toute particulière des villages russes (*a*) permit de se les procurer en démolissant les maisons de Studianka.

On remplaça les bateaux et nacelles dont on manquait par deux radeaux qui étaient d'une très-petite dimension, celle des bois dont on disposait ne permettant pas de les faire plus grands; ils servirent d'abord à transporter des fantassins sur la rive ennemie, et ensuite à la construction des ponts; mais ils ne pouvaient se diriger avec autant de rapidité et de facilité que des nacelles ou des bateaux.

La hauteur des chevalets variait depuis trois jusqu'à neuf pieds, et il y en avait vingt-trois à chacun des ponts; on n'eut point le tems d'équarir les bois avec lesquels on les construisit, non plus que ceux qu'on employa au lieu de poutrelles. Quant aux madriers, ils furent remplacés, au pont destiné pour les voitures, par des rondins de quinze à seize pouces de longueur, et à celui destiné aux piétons, par un triple lit de planches de quelques lignes d'épaisseur, provenant de la couverture des maisons du village.

L'on avait couvert les tabliers des ponts de chanvre ou de foin, qu'on fut obligé de renouveler fréquemment: l'on conçoit avec quel zèle, quelle intelligence et quelle activité il fallut travailler pour, dans une seule nuit et avec des soldats harassés de fatigue, abattre des maisons et en préparer les bois de manière à pouvoir en construire deux ponts.

(*a*) Les murailles des maisons, dans les villages russes, sont construites avec des bois de sapins placés horizontalement, et qui ne sont point équaris.

J'ai dit qu'il y avait à Orsza un équipage de ponts de soixante bateaux, muni de tous ses agrès, et que l'on avait brûlé le 20 novembre; si l'on eût amené quinze de ces bateaux, on aurait pu, en moins de deux heures, construire un pont, et si l'on eût seulement conservé six bateaux pour les placer au pont pour voitures, dans la partie la plus profonde de la rivière, l'on aurait diminué de moitié la longueur et la difficulté des travaux.

(4) Page 337.

« *Schwartzenberg, aussitôt arrivé à Slonim, reçut une nouvelle dépêche, du 4 décembre, qui le jeta dans l'incertitude.* » Les deux lettres de Maret et celles que Schwartzenberg écrivit à Berthier, le 14 décembre, me semblent dignes d'être citées; elles étaient ainsi conçues :

Le duc de Bassano au prince de Schwartzenberg.

« Wilna, le 2 décembre 1812.

» L'arrivée de l'amiral Tchitchagof sur la Bérézina a
» changé les dispositions de sa majesté; toute l'armée,
» après avoir forcé le passage de cette rivière, a battu
» plusieurs fois l'ennemi, marche dans la direction de
» Wilna. L'empereur sera probablement ici de sa per-
» sonne, avant six ou huit jours. Je n'ai pas reçu d'or-
» dres à transmettre à votre excellence, mais j'ai dû
» sentir l'importance de vous informer promptement de
» cette nouvelle direction des opérations militaires. A
» défaut d'instructions, votre excellence jugera ce qu'elle
» doit faire; elle considérera s'il ne conviendrait pas

NOTES DU LIVRE IV.

» qu'elle se rapprochât du haut Niémen et du flanc droit
» de l'armée. Je n'ai rien reçu de vous, mon prince,
» depuis votre lettre du 27 novembre. Informez-moi,
» je vous prie, le plus promptement possible du mou-
» vement que vous vous serez décidé à faire. »

» J'ai l'honneur d'offrir à votre excellence les nou-
» velles assurances de ma plus haute considération et de
» mes plus inviolables sentimens.

» *Signé* le duc de BASSANO. »

Le duc de Bassano au prince de Schwartzenberg.

« Wilna, le 4 décembre 1812.

» Sa majesté est arrivée le 3, à Malodeczno; elle m'é-
» crit qu'elle attache la plus grande importance à ce que
» vous suiviez le mouvement de l'armée et que vous
» manœuvriez dans le sens de la position actuelle; elle
» regarde la rapidité de votre marche comme devant
» avoir une grande influence sur l'état des affaires.

» Sa majesté a battu le général Wittgenstein au
» passage de la Bérézina; elle a aussi battu l'amiral
» Tchitchagof et ses quatre divisions, et lui a fait six
» mille prisonniers; elle a réduit cette armée à sept
» mille hommes d'infanterie et six mille de cavalerie; il
» n'y a point de nouvelles du général Kutusof. Une bri-
» gade de la division Partouneaux s'est égarée pendant
» la nuit, et dans sa marche pour rejoindre le pont de la
» Bérézina, elle s'est jetée dans les postes ennemis; sa
» majesté la croit perdue. Les Russes feront sans doute

» un grand éclat de cet événement, qui n'est toutefois
» qu'un malheureux accident.

» L'intention de sa majesté est d'entrer en quartier
» d'hiver, et de donner à son armée, qui en a grand be-
» soin, le tems de se remettre de ses fatigues.

» Je désire, mon prince, être informé exactement et
» promptement de vos mouvemens : la dernière lettre
» que j'ai reçue de vous est datée de Prujany, le 1er dé-
» cembre.

» Je n'ai pas le tems d'écrire à M. le général Reynier;
» auriez-vous la complaisance de lui donner les nou-
» velles que je vous transmets.

» J'ai l'honneur, etc.

» *Signé* le duc de BASSANO. »

*Le prince de Schwartzenberg au prince de Neufchâtel et de
Wagram.*

« Slonim, le 14 décembre 1812.

» Il y a bien long-tems que je suis entièrement privé
» des nouvelles de votre altesse; j'ignore la position
» ou la direction que prend la grande armée. M. Charlet,
» un des aides de camp du général Reynier, qui doit
» être arrivé à Wilna le 5, un secrétaire (*a*) que j'y ai
» envoyé et qui doit être rendu le 7, n'en sont pas
» revenus encore ni l'un ni l'autre. Des reconnaissances
» que le général Mohr a poussées à Lida, m'ont averti,
» il y a quatre jours, que la communication se trouve
» interceptée par les Kosaques. Je dois craindre qu'un

(*a*) Ce secrétaire était le baron de Sturmer.

» des courriers expédiés de Wilna, pour me porter des
» ordres de la part de sa majesté, n'ait eu le malheur
» d'être pris, puisque les dernières nouvelles que j'ai
» reçues de Wilna sont du 4, et que j'avais annoncé
» mon arrivée à Slonim pour le 6, en demandant des
» ordres sur la direction que je devais prendre lorsque
» je serais arrivé à ce point.

» Ayant reçu la lettre du 2, du duc de Bassano, près
» de Prujany, j'ai envoyé l'ordre aux troupes que j'avais
» laissées à Slonim de se mettre en marche pour Nieswij,
» de pousser des reconnaissances vers Minsk et Slutzk,
» pour inquiéter l'ennemi qui, après avoir été battu,
» pouvait prendre cette route. Je voulais cependant at-
» tendre des ordres positifs avant de suivre ce mouve-
» ment avec toute l'armée, croyant entrevoir par les
» lettres de M. le duc de Bassano, que la grande armée
» continuait son mouvement sur Wilna. Mais je me vois
» malheureusement privé, depuis le 4, de correspon-
» dance avec Wilna. Votre altesse voudra bien observer
» que dans la lettre du 4, où il est dit que sa majesté attache
» la plus grande importance à ce que je suive le mouve-
» ment de l'armée et que je manœuvre dans le sens de la
» position actuelle, on m'a laissé dans l'ignorance sur la
» nature du mouvement, et celle de la position même.

» J'ai appris par des voyageurs que l'armée russe a
» passé Oszmiana, qu'elle se portait sur Wilna et que
» la grande armée continue son mouvement sur Kowno.
» Si j'avais su plutôt que l'armée ferait ce mouvement,
» j'aurais envoyé le corps resté à Slonim sur Lida, où il
» aurait été bien utile, au lieu de le faire avancer sur
» Nieswij. Ne trouvant plus ici de quoi vivre, supposant

» d'ailleurs que la grande armée passera le Niémen, pour
» prendre des quartiers d'hiver, et ne recevant point
» d'ordres, j'ai résolu de marcher dans la direction de
» Grodno. Je compte être le 16 dans les cantonnemens
» près de Rossa. La division Siégenthal et trois régimens
» de cavalerie resteront du côté de Slonim, en formant
» l'arrière-garde. Si des ordres de sa majesté ou d'autres
» circonstances ne m'obligent point à changer de dispo-
» sitions, je continuerai mon mouvement vers Bialys-
» tok en envoyant des troupes pour couvrir Grodno au-
» tant que possible ; j'espère recevoir jusqu'alors des
» ordres qui m'indiqueront les cantonnemens d'hiver
» destinés aux troupes que je commande. Le général
» Dutaillis me mande que Sacken est à Wlodimir avec
» vingt-six mille hommes, ce qui me paraît bien exagéré,
» et qu'il menace le duché : le général n'a que trois
» mille hommes ; la Vistule est gelée, et il est vrai qu'il
» a des dépôts immenses à garder. Un courrier saxon,
» qui revient de Varsovie, dit avoir rencontré sa ma-
» jesté, allant dans cette capitale ; toutes ces considéra-
» tions me font approuver un mouvement du septième
» corps, dans la direction de Brzesc, pour être à portée
» de couvrir le duché et surtout Varsovie, en cas d'une
» invasion.

» Le porteur de la présente, M. le comte Latour,
» lieutenant colonel à l'état major général de l'armée,
» est à même de donner à votre altesse tous les rensei-
» gnemens sur cette armée et ses opérations.

» Veuillez agréer, monseigneur, les assurances de ma
» plus haute considération et du plus inviolable atta-
» chement.   » *Signé* SCHWARTZENBERG. »

(5) Page 339.

« *La société du Tugend-Bund (pacte de la vertu), dont le but était de secouer le joug de ce conquérant.* » Le Tugend-Bund était une société secrète, qui avait pour grand-maître, le baron de Stein, et dont le but était de délivrer l'Allemagne du joug de Napoléon ; cette société se subdivisa en plusieurs autres, qui, indépendamment du but principal dont je viens de parler, en avaient un plus éloigné, tel que la restauration de la monarchie prussienne, la formation de l'Allemagne en un seul état fédératif, sous un ou deux chefs.

La société du Tugend-Bund se formait d'un grand nombre d'associations particulières, inconnues les unes des autres, et qui remontaient par des comités provinciaux et des conseils généraux, jusqu'au grand-maître. Les comités ne connaissaient que les associations auxquelles ils transmettaient des ordres, et que le conseil général duquel ils en recevaient.

(6) Page 343.

« *Se trouvaient souvent réduits à mendier des secours auprès des soldats qu'ils avaient commandés.* » Voici ce dont je fus témoin occulaire : des militaires de toutes armes entouraient un feu de bivouac ; un général, transi de froid, les ayant priés de lui accorder une place, n'en reçut point de réponse, mais ayant réitéré sa demande, « apporte ta bûche, » lui répondit l'un d'eux. Peu après, arriva un commissaire des guerres qui tenait à la main un mouchoir dans lequel il y avait des pommes de terre ; il voulait en faire cuire quelques-unes sous la cendre, mais chaque fois qu'il s'approchait, on le repoussait avec menace. Il fut obligé de chercher un bivouac plus hospitalier ; je doute qu'il l'ait rencontré.

(7) Page 346.

« *Il se flattait néanmoins de pouvoir s'arrêter et rallier les débris de son armée à Smorgoni.* » Les deux lettres suivantes ne laissent pas le moindre doute à cet égard.

Le prince de Neufchâtel et de Wagram au duc de Bellune.

« Malodeczno, le 4 novembre 1812, à trois heures
» du matin.

» Monsieur le duc de Bellune, continuez aujourd'hui
» votre mouvement de retraite, et venez prendre la po-
» sition de Malodeczno, en ayant soin que toutes les
» voitures et les hommes isolés passent avant vous. Le
» deuxième corps, qui gardera cette ville jusqu'à votre
» arrivée, prendra position en arrière. Le quartier géné-
» ral sera à Bénitza, par Markowo. Si l'on avait trouvé
» ici des vivres, on aurait fait halte ; mais les premiers
» magasins considérables sont à Smorgoni ; il y a là des
» bœufs, de l'eau-de-vie, du biscuit : faites-le connaître
» à vos traîneurs, afin qu'ils se rallient sur ces maga-
» sins. Si vous avez des voitures d'équipages militaires,
» envoyez-les sur Smorgoni chercher des vivres. Toute-
» fois on va tâcher de vous faire passer dix mille rations
» de biscuit et de bœufs, ce qui vous mettra à même de
» tenir partout où cela sera nécessaire, sans crainte que
» vos troupes se débandent.

» Si les moyens de transport ne permettaient pas que

» vous reçussiez dans la journée de demain ces vivres,
» il faudrait continuer votre mouvement jusqu'auprès
» de Smorgoni, c'est-à-dire, près des moyens, et là il
» faudra faire halte. Faites une proclamation pour ral-
» lier les traîneurs et les diriger sur Smorgoni ; faites
» battre un ban, et faites la lire par un officier d'état
» major.

» *Signé* ALEXANDRE. »

Le prince de Neufchâtel et de Wagram au comte Kreptowicz.

« Malodeczno, le 4 novembre 1812, à quatre heures
» du matin.

» L'empereur ordonne, monsieur le comte, que vous
» preniez des mesures pour envoyer au duc de Bellune,
» des magasins de Smorgoni, dix mille rations de bis-
» cuit, et autant pour les troupes du duc d'Elchingen,
» qui commande les deuxième et troisième corps d'ar-
» mée. L'intention de sa majesté est que vous envoyiez
» aussi à chacun de ces maréchaux vingt mille rations
» de viande, et dix mille rations d'eau-de-vie. Faites en
» sorte que ces vivres arrivent le plutôt possible, et, si
» l'on peut, demain, parce que du lieu où ces vivres
» seront reçus s'arêtera le mouvement rétrograde.
» On mande de Wilna qu'il y a à Smorgoni soixante
» mille rations de biscuit; vingt mille seront distribuées
» ainsi qu'il est dit ci-dessus ; trente mille seront don-
» nées à la garde, qui enverra en prendre possession
» aujourd'hui ; cinq mille seront données au prince
» d'Eckmuhl, et autant à Eugène ; le double de rations

» de viande sur pied, et la même quantité d'eau-de-vie,
» sera remise à chacun de ces corps. Il y a à Smorgoni
» trois cent cinquante mille rations de farine, et l'on
» assure que le gouvernement de Lithuanie a pris des
» mesures pour qu'une grande quantité de pain y soit
» préparée. Si tous ces détails sont vrais, et que les ma-
» gasins d'Oszmiana soient aussi bien fournis, on ral-
» liera là l'armée, pour lui donner de la viande, du pain
» et de l'eau-de-vie, d'une manière régulière. Il est donc
» nécessaire, monsieur le comte, que vous fassiez con-
» naître à l'empereur, le plus tôt possible, les ressources
» réelles qu'offrent les magasins de Smorgoni et d'Osz-
» miana, et que vous m'en rendiez compte.

» *Signé* ALEXANDRE. »

(8) PAGE 351.

« *Le vingt-neuvième bulletin, daté de Malodeczno, le 3 décembre.* » Je crois devoir citer le vingt-neuvième bulletin, à cause de sa célébrité, et parce que la comparaison de son contenu avec le récit véridique des faits offre beaucoup d'intérêt. Il était ainsi conçu :

» VINGT-NEUVIÈME BULLETIN DE LA GRANDE ARMÉE.

« Malodeczno, le 3 décembre 1812.

» Jusqu'au 6 novembre le tems a été parfait, et le
» mouvement de l'armée s'est exécuté avec le plus grand
» succès. Le froid a commencé le 7 ; dès ce moment,
» chaque nuit nous avons perdu plusieurs centaines de
» chevaux, qui mouraient au bivouac. Arrivés à Smo-

» lensk, nous avions perdu bien des chevaux de cavalerie
» et d'artillerie.

» L'armée russe de Wolhinie était opposée à notre
» droite. Notre droite quitta la ligne d'opération de
» Minsk, et prit pour pivot de ses opérations la ligne
» de Varsovie. L'empereur apprit à Smolensk, le 9, ce
» changement de ligne d'opération, et présuma ce que
» ferait l'ennemi. Quelque dur qu'il lui parut de se met-
» tre en mouvement dans une si cruelle saison, le nouvel
» état des choses le nécessitait. Il espérait arriver à
» Minsk, ou du moins sur la Bérézina, avant l'ennemi.
» Il partit le 13 de Smolensk; le 16, il coucha à Krasnoi.
» Le froid, qui avait commencé le 7, s'accrut subite-
» ment, et, du 14 au 15 et au 16, le thermomètre
» marqua seize et dix-huit degrés au dessous de glace;
» les chemins furent couverts de verglas; les chevaux de
» cavalerie, d'artillerie, de train, périssaient toutes
» les nuits, non par centaines, mais par milliers, sur-
» tout les chevaux de France et d'Allemagne. Plus de
» trente mille chevaux périrent en peu de jours; notre
» cavalerie se trouva toute à pied; notre artillerie et nos
« transports se trouvaient sans attelage. Il fallut aban-
» donner et détruire une bonne partie de nos pièces et
» de nos munitions de guerre et de bouche.

« Cette armée, si belle le 6, était bien différente dès
» le 14, presque sans cavalerie, sans artillerie, sans
» transports. Sans cavalerie nous ne pouvions pas nous
» éclairer à un quart de lieue; cependant sans artillerie
» nous ne pouvions pas risquer une bataille et attendre
» de pied ferme; il fallait marcher pour ne pas être con-
» traints à une bataille, que le défaut de munitions nous

» empêchait de désirer; il fallait occuper un certain es-
» pace pour ne pas être tournés, et cela sans cavalerie
» qui éclairât et liât les colonnes. Cette difficulté, jointe
» à un froid excessif subitement venu, rendit notre situa-
» tion fâcheuse. Les hommes que la nature n'a pas
» trempés assez fortement pour être au dessus de toutes
» les chances du sort et de la fortune, perdirent leur
» gaîté, leur bonne humeur, et ne rêvèrent que malheurs
» et catastrophes; ceux qu'elle a créés supérieurs à tout
» conservèrent leur gaîté et leurs manières ordinaires,
» et virent une nouvelle gloire dans des difficultés diffé-
» rentes à surmonter.

» L'ennemi, qui voyait sur les chemins les traces de
» cette affreuse calamité qui frappait l'armée française,
» chercha à en profiter. Il enveloppait toutes les co-
» lonnes par ses Kosaques, qui enlevaient, comme les
» Arabes dans les déserts, les trains et les voitures qui
» s'écartaient. Cette méprisable cavalerie, qui ne fait
» que du bruit et n'est pas capable d'enfoncer une com-
» pagnie de voltigeurs, se rendit redoutable, à la faveur
» des circonstances. Cependant l'ennemi eut à se re-
» pentir de toutes les tentatives sérieuses qu'il voulut
» entreprendre; il fut culbuté par le vice-roi, au devant
» duquel il s'était placé, et il y perdit beaucoup de monde.

» Le duc d'Elchingen, qui, avec trois mille hommes,
» faisait l'arrière-garde, avait fait sauter les remparts de
» Smolensk. Il fut cerné, et se trouva dans une position
» critique : il s'en tira avec cette intrépidité qui le dis-
» tingue. Après avoir tenu l'ennemi éloigné de lui pen-
» dant toute la journée du 18, et l'avoir constamment
» repoussé, à la nuit il fit un mouvement par le flanc

» droit, passa le Borysthènes, et déjoua tous les calculs
» de l'ennemi. Le 19 l'armée passa le Borysthènes à
» Orsza, et l'armée russe, fatiguée, ayant perdu beau-
» coup de monde, cessa là ses tentatives.

» L'armée de Wolhinie s'était portée dès le 16 sur
» Minsk, et marchait sur Borisow. Le général Dom-
» browski défendit la tête de pont de Borisow avec trois
» mille hommes. Le 23 il fut forcé et obligé d'évacuer
» cette position. L'ennemi passa alors la Bérézina, mar-
» chant sur Bobr, la division Lambert faisant l'avant-
» garde. Le deuxième corps, commandé par le duc de
» Reggio, qui était à Czéréia, avait reçu l'ordre de se
» porter sur Borisow, pour assurer à l'armée le passage
» de la Bérézina. Le 24 le duc de Reggio rencontra la
» division Lambert à 4 lieues de Borisow, l'attaqua, la
» battit, lui fit deux mille prisonniers, lui prit six pièces
» de canon, cinq cents voitures de bagages de l'armée
» de Wolhinie, et rejeta l'ennemi sur la rive droite de
» la Bérézina. Le général Berkeim, avec le quatrième de
» cuirassiers, se distingua par une belle charge. L'ennemi
» ne trouva son salut qu'en brûlant le pont, qui a plus
» de trois cents toises.

» Cependant l'ennemi occupait tous les passages de
» la Bérézina; cette rivière est large de quarante toises;
» elle charriait assez de glaces, mais ses bords sont cou-
» verts de marais de cinq cents toises de long, ce qui la
» rend un obstacle difficile à franchir.

» Le général ennemi avait placé ses quatre divisions
» dans différens débouchés où il présumait que l'armée
» française voudrait passer.

» Le 26, à la pointe du jour, l'empereur, après

» avoir trompé l'ennemi par divers mouvemens faits
» dans la journée du 25, se porta sur le village de Stu-
» dianka, et fit aussitôt, malgré une division ennemie,
» et en sa présence, jeter deux ponts sur la rivière. Le
» duc de Reggio passa, attaqua l'ennemi, et le mena
» battant deux heures; l'ennemi se retira sur la tête de
» pont de Borisow. Le général Legrand, officier du
» premier mérite, a été blessé grièvement, mais non
» dangereusement. Toute la journée du 26 et du 27,
» l'armée passa.

» Le duc de Bellune, commandant le neuvième
» corps, avait reçu ordre de suivre le mouvement du
» duc de Reggio, de faire l'arrière-garde, et de conte-
» nir l'armée russe de la Dwina, qui le suivait. La divi-
» sion Partounaux faisait l'arrière-garde de ce corps. Le
» 27, à midi, le duc de Bellune arriva, avec deux di-
» visions, au pont de Studianka.

» La division Partounaux partit à la nuit de Borisow;
» une brigade de cette division, qui formait l'arrière-
» garde, et qui était chargée de brûler les ponts, partit
» à sept heures du soir; elle arriva entre dix et onze
» heures; elle chercha sa première brigade et son géné-
» ral de division, qui étaient partis deux heures avant,
» et qu'elle n'avait pas rencontrés en route. Ses recher-
» ches furent vaines : on conçut alors des inquiétudes.
» Tout ce qu'on a pu connaître depuis, c'est que cette
» brigade, partie à cinq heures, s'est égarée à six, a pris
» à droite au lieu de prendre à gauche, et a fait deux ou
» trois lieues dans cette direction; que dans la nuit, et
» transie de froid, elle s'est ralliée aux feux de l'ennemi,
» qu'elle a pris pour ceux de l'armée française; entou-

NOTES DU LIVRE IV.

» rée ainsi, elle aura été enlevée. Cette cruelle méprise
» doit nous avoir fait perdre deux mille hommes d'in-
» fanterie, trois cents chevaux et trois pièces d'artille-
» rie. Des bruits couraient que le général de division
» n'était pas avec sa colonne, et avait marché isolément.

» Toute l'armée ayant passé le 28 au matin, le duc de
» Bellune gardait la tête du pont, sur la rive gauche ;
» le duc de Reggio, et derrière lui toute l'armée, était
» sur la rive droite.

» Borisow ayant été évacué, les armées de la Dwina
» et de Wolhynie communiquèrent ; elles concertèrent
» une attaque. Le 28, à la pointe du jour, le duc de
» Reggio fit prévenir l'empereur qu'il était attaqué ; une
» demi-heure après, le duc de Bellune le fut sur la rive
» gauche. L'armée prit les armes. Le duc d'Elchingen
» se porta à la suite du duc Reggio, et le duc de Tré-
» vise, derrière le duc d'Elchingen. Le combat devint
» vif; l'ennemi voulut déborder notre droite ; le géné-
» ral Doumerc, commandant la cinquième division de
» cuirassiers, et qui faisait partie du deuxième corps
» resté sur la Dwina, ordonna une charge de cavalerie
» aux quatrième et cinquième régimens de cuirassiers, au
» moment où la légion de la Vistule s'engageait dans
» des bois, pour percer le centre de l'ennemi, qui fut
» culbuté et mis en déroute. Ces braves cuirassiers en-
» foncèrent successivement six carrés d'infanterie, et
» mirent en déroute la cavalerie ennemie qui venait au
» secours de son infanterie ; six mille prisonniers, deux
» drapeaux et six pièces de canon tombèrent en notre
» pouvoir.

» De son côté, le duc de Bellune fit charger vigou-
» reusement l'ennemi, le battit, lui fit cinq à six cents

» prisonniers, et le tint hors la portée du canon du pont.
» Le général Fournier fit une belle charge de cavalerie.

» Dans le combat de la Bérézina l'armée de Wolhynie
» a beaucoup souffert. Le duc de Reggio a été blessé;
» sa blessure n'est pas dangereuse ; c'est une balle qu'il
» a reçue dans le côté.

» Le lendemain, 29, nous restâmes sur le champ de
» bataille. Nous avions à choisir entre deux routes,
» celle de Minsk et celle de Wilna. La route de
» Minsk passe au milieu d'une forêt et de marais in-
» cultes, et il eût été impossible à l'armée de s'y nour-
» rir. La route de Wilna, au contraire, passe dans
» de très-bons pays. L'armée, sans cavalerie, faible en
» munitions, horriblement fatiguée de cinquante jours
» de marche, traînant à sa suite ses malades et les blessés
» de tant de combats, avait besoin d'arriver à ses ma-
» gasins. Le 30, le quartier général fut à Pleszeniczi,
» le 1er décembre à Staiki, et le 3 à Malodeczno, où
» l'armée a reçu ses premiers convois de Wilna.

» Tous les officiers et soldats blessés, et tout ce qui
» est embarras, bagages, etc., ont été dirigés sur Wilna.

« Dire que l'armée a besoin de rétablir sa discipline,
» de se refaire, de remonter sa cavalerie, son artillerie
» et son matériel, c'est le résultat de l'exposé qui vient
» d'être fait. Le repos est son premier besoin. Le ma-
» tériel et les chevaux arrivent. Le général Bourcier a
» déjà plus de vingt mille chevaux de remonte dans dif-
» férens dépôts. L'artillerie a déjà réparé ses pertes. Les
» généraux, les officiers et les soldats ont beaucoup souf-
» fert de la fatigue et de la disette. Beaucoup ont perdu
» leurs bagages par suite de la perte de leurs chevaux;
» quelques-uns par le fait des embuscades des Kosaques.

» Les Kosaques ont pris nombre d'hommes isolés,
» d'ingénieurs-géographes qui levaient les positions, et
» d'officiers blessés qui marchaient sans précaution,
» préférant courir des risques plutôt que de marcher po-
» sément et dans des convois.

» Les rapports des officiers généraux, commandant
» les corps, feront connaître les officiers et soldats qui se
» sont le plus distingués, et les détails de tous ces mé-
» morables événemens.

» Dans tous ces mouvemens, l'empereur a toujours
» marché au milieu de sa garde, la cavalerie commandée
» par le maréchal duc d'Istrie, et l'infanterie, com-
» mandée par le duc de Dantzig. Sa majesté a été satis-
» faite du bon esprit que sa garde a montré; elle a tou-
» jours été prête à se porter partout où les circonstances
» l'auraient exigé; mais les circonstances ont toujours
» été telles que sa simple présence a suffi, et qu'elle
» n'a pas été dans le cas de donner.

» Le prince de Neufchâtel, le grand maréchal, le
» grand écuyer et tous les aides de camp, et les offi-
» ciers militaires de la maison de l'empereur ont toujours
» accompagné sa majesté.

» Notre cavalerie était tellement démontée, que l'on
» a pu réunir les officiers auxquels il restait un cheval
« pour en former quatre compagnies de cent cinquante
» hommes chacune. Les généraux y faisaient les fonctions
» de capitaines, et les colonels celles de sous-officiers.
» Cet escadron sacré, commandé par le général Grou-
» chy, et sous les ordres du roi de Naples, ne perdait pas
» de vue l'empereur dans tous les mouvemens.

» La santé de sa majesté n'a jamais été meilleure. »

NOTES DU LIVRE IV.

(9) Page 357.

« *L'état des magasins immenses, existant à Wilna* »
Il y avait à Wilna du pain, du biscuit et de la farine pour cent mille hommes pendant quarante jours, sans compter les blés des magasins d'hiver, qui commençaient à arriver de la Samogitie, et pour lesquels les moyens de mouture étaient assurés, puisque les moulins, situés sur la Wilia et la Wilinka, sont construits de manière à moudre plus rapidement l'hiver que l'été.

De la viande pour cent mille hommes, pour trente six jours, existant en parcs, rassemblés en partie sous Wilna, en partie échelonnés à peu de distance.

De la bière et de l'eau-de-vie dans une proportion plus grande encore.

Trente mille paires de souliers.

Vingt-sept mille fusils, et une très-grande quantité d'effets d'habillement, de harnachement et d'équipement.

(10) Page 360.

« *Jamais armée n'éprouva un pareil désastre.* » J'ai pensé qu'on lirait avec intérêt quelques détails, encore plus circonstanciés que ceux que j'ai donnés, sur les maux qui accablèrent l'armée, et sur les effets terribles des froids extrêmes. Je les ai extraits de l'ouvrage intitulé : *Tableau de la campagne de Moskou*, par M. Réné Bourgeois, *chirurgien major*. Il trace le tableau suivant de l'armée après le passage de la Bérézina. « Au bout
» de quelques jours de marche, l'armée offrait un aspect
» plus hideux que jamais. La saison devenait de plus en

NOTES DU LIVRE IV.

» plus en plus rigoureuse, et on était dénué de tout ce
» qui pouvait en rendre les atteintes moins rudes.

» On manquait surtout de chaussures, qui, brûlées
» par les neiges, au milieu desquelles on marchait cons-
» tamment, furent bientôt entièrement usées. On était
» obligé de s'envelopper les pieds de chiffons, de mor-
» ceaux de couvertures de laines, de peaux d'animaux,
» qu'on assujettissait avec des liens de paille ou des
» ficelles. Mais tous ces moyens, que la nécessité sug-
» gérait, étaient bien loin de remplacer les bottes et les
» souliers : ils rendaient au contraire la marche très-
» lente et très-pénible, et ne garantissaient que faible-
» ment de l'impression du froid.

» Le reste de l'accoutrement était parfaitement en rap-
» port avec la chaussure ; surchargés des guenilles les
» plus sales et les plus grotesquement disposées, la
» tête couverte des coiffures les plus bizarres, la barbe
» longue et dégoûtante, les cheveux en désordre, les
» yeux caves, les joues décharnées, des figures où se
» peignaient toutes les peines physiques et morales qui
» nous déchiraient, donnaient à l'armée l'aspect de fan-
» tômes effrayans.

» On se trouvait dans un état si déplorable, qu'il est
» arrivé souvent que des personnes liées par l'amitié la
» plus intime, ont marché, pendant des journées en-
» tières, à côté les unes des autres sans se reconnaître.

» Malgré ce qu'on faisait pour mitiger les effets du
» froid, en s'entourant de tout ce qui pouvait servir de vê-
» temens, peu de monde échappèrent à la congélation,
» et chacun en fut frappé dans quelques parties du corps.

» Heureux ceux à qui elle n'atteignit que le bout du nez,
» les oreilles ou une partie des doigts.

» Ce qui rendait ses ravages encore plus funestes, c'est
» qu'en arrivant près des feux on y plongeait impru-
« demment les parties refroidies, qui, ayant perdu leur
» sensibilité, n'étaient plus susceptibles de ressentir
» l'impression de la chaleur qui les consumait. Bien
» loin d'éprouver le soulagement que l'on recherchait,
» l'action subite du feu donnait lieu à de vives douleurs,
» et déterminait promptement la gangrène.

» La désorganisation et la démoralisation étaient portées
» au dernier degré; toute idée de commandement et d'o-
« béissance avait disparu; Il n'existait entre nous aucune
» différence de rang ni de fortune. Nous ne formions
» plus qu'une bande d'hommes abrutis et dégradés, chez
» lesquels il ne restait aucune trace de civilisation;
» étranger l'un à l'autre, chacun ne voyait que soi, et
» s'en occupait exclusivement.

» On était devenu cruel par spéculation : quand un
» malheureux, après avoir lutté long-tems contre toutes
» ces calamités, tombait enfin accablé sous le poids de
» ses maux, on était sûr qu'il avait usé tous les ressorts
» de la vie, et qu'une fois abattu il ne se relèverait pas.
« Avant qu'il eût rendu les derniers soupirs on le trai-
» tait déjà comme un cadavre, et on se jetait sur lui
» comme sur une proie, pour lui arracher les misérables
» vêtemens qui le couvraient : en peu d'instans il était
» dépouillé, et on le laissait expirer lentement dans cet
» état de nudité.

» Nous détournions froidement les yeux de cet hor-
» rible spectacle.

» Si quelques-uns de nous développaient ce courage
» et cette énergie extraordinaires qui les mettaient au
« dessus de tous les malheurs, il y en avait un bien plus
» grand nombre qui manquaient des forces morales né-
» cessaires pour ne pas s'en laisser accabler.

» Frappés de l'horreur de leur position, et effrayés
» du sort qui les menaçait, ils perdaient tout espoir d'é-
» chapper à tant de maux, et tombaient dans un pro-
» fond accablement.

« Dès l'instant que la mort leur paraissait inévitable
» ils ne cessaient d'être dominés par cette pensée, qui
« les absorbait entièrement. Persuadés que tous leurs
« efforts ne devaient aboutir qu'à prolonger de quelques
» instans leurs souffrances, ils devenaient incapables de
» la moindre réaction : l'anéantissement de leurs facultés
» morales était tel, qu'ils perdaient jusqu'à la volonté
» de se sauver.

» Sourds à toutes les représentations et à toutes les
» instances, ils persistaient à se croire hors d'état de
» supporter la moindre fatigue, et, refusant obstinément
» de continuer leur route, ils se couchaient sur la terre,
» abattus et minés par le désespoir, pour y attendre la
» fin de leur déplorable existence.

» D'autres, au contraire, doués d'une ame plus forte,
» se roidissaient contre les difficultés, et déployaient
» une fermeté à toute épreuve ; mais, après avoir lutté
» plus ou moins long-tems, ils succombaient enfin,
» épuisés et n'ayant plus qu'un souffle de vie.

» Vous voyiez souvent marcher à côté de vous,
» comme des spectres, de ces misérables pour lesquels
» la station était un travail pénible, et qui s'efforçaient

» de mettre un pied devant l'autre : tout à coup ils se
» sentaient défaillir ; de profonds soupirs sortaient de
» leurs poitrines, leurs yeux se remplissaient de larmes,
» leurs jambes fléchissaient sous eux, ils chancelaient
» pendant quelques instans, et tombaient enfin pour ne
» plus se relever.

» Ceux de leurs camarades qui les entouraient détour-
» naient leurs regards, et si les corps de ces infortunés,
» expirans, se trouvaient placés en travers devant eux, il
» les enjambaient et passaient froidement par dessus,
» sans paraître s'en apercevoir.

» Un très-grand nombre d'entre nous étaient dans un
» véritable état de démence : plongés dans la stupeur,
» l'œil hagard, le regard fixe et hébété, on les recon-
» naissait facilement dans la foule, au milieu de laquelle
» ils marchaient comme des automates, et gardant le
» plus profond silence. Quand on les interpellait, on ne
» pouvait en tirer que des réponses sans suite et hors
» de propos ; ils avaient entièrement perdu l'usage de
» leurs sens, et étaient insensibles à tout. Les outrages,
» les coups même, dont on les frappait souvent, ne
» pouvaient les rappeler à eux-mêmes et les faire sortir
» de cet état d'idiotisme. »

Plus loin, M. Réné Bourgeois décrit les effets des froids extrêmes.

« C'est en arrivant dans cette ville (Smorgoni) que
» le froid se fit sentir avec une violence inouie, et jus-
» qu'alors inconnue. Dans les journées des 6, 7 et 8
» décembre le thermomètre descendit jusqu'à vingt-six
» et vingt-sept degrés au dessous de la glace.

» Ce froid excessif, auquel il était impossible de ré-

NOTES DU LIVRE IV. 437

» sister, acheva de nous détruire. Peu de personnes
» échappèrent à ses atteintes, et chaque jour il mois-
» sonnait un grand nombre de victimes; les nuits sur-
» tout étaient très-meurtrières : la route et les bivouacs
» que nous quittions étaient jonchés de cadavres.

» Pour ne pas succomber il ne fallait rien moins
» qu'un exercice continuel qui tint constamment le corps
» dans un état d'effervescence, et répartit la chaleur na-
» turelle dans toutes les parties. Si, abattu par la fatigue,
» vous aviez le malheur de vous abandonner au som-
» meil, les forces vitales n'opposant plus qu'une faible
» réaction, l'équilibre s'établissait bientôt entre vous et
» les corps environnans, et il fallait bien peu de tems
» pour que, d'après l'acception rigoureuse du langage
» physique, votre sang ne se glaçât dans vos veines.

» Quand, affaissés sous le poids des privations anté-
» cédentes, on ne pouvait surmonter le besoin du som-
» meil, alors la congellation faisait de rapides progrès,
» s'étendait à tous les liquides, et on passait, sans s'en
» apercevoir, de cet engourdissement léthargique à la
» mort. Heureux ceux dont le réveil était assez prompt
» pour prévenir cette extinction totale de la vie! »

Enfin M. Réné Bourgeois décrit les effets de ce même fléau sur les soldats de la division Loison.

» Les jeunes soldats qui la composaient, la plupart
» Allemands, frappés tout à coup par l'action subite
» d'un froid auquel ils n'avaient point encore été expo-
» sés, succombèrent bientôt à l'excès des souffrances
» auxquelles ils étaient livrés.

» Ceux-ci ne périssaient ni d'épuisement ni d'inac-
» tion, et le froid seul les frappait de mort. On les voyait

» d'abord chanceler pendant quelques instans, et mar-
» cher d'un pas mal affermi comme des hommes dans
» l'ivresse. Il semblait que tout leur sang fût refoulé vers
» la tête, tant ils avaient la figure rouge et gonflée. Bien-
» tôt ils finissaient par être entièrement saisis et par
» perdre toutes leurs forces ; leurs membres étaient
» comme paralysés. Ne pouvant plus soutenir leurs bras,
» ils les abandonnaient à leur propre poids et les lais-
» saient aller passivement; leurs fusils s'échappaient
» alors de leurs mains, leurs jambes fléchissaient sous
» eux, et ils tombaient enfin, après s'être épuisés en ef-
» forts impuissans.

» Au moment où ils se sentaient défaillir, des larmes
« mouillaient leurs paupières, et quand ils étaient abat-
» tus ils se relevaient à diverses reprises pour regarder
» fixement ce qui les environnait : ils paraissaient avoir
» perdu entièrement le sens, et ils avaient un air étonné
» et hagard; mais l'ensemble de leur physionomie, la
» contraction forcée des muscles de la face offraient des
» traces non équivoques des cruelles douleurs qu'ils res-
» sentaient.

» Les yeux étaient extrêmement rouges, et, très-sou-
» vent, le sang transsudait à travers les pores, et s'é-
» coulait par gouttes au dehors de la membrane qui re-
» couvre le dedans des paupières (la conjonctive). Ainsi
» l'on peut dire, sans rien emprunter au langage méta-
» phorique, que ces infortunés répandaient des larmes
» de sang. »

NOTES DU LIVRE IV.

(11) PAGE 365.

« *Pour lui transmettre les nouvelles instructions de Napo-*
» *léon.* » Lorsque Murat arriva à Wilna, il était abattu et semblait avoir perdu la faculté de penser, de raisonner et d'agir. Il prêta d'abord fort peu d'attention à Maret, qui lui transmettait les ordres de Napoléon, et s'écria pour toute réponse : « Non, je ne me ferai pas prendre dans » ce pot de chambre! » Au bout d'une demi-heure, il sembla apporter plus d'attention à l'objet si important de la discussion : « Donnez-moi des ordres, lui disait Berthier, je vais les expédier! — Vous savez mieux que moi, répondait Murat, ce qu'il faut faire; donnez des ordres vous-même. — C'est vous qui commandez l'armée, et ce n'est pas moi, répliquait Berthier; donnez vos ordres et je vais les expédier. » Ces débats déplorables se prolongèrent long-tems; Murat ne voulait rien ordonner, Berthier ne voulait rien prendre sur lui. Maret les quitta. Ce ministre revit Murat le soir; quelques heures de repos semblaient l'avoir rendu à lui-même. Il convint de tenir à Wilna autant de tems qu'il serait possible.

(12) PAGE 366.

« *Jamais étonnement ne fut pareil à celui des habitans de cette ville, qui croyaient encore, le 6, à l'existence de la grande armée.* » L'erreur des habitans de Wilna relativement à l'armée française, ne fut pas due uniquement aux fausses nouvelles répandues par Maret, mais aussi à ce que, jusqu'au 8 décembre, on ne fit partir aucun des dépôts de troupes qui y étaient en garnison, on n'évacua aucun des immenses magasins qu'on y avait réunis, ni même six millions d'argent monnoyé, qui s'y trouvaient. Ainsi, on sembla jusqu'à cette époque y être dans une entière sécurité ; la lettre suivante vient à l'appui de ces assertions.

Le prince de Neufchâtel et de Wagram au lieutenant général comte Hogendorp, gouverneur de la Lithuanie.

« Miedniki, le 17 décembre 1812, à sept heures
» du soir.

» Monsieur le général Hogendorp, je vous préviens que
» la garde impériale arrivera demain à Wilna ; sa majesté
» désirerait qu'elle pût prendre des cantonnemens dans le
» faubourg d'Oszmiana ; la cavalerie de la garde arrivera
» aussi demain et prendra des cantonnemens provisoires
» dans les emplacemens qu'elle a déjà occupés. Les corps
» du vice-roi et celui du prince d'Eckmulh s'arrêteront
» pour la journée de demain à Rukoni. Nous espérons
» que vous avez pris des mesures pour qu'on prenne
» aux traîneurs et isolés tous leurs cognats ; qu'ils soient
» conduits directement dans les couvens ou emplace-
» mens que vous aurez choisis, pour les réunir par
» corps d'armée. Il faut beaucoup de patrouilles en
» ville, afin de n'y souffrir aucun soldat isolé. Nous dé-
» sirerions avoir un état des villages qui se trouvent à
» deux lieues autour de Wilna, et qui offrent des res-
» sources pour y mettre des troupes. Le roi pense que
» vous ne perdez pas un instant pour faire évacuer nos
» malades et tous les embarras de l'administration. Il faut

» faire partir les six millions qui sont à Wilna, en di-
» riger deux sur Varsovie, et quatre sur Kœnigsberg.
» Quant aux hommes démontés des troupes à cheval, il
» faut les réunir dans un même local et les faire partir
» par troupes de cinq cents hommes pour Kowno et
» Varsovie. Le général Bourcier fera connaître le nom-
» bre d'hommes et de quelle arme il faut diriger sur cha-
» cun de ces points. Je vous ai déjà écrit de faire partir
» également toutes les remontes de Wilna pour Kœnigs-
» berg. Beaucoup de soldats vont demander à entrer
» dans les hôpitaux. Il faudrait tâcher de les diriger au
» fur et à mesure sur Kowno. La quantité de cognats et
» de petites charrettes que l'on enlèvera aux soldats en
» entrant en ville, fourniront plus de moyens qu'il n'en
» faut pour évacuer nos malades. Préparez-moi des états
» de situation exacts et détaillés de tout ce qui se trouve
» à Wilna.

» *Signé* ALEXANDRE. »

(13) PAGE 370.

« *Dans cette même soirée l'on expédia des ordres aux gé-néraux Schwartzenberg et Macdonald.* » Les ordres adres-sés à ces généraux offrant de l'intérêt, je vais les citer.

Le prince de Neufchâtel et de Wagram au prince de Schwartzenberg.

« Wilna, le 9 décembre 1812.

» Monsieur le prince de Schwartzenberg, l'armée
» est en ce moment à Wilna, mais tout porte à penser

» que sa majesté va se déterminer à lui faire repasser le
» Niémen pour prendre ses quartiers d'hiver sur ce
» fleuve. Ce mouvement exige que vous manœuvriez en
» conséquence avec votre corps et celui de Reynier,
» afin de vous mettre en harmonie avec nous dans la
» nouvelle ligne que nous prendrons sur la rive gauche
» du Niémen; l'intention de l'empereur ayant été que
» votre corps et celui du général Reynier couvrissent le
» duché de Varsovie. Sa majesté me charge de vous
» mander de manœuvrer sur Bialystock, mais sa majesté
» me charge en même tems de vous faire connaître que
» votre mouvement doit se faire le plus lentement pos-
» sible, à moins d'y être forcé par ceux de l'ennemi.

» L'armée va se porter sur Kowno, qu'elle conser-
» vera comme tête de pont; c'est sur ce point que vous
» devrez nous faire parvenir vos rapports. Donnez-nous
» de vos nouvelles le plus souvent qu'il vous sera pos-
» sible.
» *Signé* ALEXANDRE. »

Le prince de Neufchâtel et de Wagram au duc de Tarente.

« Wilna, le 9 décembre 1812.

» Monsieur le duc de Tarente, l'armée est en ce mo-
» ment à Wilna et environs. L'intention de sa majesté
» est donc que vous vous rapprochiez de notre nouvelle
» ligne d'opération, en vous approchant de Tilsit, afin
» de couvrir Kœnigsberg et Dantzig. Mais sa majesté
» me charge en même tems de vous faire connaître que
» votre mouvement, etc., etc.
» *Signé* ALEXANDRE. »

NOTES DU LIVRE IV. 443

(14) PAGE 378.

« *Les corps étaient représentés par leurs aigles escortés par quelques officiers et sous-officiers.* » Le passage suivant extrait du rapport que Berthier adressa à Napoléon, de Wirballen le 16 décembre 1812, fait bien connaître le véritable état auquel se trouvait réduit ce qui restait de l'armée. « Il faut le dire, les quatre cinquièmes de l'ar-
» mée a les pieds, les mains ou la figure gelés. Votre
» majesté ne peut se faire une idée de l'état de souffrance
» et de désordre dans lequel la rigueur du froid a mis
» l'armée. Obligée de faire depuis deux mois de grandes
» marches, les combattans présentent aujourd'hui à peine
» une escorte, pour garantir le roi, les généraux et les
» aigles. »

Plus loin on trouve cet autre passage :

« J'ai dans ce moment de très-vives inquiétudes.
» J'avais tout perdu excepté une calèche qui portait tous
» les états de situation de l'armée, vos ordres originaux,
» mes livres d'ordres et le grand tableau du mouvement.
» Cette voiture, conduite par des gendarmes sûrs et es-
» cortée, a disparu en sortant de Kowno. Depuis trois
» jours je n'en ai pas de nouvelles. Je reste avec ce que
» j'ai sur moi ; je conserve encore un léger espoir qu'elle
» aura pris la route de Tilsit. J'ai envoyé de tous côtés
» à sa recherche ; je suis consterné de la perte de mes
» papiers si importans. » La calèche dont il est question avait pris la même route que Ney. Elle rejoignit Berthier à Kœnigsberg, et c'est dans les papiers qu'elle contenait, que j'ai puisé une partie des renseignemens qui m'ont

servi pour écrire l'histoire de la mémorable expédition de Russie.

(15) Page 380.

« *L'avant-garde de Tchitchagof arriva dans l'après midi, et ce général lui-même, le lendemain, avec le reste de son corps.* » Tchitchagof adressa à son souverain, le $\frac{\text{29 novembre}}{\text{11 décembre}}$, un rapport que je crois devoir citer. Il était ainsi conçu:

« Rukoni, le $\frac{\text{29 novembre}}{\text{11 décembre}}$ 1812.

» Depuis le $\frac{17}{29}$ novembre, je poursuis l'ennemi sans
» relâche. Pendant les premiers jours, notre marche a
» été souvent ralentie par la destruction des ponts; mais
» quelques heures ont toujours suffi pour les rétablir.
» Nos marches ont toujours été forcées; l'avant-garde,
» qui n'a pas perdu l'ennemi de vue, l'a souvent chassé
» des positions où il s'était établi pour passer la nuit.
» Chaque jour on lui a pris des canons et des prison-
» niers. Depuis le passage de la Bérézina jusqu'à Wilna,
» nous avons pris deux étendards, plusieurs généraux,
» quelques milliers de prisonniers, cent cinquante bou-
» ches à feu, plus de sept cents caissons et fourgons, et
» une si grande quantité de voitures de bagages que la
» route en est obstruée en plusieurs endroits.

» L'arrière-garde de l'ennemi ayant été détruite, sa re-
» traite s'opéra dans le plus affreux désordre; les soldats
» tombaient accablés de fatigue, et dans leur désespoir, ils
» se rendaient prisonniers; la perte de l'ennemi ne s'é-
» lève pas à moins de trente mille hommes; la route est

» couverte de morts, de blessés, de gelés et de mourans.
» Le châtiment atteint si promptement ces misérables,
» qu'ils périssent dans les flammes des maisons mêmes
» où ils mettent le feu pour se chauffer, et qu'on les
» trouve gelés dans celles dont ils ont détruit les portes
» et les fenêtres. L'ennemi n'a rien pu emporter de
» Wilna; nous y avons trouvé beaucoup d'artillerie et
» d'immenses magasins. Parmi le grand nombre de mala-
» des et de blessés abandonnés, se trouvent plusieurs gé-
» néraux. Le général Tchaplitz s'est particulièrement dis-
» tingué par son zèle infatigable et la rapidité avec la-
» quelle il a poursuivi l'ennemi. Un aide de camp, chargé
» par le maréchal Davout d'attendre l'arrière-garde, afin
» de prendre des renseignemens sur la force du corps
» russe qui poursuivait l'armée française, a été pris à
» Oszmiana. Ce jeune homme a été fort étonné de voir
» arriver l'arrière-garde russe au lieu de l'arrière-garde
» française, qui n'existait plus. Les prisonniers s'accor-
» dent à dire que Napoléon ne peut plus dissimuler ce
» que sa position a de critique, et qu'il craint son ar-
» mée, qui commence à murmurer. Beaucoup d'hommes
» de sa garde ont été pris dans les derniers jours; il m'est
» arrivé plusieurs fois de m'établir dans les logemens
» qu'ils venaient de quitter; d'autres fois Napoléon ne
» part qu'au moment où notre avant-garde commence à
» tirailler avec son arrière-garde. »

(16) Page 394.

« *La défection d'Yorck était donc louable et naturelle.* »
Pour achever de faire connaître cet événement, je vais

donner la copie de la convention conclue entre Yorck et Wittgenstein, celle d'une lettre de Macdonald à Bachelu; enfin la copie de la lettre que Massenbach écrivit à Macdonald après l'avoir abandonné, et qui lui fut remise quelques heures après que celle d'Yorck lui fut parvenue.

Convention conclue entre Yorck et Wittgenstein.

« Ce jourd'hui, les soussignés, savoir, le comman-
» dant en chef du corps auxiliaire prussien, lieutenant
» général d'Yorck, d'un côté, et le quartier maître gé-
» néral de l'armée impériale russe, sous les ordres du
» comte Wittgenstein, général major de Diebistsch, de
» l'autre, après mûre délibération, ont passé la conven-
» tion qui suit :

» Art. 1er. Le corps prussien occupera, dans l'inté-
» rieur du territoire prussien, la ligne le long de la fron-
» tière, depuis Memel et Nimmersat, jusqu'à la route
» de Wainuty à Tilsit; depuis Tilsit, la route qui passe
» par Schilupischken et Melauken, jusqu'à Labiau, y
» compris les villes qu'elle touche, déterminera l'éten-
» due du pays que doit occuper le susdit corps prus-
» sien. Ce territoire sera borné de l'autre côté par le
» Kurisch Haff, de manière que toute cette étendue
» sera considérée comme parfaitement neutre, tant que
» les troupes prussiennes l'occuperont.

» Il est bien entendu que les troupes russes pourront
» aller et venir sur les grandes routes précitées; mais
» elles ne pourront prendre leurs quartiers dans les
» villes de cet arrondissement.

» Art. 2. Les troupes prussiennes resteront en par-

» faite neutralité dans l'arrondissement désigné art. 1,
» jusqu'à l'arrivée des ordres de sa majesté le roi de
» Prusse; mais elles s'engagent, dans le cas où sa dite
» majesté leur ordonnerait de rejoindre les troupes im-
» périales françaises, de ne pas combattre contre les
» armées russes pendant l'espace de deux mois, à dater
» du présent jour.

» Art. 3. Dans le cas où sa majesté le roi de Prusse,
» ou sa majesté l'empereur de toutes les Russies, refuse-
» raient de ratifier la présente convention, le corps prus-
» sien sera libre de se porter là où les ordres de son roi
» l'appelleront.

» Art. 4. On rendra au corps prussien tous les traî-
» neurs qu'on trouvera sur la route de Mitau, et éga-
» lement tout ce qui fait partie du matériel de l'armée.
» Quant à la branche des approvisionnemens et du train
» dudit corps, tout ce qui la compose pourra traver-
» ser sans obstacle les armées russes pour rejoindre de
» Kœnigsberg, ou de plus loin, le corps d'armée prus-
» sien.

» Art. 5. Dans le cas où les ordres du lieutenant gé-
» néral Yorck pourraient encore atteindre le lieutenant
» général Massenbach, les troupes qui se trouvent
» sous le commandement de ce dernier, seront com-
» prises dans la présente convention.

» Art. 6. Tous les prisonniers que pourraient faire
» les troupes russes, sous les ordres du général major
» de Diebitsch, sur les troupes du général Massenbach,
» seront également compris dans cette convention.

» Art. 7. Le corps prussien conservera la faculté de
» concerter tout ce qui est relatif à son approvision-

» nement avec les régences provinciales de la Prusse,
» le cas non excepté où ces provinces seraient occupées
» par les troupes russes.

» La convention précitée a été expédiée en double,
» et munie de la signature et du sceau particulier des
» soussignés.

» Fait au moulin de Poschernu (près Taurogen), le
» $\frac{18}{30}$ décembre 1812.

» *Signé* DIEBITSCH, *général major au service*
» *de Russie, et* YORCK, *lieutenant général au*
» *service de Prusse.* »

Le maréchal Macdonald au général Bachelu.

« Tilsit, le 30 décembre 1812.

» Mon cher général,

» Je n'ai rien à objecter à vos réflexions, que je fais
» de mon côté; depuis trois jours la douleur m'accable;
» sortir d'une position si périlleuse, pour y retomber
» immédiatement, est un coup affreux; cependant je ne
» puis me décider à abandonner ce corps de Prussiens;
« il est impossible qu'il soit pris; l'ennemi en aurait fait
» sonner les trompettes par toutes les bouches. Quel-
» qu'un revenu de Mordlen aujourd'hui n'en a rien en-
» tendu. Un émissaire de Coadjuthen a dit avoir entendu
» que le général d'Yorck se serait dirigé de Chelet à
» Paghermont. Aucun de nos nombreux messagers ne
» retourne, malgré l'appât du gain; il faut qu'ils soient
» pris. Cette conduite du général d'Yorck est inexpli-
» cable; il était le 24 à Kelm, et avait des ordres pour

» venir le 25 à Nimoksty et Koltiniany. Un contre-ordre
» le rappelait sur ce dernier point pour la même date;
» le jour suivant à Poghermont, où il devait recevoir de
» nouveaux ordres, mais non les attendre ; il a dû s'a-
» percevoir que les nombreux partis rompaient toute
» communication. Il y a plus ; il ne peut ignorer que
» nous sommes à Tilsit ; la nouvelle en est générale-
» ment répandue, et le but était de s'y rendre. En se-
» cond lieu, le dégel est un avertissement suffisant.
» Attendait-il les ordres qui lui étaient annoncés? C'est
» ce que l'on ne peut imaginer. Il était à notre suite,
» sur nos traces, le chemin était frayé, et il n'a pas suivi !
» Je me perds en conjectures. S'en aller, que dira l'em-
» pereur, la France, l'armée, la Prusse, l'Europe enfin ?
» Ne serait-ce pas une tache ineffaçable sur le dixième
» corps que l'abandon volontaire, et sans y être con-
» traint autrement que par la prudence, d'une partie de
» ses troupes? Oh ! non, quels que soient les événe-
» mens, je me résigne et me dévoue volontiers comme
» victime, pourvu que je sois la seule! Je suis en com-
» munication avec le quartier général à Kœnigsberg. On
» fait filer quelques troupes à Tapiau, la division Heu-
» delet qui y arrive successivement pour remplacer la
» garde; mais je crois que j'aurai beaucoup de peine à
» obtenir que ces troupes soient portées à Insterburg.
» Le rideau de cavalerie de l'ennemi cache certaine-
» ment un mouvement de troupes. Vous avez reçu l'or-
» dre de vous retirer. J'ai prévenu vos désirs. Demain
» je prendrai un parti définitif. Si vous n'êtes point in-
» quiété, vous viendrez me voir un instant. Je vous

» donne le bonsoir, et vous souhaite un sommeil que ma
» triste situation me refuse depuis long-tems.

» *Signé* ALEXANDRE. »

« *Post-scriptum.* J'ai pris des mesures pour déjouer
» les desseins de l'ennemi, s'il était assez osé pour tenter
» un hourra sur la ville. »

Le général Massenbach au maréchal Macdonald.

« Tilsit, le 31 décembre 1812.

» Monseigneur,

» La lettre du général d'Yorck aura déjà prévenu votre
» excellence que ma dernière démarche m'est prescrite,
» et que je n'en pourrais changer rien, parce que les me-
» sures de prévoyance que votre excellence fit prendre
» cette nuit me parurent suspectes de vouloir peut-être
» me retenir par force, ou désarmer mes troupes dans
» le cas présent.

» Il me fallut prendre ce parti, dont je me suis servi
» pour joindre mes troupes, à la convention que le gé-
» néral commandant a signée, et dont il me donne l'avis
» et l'instruction ce matin.

» Votre excellence pardonne que je ne suis venu moi-
» même pour l'avertir du procédé, c'était pour m'épar-
» gner une sensation très-pénible à mon cœur, parce
» que les sentimens de respect et d'estime pour la per-
» sonne de votre excellence, que je conserverai jusqu'à

» la fin de mes jours, m'auraient empêché de faire mon
» devoir.

» Je connais le cœur de votre excellence ; elle ne per-
» mettra pas que les pauvres habitans de Tilsit, qui ont
» déjà tant souffert pendant cette malheureuse guerre,
» ne soient encore rendus plus malheureux par les trou-
» pes qui sont dans ce moment sous les ordres de votre
» excellence.

» Daignez recevoir l'assurance de ma pure estime et
» la plus haute considération.

» *Le lieutenant général,* signé MASSENBACH. »

(17) PAGE 398.

» *Selon toutes les apparences le roi de Prusse était de bonne foi.* » Le comte de Saint-Marsan et Augereau, qui commandait les troupes françaises en Prusse, étaient persuadés que le roi de Prusse était de bonne foi ; les lettres suivantes ne laissent aucun doute à cet égard.

Le comte de Saint-Marsan au prince de Neufchâtel et de Wagram.

« Berlin, le 4 janvier 1813.

» Monseigneur,

» Le roi vient d'envoyer M. de Hardemberg me com-
» muniquer ses déterminations. Les voici : Sa majesté
» fera partir demain, au plus tard à midi, un de ses
« aides de camp, le lieutenant colonel Natzmer, pour
» se rendre auprès de sa majesté le roi de Naples. Cet

» officier portera la nomination du général Kleist comme
» lieutenant général commandant le contingent ; il por-
» tera aussi le désaveu formel de la convention signée
» par le général d'Yorck ; l'ordre au général Kleist de
» faire arrêter cet officier général, s'il y a moyen, et de
» le faire conduire à Berlin ; enfin, l'injonction de dis-
» poser du contingent, selon que sa majesté le roi de
» Naples l'ordonnera, et d'exécuter en tout les ordres
» de sa majesté sicilienne, qui sera priée de faire ac-
» compagner M. de Natzmer, pour qu'il puisse remplir
» la commission dont il est chargé, et aussi de faire
» mettre à l'ordre du jour de l'armée française les réso-
» lutions du roi : elles le seront également à Berlin, à
» Postdam, en Silésie, et on les insérera dans les ga-
» zettes. Le prince Hatzfeld reçoit ordre de se rendre à
» Paris. Il portera à sa majesté l'empereur l'expression
» des sentimens du roi, de son attachement à la cause
» de sa majesté, et de son indignation de ce qui vient
» de se passer. Le roi s'occupera incessamment de réunir
» un autre contingent ; mais, sur cet objet, il met en
» avant l'extrême détresse de ses finances, et demande
» quelque à-compte sur les avances faites jusqu'ici.

» Jusqu'à ce moment le général d'Yorck n'a point
» rendu compte au roi de ce qu'il a fait. Le comte Eukel,
» aide de camp du roi, qui a quitté ce général le 27,
» étant arrivé ici avant hier, a seulement rapporté que
» le général d'Yorck croyait devoir se trouver dans le
» cas de ne pas percer et de capituler. On n'apprendra
» cette nouvelle à Berlin qu'en apprenant aussi les me-
» sures adoptées par le roi ; ce qui neutralisera, je l'es-
» père, l'effet que pourra produire un pareil scandale.

» Le roi et son ministre paraissent de la meilleure
» foi. Sa majesté a paru très-inquiète et très-affectée du
» danger que court M. le duc de Tarente. Si le corps est
» rentré en Prusse, le roi ne désespère point que le gé-
» néral Kleist ne le ramène aux ordres de sa majesté le
» roi de Naples ; mais il me paraît difficile que l'ennemi
» et le général d'Yorck s'exposent à cette chance ; ils ne
» laisseront venir ce corps en Prusse qu'autant que le
» roi aurait approuvé la convention.

» Je réexpédie de suite M. Boileau avec ces notions;
» M. de Natzmer le suivra à quinze ou dix-huit heures
» de distance.

» J'ai l'honneur d'être, avec une respectueuse con-
» sidération, monseigneur, de votre altesse sérénissime,
» le très-humble et très-obéissant serviteur,

» DE SAINT-MARSAN. »

Le maréchal Augereau au prince de Neufchâtel et de Wagram.

« Berlin, le 12 janvier 1813.

» Monseigneur,

» J'ai reçu la lettre anonyme que votre altesse m'a
» fait l'honneur de m'envoyer avec sa lettre du 7 cou-
» rant, venant du prince d'Ecmulh. Je fais fort peu de
» cas des lettres de ce genre. J'avais déjà écrit depuis
» plusieurs jours à tous les généraux gouverneurs et com-
» mandans des places de se tenir sur leurs gardes, et de
» me faire des rapports sur tout ce qui pourrait surve-
» nir de nouveau.

» Je puis assurer votre altesse que le roi et son pre-

» mier ministre ne sont pour rien dans la capitulation
» du général d'Yorck; elle en sera convaincue par les
» démarches que sa majesté vient de faire auprès du
» roi de Naples. J'ai la plus grande confiance dans le
» dévouement que porte le roi de Prusse à sa majesté
» l'empereur, mais il faudrait aussi que l'on eût un peu
» plus de confiance en lui; car, si l'on écoute toutes les
» dénonciations, il est des hommes pour qui il est un
» besoin d'intriguer, de brouiller, et de dénoncer tout
» ce qui existe entre ciel et terre; alors si l'on y ajoute
» foi, je ne pourrai pas plus répondre de la tranquillité
» de la Prusse que du reste de l'Allemagne. Ce pays-ci
» n'est maintenu que par le calme de son souverain,
» qui est parfaitement secondé par son premier minis-
» tre. Le reste ne voudrait voir que désordre; il faut la
» prudence et la sagesse d'un tel roi pour avoir main-
» tenu l'ordre jusqu'à ce jour.

» Agréez, mon prince, l'hommage de mon profond
» respect,

» *Le maréchal d'empire,*

» *Signé* AUGEREAU, *duc de Castiglione.* »

SUITE DES LETTRES DE NAPOLÉON ET DE BERTHIER
que j'ai crû devoir citer.

Le prince de Neufchâtel et de Wagram au vice-roi d'Italie.

Staroï-Borisow, le 26 novembre 1812, à quatre heures du matin.

Monseigneur, dans ce moment nous jetons des ponts sur la Bérézina, à Studianka, et immédiatement on va effectuer le passage de vive force, l'ennemi étant de l'autre côté. Si le passage réussit, il faut vous tenir prêt à nous suivre, ainsi que le prince d'Eckmulh, auquel votre altesse voudra bien faire passer la lettre ci-jointe. L'empereur pense que vous êtes à la poste.

Signé ALEXANDRE.

Le prince de Neufchâtel et de Wagram au duc de Bellune.

Zaniwki, le 28 novembre 1812, à sept heures du soir.

Aussitôt que le feu a eu fini, vous aurez sûrement achevé de faire passer le pont à votre artillerie, afin de pouvoir déblayer le village de Studianka ; vous ferez mettre le feu à toutes les voitures que vous ne jugerez pas dans le cas de pouvoir passer, afin que votre arrière-garde puisse, à cinq heures du matin, évacuer la rive gauche, c'est-à-dire le village de Studianka. Vous ferez en même tems brûler ou rompre les deux ponts par votre arrière-garde, et les pontonniers du général Eblé. Vous sentez, monsieur le duc, combien il est important que les ponts soient bien détruits; il y a, au village, des chevalets que l'on avait préparés pour un troisième pont ; il faut brûler tout cela.

On dit qu'il y a des cadavres d'hommes et de chevaux étouffés à l'entrée des ponts ; il faut les faire jeter à l'eau, afin que ces marques de désordre ne soient pas connues de l'ennemi. Au retour de l'aide de camp que vous devez envoyer à l'empereur, on vous fera connaître l'heure à laquelle le duc d'Elchingen, qui doit faire la retraite, commencera son mouvement. Faites donc passer l'artillerire de préférence à toute autre voiture, et qu'elle passe cette nuit le marais, et enfin faites brûler tout ce qui ne passera pas les ponts.

Mettez de fortes gardes aux ponts pour en être constamment maître, et que votre artillerie et votre corps passent en ordre, de manière à ce que les ponts ne se rompent point. L'empereur pense que le général Latour-Maubourg aura déjà passé. S'il y a des voitures abandonnées dans le marais, votre arrière-garde devra les faire brûler.

Signé ALEXANDRE.

Le prince de Neufchâtel et de Wagram au duc de Tarente.

Antonowo, le 14 décembre 1812.

Monsieur le duc de Tarente, le roi me charge de vous faire connaître confidentiellement l'état véritable de l'armée. Le froid excessif et les fatigues extrêmes qu'elle a eu à supporter, l'ont mise dans un tel état de désorganisation et d'affaiblissement par la perte presque totale de nos chevaux, qu'il lui est impossible de prendre et tenir une position quelconque, et que le roi est réduit à en ramener les débris dans les places de la Vistule et à Dantzig. Cependant, à moins d'y être forcé par les mouvemens de l'ennemi, sa majesté a le projet de ne pas dépasser Gumbinen et Insterburg avant d'avoir appris votre arrivée à Tilsit; mais dans le cas contraire, vous sentez, monsieur le maréchal, la nécessité d'arriver promptement sur la ligne de la Prégel, sur le point de Vehlau, parce que, de ce point, vous couvrirez Kœnigsberg, et vous serez à même, suivant les circonstances, d'arriver avant l'ennemi sur Elbing, Marienburg. Au reste, le roi s'en rapporte à votre expérience et à vos talens. Sa majesté vous recommande de nouveau de correspondre plus souvent avec nous. N'oubliez pas, en opérant vos mouvemens, de reployer toutes les troupes qui pourraient se trouver encore placées sur le Niémen.

Signé ALEXANDRE.

Le prince de Neufchâtel et de Wagram au prince de Schwartzenberg.

Stallüpohnen, le 17 décembre 1812.

Monsieur le prince de Schwartzenberg, j'ai reçu votre lettre du 14, et je l'ai mise sous les yeux du roi. Sa majesté approuve entièrement la résolution que vous manifestez de manœuvrer sur Grodno et Bialystok, et de couvrir et défendre Varsovie. Ces dispositions sont parfaitement d'accord avec les instructions que je vous ai adressées. L'armée va se rapprocher de la Vistule, afin de se reposer des grandes fatigues qu'elle a dû éprouver par de longues marches, par un froid excessif, et par les nombreux combats qu'elle a eu à livrer. Le duc de Tarente va se rapprocher du Niémen, et couvrira la partie du Nord du grand duché et les états prussiens. L'ennemi n'a montré en deçà du Niémen que quelques Kosaques. L'armée russe doit encore avoir plus besoin que nous de prendre ses quartiers d'hiver, et tout annonce qu'elle emploiera le reste de l'hiver à se refaire et à se réorganiser. Tout le cinquième corps va se réunir à Varsovie ; et le prince Poniatowski y est déjà arrivé pour recevoir vingt-quatre mille conscrits qui y sont réunis, et pour y réorganiser son artillerie. Le grand duché paraît disposé à faire les plus grands efforts et les plus grands sacrifices pour sa défense.

Recevez, etc.

Signé ALEXANDRE.

Napoléon au major-général.

Paris, le 18 décembre 1812.

Mon cousin,

Je vois avec peine que vous ne vous soyez pas arrêté à Wilna sept à huit jours, afin de profiter des effets d'habillement, de rallier un peu l'armée. J'espère que vous aurez pris position sur la Prégel. Nulle part il n'est possible d'avoir autant de ressources que sur cette ligne et à Kœnigsberg. J'espère que les généraux Schwartzenberg et Reynier auront couvert Varsovie. La Prusse se prépare à envoyer des renforts pour couvrir son territoire.

Sur ce, etc.

Signé NAPOLÉON.

Circulaire adressée par Berthier aux généraux Eugène, Davout, Augereau, etc.

Kœnigsberg, le 1er janvier 1813.

Le roi me charge de vous prévenir confidentiellement que le duc de Tarente, après avoir attendu plusieurs jours à Tilsit le général d'Yorck, formant son arrière-garde à un jour de marche, en a reçu hier une lettre par laquelle ce général lui mande que sa position lui faisant craindre d'être entamé sur ses flancs et sur ses derrières, il a cru devoir faire une capitulation avec les Russes, par laquelle lui et son corps restent neutres dans la partie de la Prusse que nous avons évacuée à la rive droite du Niémen. Est-ce le général Yorck qui a trahi son souverain dans cette circonstance? Vous sentirez combien il est essentiel d'être sur ses gardes. Le duc de Tarente se trouve réduit à cinq mille hommes, sans cavalerie. Il paraît que le roi ne peut faire autrement que de se replier sur la Vistule.

Le prince de Neufchâtel et de Wagram à sa majesté l'empereur et roi.

Posen, le 16 janvier 1813.

Sire,

Un aide de camp du roi m'a apporté à midi une lettre de sa majesté, dont la copie est ci-jointe. J'ai engagé le roi à conserver le commandement de l'armée. Il m'a répondu qu'il était inviolablement décidé. Je lui ai observé qu'il ne pouvait pas partir que le vice-roi ne fût arrivé, puisqu'il devait être ici dans la soirée.

Malgré les instances du vice-roi, sa majesté a persisté à quitter le commandement : le vice-roi ne voulait pas l'accepter; mais enfin les voitures du roi étant prêtes, j'ai décidé le vice-roi à prendre provisoirement le commandement; je l'ai assuré de mon zèle, malgré l'état souffrant dans lequel je suis. Votre majesté sentira combien il est important qu'elle organise sa grande armée, qu'elle nomme par décret son lieutenant général. Je ne me permets aucune réflexion sur la conduite du roi. Je me mets sous les ordres du vice-roi.

Je présente à votre majesté l'hommage de mon profond respect.

Le prince de Neufchâtel, major-général,

Signé **ALEXANDRE.**

FIN DES NOTES DU QUATRIÈME LIVRE.

EXTRAIT DU CATALOGUE

Des livres de fonds et d'assortiment qui se trouvent chez PILLET *aîné, rue Christine, n° 5.*

L'Hermite de la Chaussée-d'Antin, ou Observations sur les mœurs et usages des Parisiens au commencement du XIXe siècle, avec cette épigraphe :
Chaque âge a ses plaisirs, son esprit et ses mœurs.
BOILEAU, *Art poétique.*
Par M. de Jouy, membre de l'Académie française. Cinq forts vol. in-12, ornés de 12 jolies gravures et de fleurons. Prix. . . . . 18—75
Le même, cinq vol. in-8°. Prix . . . . . 30—0
Papier vélin. . . . . 50—0

Guillaume le Franc-Parleur, ou Observations sur les mœurs, etc.; faisant suite à l'Hermite de la Chaussée-d'Antin, et par le même auteur. Deux vol. in-12, ornés de 4 jolies grav. et de fleurons. Prix. 7—50
Le même, deux vol. in-8°. Prix. . . . . 12—0

L'Hermite de la Guiane, ou Observations sur les mœurs françaises, etc.; faisant suite à l'Hermite de la Chaussée-d'Antin et au Franc-Parleur, et par le même auteur. Trois vol. in-12, ornés de 6 jolies gravures et de fleurons. Prix . . . . 11—25
Le même, trois vol. in-8°. Prix . . . . . 18—0

L'Hermite en Province (suite de l'Hermite de la Chaussée-d'Antin, etc.), par M. de Jouy, etc.; quatre vol. in-12, ornés de 8 jolies gravures et vignettes. Prix. . . . . 15—0
Le même, quatre volumes in-8°. Prix . . 24—0

L'Hermite de Londres, ou Observations sur les mœurs et usages des Anglais au commencement du XIXe siècle, faisant suite à la collection des Mœurs françaises par M. de Jouy, membre de l'Académie française. Tom. I, II et III. Trois vol. in-12. Prix. 11—25
Le même, trois vol. in-8°. Prix. . . . . . 18—0
Papier vélin . . . . 36—0

Le Bonhomme, ou Observations sur les mœurs et usages parisiens, par M. de Rougemont. Suite du Rôdeur. Un vol. in-12, orné de deux jolies gravures et de vignettes. Prix. . . . . 3—75
Le même, in-8°. Prix. . . . . 6—0
Papier vélin. . . . . 12—0

Le Manuel-Guide des Contribuables de la régie des impositions indirectes, ou Recueil des lois, décrets, ordonnances, décisions et réglemens relatifs à ladite régie depuis sa création jusqu'au 30 juin 1818, avec les tarifs des droits de circulation, d'entrée; de vente en détail, du droit général de consommation; les modèles de registres, et instructions nécessaires à chaque classe de contribuables. Par M. Jaccaz, ex-commis à cheval. Un volume in-8° de plus de 800 pages, imprimé en caractère petit-romain. Prix. . . . . 7—50

Dictionnaire universel portatif du commerce, contenant tous les mots qui ont rapport au commerce, leur explication, les détails les plus intéressans sur chacun d'eux; la situation géographique des villes, bourgs, ports, îles, et de tous les lieux en général qui intéressent le commerce, etc.; leur industrie, leurs manufactures, fabriques et établissemens de commerce, etc.; les marchandises de toute espèce qui s'y vendent, etc.; les lois, ordonnances, règlemens sur l'exercice du commerce; les douanes, les patentes, etc.; les poursuites judiciaires en matière de commerce, etc.; des modèles de tenue de livres, d'inventaire, d'actes de société, de procurations, de commissions, de lettres de voiture; d'actes d'assurance, de chartes-parties, de contrats à la grosse, d'obligations, de compromis, de mandats, de lettres-de-change, de billets, de transactions, de bilans, d'actes d'attermoiement, et de tous les actes en général qui ont lieu journellement dans le commerce. Un volume in-8° de plus de 900 pages, papier grand-raisin, avec le tableau gravé de toutes les monnaies de l'Europe, augmenté d'un supplément. Prix. . . . . 12—0

Œuvres complètes de J. La Fontaine; précédées d'une nouvelle notice sur sa vie, avec les notes les plus remarquables des commentateurs, et quelques

observations nouvelles. Edition plus complète que toutes celles qui ont paru jusqu'à ce jour. Deux volumes in-8°, ornés de gravures, d'un portrait de La Fontaine, d'un *fac simile* de son écriture, et d'une vignette représentant la maison du célèbre fabuliste à Château-Thierry, telle qu'elle existait en 1814. Prix, papier fin . . . . 15—0
Papier vélin . . . . 30—0

Histoire de la Perse, depuis les tems les plus anciens jusqu'à l'époque actuelle ; suivie d'observations sur la religion, le gouvernement, les usages et les mœurs des habitans de cette contrée. Traduit de l'anglais de sir John Malcolm, ancien ministre plénipotentiaire du gouvernement supérieur de l'Inde à la cour de Perse. Quatre forts volumes in-8°, ornés d'une carte générale de la Perse, du portrait du prince régnant, et de plusieurs autres planches. Prix . . . . 25—0

Histoire de l'Ambassade dans le grand-duché de Varsovie en 1812 ; par M. de Pradt, archevêque de Malines, alors ambassadeur à Varsovie. Neuvième édition, revue et corrigée. Un vol. in-8°. . 4—50

Histoire de Louis XVI, roi de France et de Navarre : dédiée aux jeunes Français. Par R. J. Durdent. Un vol. in-8°, avec un *fac simile*. Prix . . . 6—0

Histoire des Reines de France, depuis l'origine de la monarchie jusqu'à la mort de Marie-Antoinette ; suivie d'un Précis de l'Histoire de France, et ornée de vignettes ; par M. F. Rouillon-Petit, auteur de l'Essai sur la Monarchie française. Un volume in-12. Prix. 2—75

Histoire des Révolutions de Norwège, suivie du Tableau de l'état actuel de ce pays, et de ses rapports avec la Suède. Par J. P. Catteau-Calleville, chevalier de l'Etoile Polaire, membre de l'académie des sciences et de l'académie des belles-lettres de Stockholm. Deux vol. in-8°, avec une carte. Prix . . . . . . 12—0

Le Petit Charadiste, ou Recueil d'énigmes, logogriphes et charades qui n'ont point encore paru ; composé par un grand nombre d'amateurs de la capitale et des départemens. Troisième année. Prix. 1—50

Documens pour servir à l'Histoire de la Captivité de Napoléon Bonaparte à Sainte-Hélène, ou Recueil de faits curieux sur la vie qu'il y menait, sur sa maladie et sur sa mort. Deuxième édition. Un fort volume in-8°, orné de cinq gravures enluminées. Prix. . . . . 7—0

Carnet d'un Voyageur, ou Recueil de notes curieuses sur la vie, les occupations, les habitudes de Buonaparte à Longwood ; sur les principaux habitans de Sainte-Hélène, la description pittoresque de cette île, etc. ; prises sur les lieux dans les derniers mois de 1818. Avec trois vues coloriées de l'ancienne et de la nouvelle maison de Buonaparte, dessinées d'après nature. Un volume in-8°. Prix . . . 3—0

Histoire et Procès de Mathurin Bruneau. In-8°, avec portrait. Prix. . . . . 2—25

Histoire de Christine, reine de Suède; avec un Précis historique de la Suède, depuis les anciens tems jusqu'à la mort de Gustave-Adolphe-le-Grand, père de la reine ; par J. P. Catteau-Calleville, membre de l'Académie royale des sciences de Stockholm, de celle des belles-lettres, histoire et antiquités de la même ville, etc., etc.; auteur du Tableau de la Mer Baltique, etc. Deux vol. in-8°, avec portrait. Prix . . . . 10—0

Mémoires secrets et Correspondance inédite du cardinal Dubois, premier ministre sous la régence du duc d'Orléans; recueillis, mis en ordre, et augmentés d'un Précis sur la paix d'Utrecht, et de diverses notices historiques ; par M. L. de Sevelinges. Deux volumes in-8°, papier fin. Prix. . . . 12—0
Papier vélin. . . . . 20—0

Les Folies du Siècle, roman philosophique, par M. de Lourdoueix. Troisième édition, ornée de 7 caricatures. Un vol. in-8°. Prix. . . . . 5—0

DE L'IMPRIMERIE DE PLASSAN AINÉ.

ÉTAT sommaire des Troupes qui ont pénétré en Russie depuis le commencement des hostilités jusqu'à l'évacuation du territoire russe. (L.)

NOMS DES GÉNÉRAUX commandant les corps d'armée.	DÉSIGNATION des corps.	DATE de leur entrée sur le territoire russe.	Officiers, s.-officiers et soldats d'infanterie présens sous les armes, y compris les troupes de l'artillerie et du génie.	Officiers, s.-officiers et soldats de cavalerie présens sous les armes, y compris les troupes de l'artillerie.	Chevaux d'officiers de troupe et de trait présens.	Nombre de bouches à feu.	OBSERVATIONS.
Le m.al Berthier, pr.ce de Neuchâtel.	état-maj. général.	24 juin 1812.	3,075	908	1,748		Ces troupes comprennent celles attachées au quartier-général impérial.
Le m.al Davout, prince d'Eckmulh.	1.er corps d'infant.	Idem.	68,627	3,424	11,417		Le premier corps comptait cinq divisions : deux étaient composées de cinq régimens, dont quatre français et un étranger, trois de quatre régimens, dont trois français et un étranger.
Le m.al Oudinot, duc de Reggio.	2.e idem.	Idem.	34,299	2,840	7,331		Le deuxième corps comptait trois divisions. La première était composée de quatre régimens français; la deuxième de cinq régimens, dont quatre français et un étranger; la troisième de six régimens, dont quatre suisses, un français et un croate.
Le maréchal Ney, duc d'Elchingen.	3.e idem.	Idem.	35,755	3,587	8,039		Le troisième corps comptait trois divisions. La première était composée de cinq régimens, dont quatre français et un étranger; la deuxième de cinq régimens, dont trois français et deux étrangers; la troisième de Wurtembergeois.
Le prince Eugène, vice-roi d'Italie.	4.e idem.	30 juin 1812.	42,430	2,368	10,057		Le quatrième corps comptait quatre divisions : deux étaient composées de quatre régimens français et d'un régiment étranger; les deux autres étaient composées d'Italiens; l'une d'elles était la garde royale italienne.
Le prince Poniatowski.	5.e idem.	24 juin 1812.	32,159	4,152	9,438		Le cinquième corps comptait trois divisions; il était composé de Polonais.
Le lieut. gén. c.te Gouvion-St.-Cyr.	6.e idem.	1.er juill. 1812.	23,228	1,906	3,699		Le sixième corps comptait deux divisions; il était composé de Bavarois.
Le lieut. général comte Reynier.	7.e idem.	24 juin 1812.	15,003	2,186	5,582		Le septième corps comptait deux divisions; il était composé de Saxons.
Le lieut. général comte Vandamme.	8.e idem.	Idem.	15,885	2,050	3,477		Le huitième corps comptait deux divisions; il était composé de Westphaliens.
Le maréchal Victor, duc de Bellune.	9.e idem.	3 sept. 1812.	31,663	1,904	4,081		Le neuvième corps comptait trois divisions. La première était composée de Français, la deuxième d'Allemands, la troisième de Polonais.
Le m.al Macdonald, duc de Tarente.	10.e idem.	24 juin 1812.	30,023	2,474	6,285		Le dixième corps comptait deux divisions : l'une était composée de cinq régimens, dont trois polonais et deux allemands; l'autre de Prussiens.
Le prince de Schwartzenberg.	corps autrichien.	Idem.	26,830	7,318	13,126		Le corps autrichien comptait trois divisions d'infanterie et une de cavalerie.
NAPOLÉON.	garde impériale.	Idem.	41,094	6,279	16,322		La garde comptait trois divisions, une de vieille garde, deux de jeune. On avait réuni à ces trois divisions celle de la Vistule, vieux corps d'infanterie polonaise. Le maréchal Lefebvre, duc de Dantzig, commandait la division vieille garde; le maréchal Mortier, duc de Trévise, les trois autres; le maréchal Bessières, duc d'Istrie, commandait la cavalerie. Les corps qui composaient la garde étaient français, à l'exception d'un régiment de grenadiers hollandais, et des régimens de lanciers polonais et hollandais.
Le lieut. général comte Nansouty.	1.er corps de caval.	Idem.	»	12,077	13,014		Ces quatre corps portaient le nom de réserves de cavalerie, et étaient sous les ordres de Joachim Murat, qui commandait aussi toute celle de l'armée. Ils comptaient onze divisions de cavalerie, dont six de grosse cavalerie et cinq de cavalerie légère. Les régimens de grosse cavalerie étaient tous français; ceux de cavalerie légère étaient, français, allemands et polonais.
Le lieut. général comte Montbrun.	2.e idem.	Idem.	»	10,436	11,125		
Le lieut. général comte Grouchy.	3.e idem.	Idem.	»	9,676	10,451		
Le lieut. gén. c.te Latour-Maubourg.	4.e idem.	Idem.	»	7,994	8,766		
Le lieut. général comte Durutte.	division Durutte.	2 nov. 1812.	13,592		76		Cette division était composée de conscrits réfractaires et d'un régiment d'Allemands; elle a rejoint le septième corps.
Le lieut. général comte Loison.	division Loison.	18 nov. 1812.			412		Cette division était composée d'Allemands et d'un régiment français.
	Troupes qui ont rejoint pendant la campagne.	différ. époq.	65,000	15,000	20,000		Ces troupes, indépendamment des brigades, régimens, bataillons et escadrons de marche ou autres qui sont rejoint, comprennent les régimens que l'on a organisés en Lithuanie.
	TOTAUX.		491,953	96,579	164,446		

RÉCAPITULATION.

Infanterie . . . . 491,953 } Chevaux . . . 164,446
Cavalerie 96,579
Il faut ajouter les troupes des grands parcs de l'artillerie, du génie et des équip. militaires . . . 21,526 18,265
Ainsi il a pénétré sur le territoire russe (a) 610,058 182,711
Le nombre des hommes et des chev. absens, déduction faite de ceux qui ont rejoint, était de . . . 37,100 4,400
Ainsi l'effectif des corps qui ont pénétré en Russie était de . . . 647,158 187,111

Bouches à feu de campagne, non compris celles du corps autrichien. 1,166
Bouches à feu du corps autrichien 60
Bouches à feu du parc d'artillerie destiné au siège de Riga 130
Bouches à feu de la division Loison 16
Bouches à feu de la division Durutte 20
TOTAL . . . . 1,372 (b)

NOTA. Dans ce tableau l'on a donné la force des corps au moment de leur passage sur le territoire russe, telle qu'elle se trouve sur les situations qui ont été envoyées au ministère de la guerre, où elles sont encore, et l'on a désigné pour commandans des corps ceux qui les commandaient alors.
L'on a été obligé d'évaluer approximativement les troupes (recrues ou autres) qui ont pénétré en Russie par régimens, bataillons et escadrons, parce qu'on n'a point trouvé la situation de ces troupes. — La date portée dans la colonne intitulée : Date de leur entrée sur le territoire russe, est celle du jour où les corps ont commencé à pénétrer sur ce territoire. — Les soldats du train d'artillerie sont comptés avec l'infanterie ou la cavalerie, selon qu'ils attelaient des batteries d'artillerie à pied ou d'artillerie à cheval. — Les équipages et charrois militaires autrichiens sont compris dans la situation de ce corps.

TABLEAU des Généraux commandant les corps d'armée et les divisions de l'armée française, pour servir à l'intelligence de l'Histoire de l'Expédition de Russie. (II.)

DÉSIGNATION des corps d'armée ET NOMS DES GÉNÉRAUX qui les commandaient.	DÉSIGNATION des divisions ET NOMS DES GÉNÉRAUX qui les commandaient.	DÉSIGNATION des corps d'armée ET NOMS DES GÉNÉRAUX qui les commandaient.	DÉSIGNATION des divisions ET NOMS DES GÉNÉRAUX qui les commandaient.
1er corps d'infanterie, commandé par le maréc. Davout, prince d'Eckmulh.	1re division, général comte Morand. 2e idem, général comte Friand. 3e idem, général comte Gudin. 4e idem, général baron Dessaix. 5e idem, général comte Compans.	Corps autrichien, commandé par le prince de Schwartzenberg.	division d'infanterie de l'aile droite, général Trautenberg. division d'infanterie du centre, général Bianchi. division d'infanterie de l'aile gauche, général Siegenthal. cavalerie, général Frimont.
2e corps d'infanterie, commandé par le maréchal Oudinot, duc de Reggio.	6e division, général comte Legrand. 8e idem, général comte Verdier. 9e idem, général baron Merle.		1re div. d'inf., général comte Delaborde. 2e idem, général baron Roguet. 3e idem, maréchal Lefebvre, duc de Dantzig.
3e corps d'infanterie, commandé par le maréchal Ney, duc d'Elchingen.	10e division, général baron Ledru. 11e idem, général baron Razout. 25e idem, général comte Marchand.	Garde impériale (a), sous les ordres immédiats de Napoléon.	cavalerie, maréchal Bessières, duc d'Istrie. réserve d'artillerie, général cte Sorbier. division de la Vistule, génl cte Claparède.
4e corps d'infanterie, commandé par le prince Eugène, vice-roi d'Italie.	garde royale italienne, général Lecchi. 13e division, général baron Delzous. 14e idem, général comte Broussier. 15e idem, général comte Pino.	1er corps de cavalerie, commandé par le lieuten. général comte Nansouty.	1re division (caval. légère), général baron Bruyère. 1re idem (cuirassiers), général baron Saint-Germain. 5e idem (idem), général cte Valence.
5e corps d'infanterie, commandé par le prince Poniatowski.	16e division, général Zayonscheck. 17e idem, général Dombrowski. 18e idem, général Kaminiecki.		2e division (caval. légère), général comte Sébastiani. 2e idem (cuirassiers), général Wathier, comte de Saint-Alphonse. 4e idem (idem), général cte Defrance.
6e corps d'infanterie, commandé par le lieuten. général comte Saint-Cyr.	19e division, général Deroy. 20e idem, général comte de Wrede.	2e corps de cavalerie, commandé par le lieuten. général comte Montbrun.	
7e corps d'infanterie, commandé par le lieuten. général comte Reynier.	21e division, général Lecoq. 22e idem, général Defunck. 32e idem, général baron Durutte.	3e corps de cavalerie, commandé par le lieuten. général comte Grouchy.	3e division (caval. légère), général baron Chastel. 3e idem (cuirassiers), général baron Doumerc. 6e idem (dragons), général baron de la Houssaye.
8e corps d'infanterie, commandé par le lieuten. général comte Vandamme.	23e division, général baron Tharreau. 24e idem, général d'Ochs.	4e corps de cavalerie, commandé par le lieut. génér. cte Latour-Maubourg.	4e division (caval. légère), général Rosinski. 7e idem (dragons), général baron Lorge.
9e corps d'infanterie, commandé par le maréchal Victor, duc de Bellune.	12e division, général comte Partouneaux. 26e idem, général Daendels. 28e idem, général baron Girard.		
10e corps d'infanterie, commandé par le maréc. Macdonald, duc de Tarente.	7e division, général baron Grandjean. 27e idem, général Grawert.	Divisions qui n'ont fait partie d'aucun corps d'armée.	34e division d'infanterie, général comte Loison.

NOTA. L'on indiquera, dans le cours de l'ouvrage, les différens changemens qui surviendront dans le commandement des corps d'armée et des divisions.

(a) Les deux premières divisions composaient la jeune garde; elles étaient sous les ordres du maréchal Mortier, duc de Trévise; la troisième était composée de l'infanterie de la vieille garde. La division Claparède, d'infanterie polonaise, avait été réunie à la jeune garde.

ÉTAT sommaire de l'armée russe opposée à Napoléon au commencement des hostilités. (III.)

NOMS DES GÉNÉRAUX COMMANDANS d'armée.	NOMS DES GÉNÉRAUX commandant les corps d'armée.	DÉSIGNATION des corps.	Officiers s.-officiers et soldats d'infanterie présens sous les armes, y compris les troupes de l'artillerie et du génie.	Officiers, s.-officiers et soldats de cavalerie présens sous les armes, y compris les troupes de l'artillerie.	OBSERVATIONS.
Le général d'infanterie BARKLAY DE TOLLY commandant la première armée d'Occident.	Le lieut. gén. c.te Wittgenstein.	1er corps d'infanterie.	22,000	3,200	Ce corps était composé de trois divisions d'infanterie et d'une de cavalerie légère.
	Le lieutenant général Bagawout.	2e idem.	15,000	»	Ce corps était composé de deux divisions d'infanterie.
	Le lieutenant général Tutchkof.	3e idem.	18,000	»	Ce corps était composé de deux divisions d'infanterie.
	Le lieut. gén. c.te Schouwalof.	4e idem.	14,000	»	Ce corps était composé de deux divisions d'infanterie.
	Le grand duc Constantin.	5e corps (garde imp.).	25,000	»	Ce corps était composé de trois divisions d'infanterie et d'un corps de cavalerie.
	Le lieutenant général Doctorof.	6e corps d'infanterie.	15,000	»	Ce corps était composé de deux divisions.
	Le lieutenant général Ouwarof.	1er corps de cavalerie.	»	3,200	Cuirassiers.
	Le général major baron Korf.	2e idem.	»	3,200	Dragons.
	Le général major c.te Pahlen.	3e idem.	»	6,400	Cavalerie légère.
		Troupes irrégulières.	»	5,000	Kosaques et Bachkirs.
Le général d'infanterie prince BAGRATION commandant la deuxième armée d'Occident.	Le lieutenant général Raiewski.	7e corps d'infanterie.	15,000	»	Ce corps était composé de deux divisions d'infanterie.
	Le lieutenant général Barasdin.	8e idem.	15,000	»	Ce corps était composé de deux divisions d'infanterie.
	Le lieutenant général c.te Woronzof.	Une division de grenadiers réunis.	8,000	»	
	Le gén. major baron Knorring.	4e corps de cavalerie.	»	3,200	Cuirassiers.
	Le général major Siewers.	5e idem.	»	3,200	Dragons.
	Le général maj. Wassiltchikof.	6e idem.	»	6,400	Cavalerie légère.
	Le général de cavale. c.te Platof.	Troupes irrégulières.	2,000	11,600	Ce corps était composé d'une brigade de chasseurs à pied, d'une de cavalerie légère, et de onze mille six cents Kosaques, Tatars ou Bachkirs.
Le général de cavalerie TORMASSOF commandant l'armée de réserve.	Le lieutenant général Markof.	9e corps d'infanterie.	16,000	6,400	Ce corps était composé de deux divisions d'infanterie et d'une de cavalerie légère.
	Le lieut. général Kamenskoi.		8,000	2,400	Le général Kamenskoi réunissait sous son commandement une division d'infanterie et une de grosse cavalerie.
	Le général major c.te Lambert.		8,000	2,400	Le général Lambert réunissait sous son commandement une division d'infanterie et une de grosse cavalerie.
		Troupes irrégulières.	»	4,000	Kosaques et Bachkirs.
	TOTAUX.		181,000	60,600	

RÉCAPITULATION.

Infanterie. . . . . 181,000 hommes.
Cavalerie régulière. 41,600

TOTAL. 222,600
Cavalerie irrégulière. 19,000

TOTAL GÉNÉRAL. . . . . 241,600 hommes.

NOTA. On n'a point compris dans ce tableau la garnison de Riga, celle de Dunaburg, le corps en observation à Mozyr, ni aucunes des troupes qui ont successivement renforcé l'armée russe. On donnera leur force numérique à mesure qu'il en sera fait mention dans l'ouvrage.

TABLEAU des Généraux commandant les corps d'armée et les divisions de l'armée russe ; pour servir à l'intelligence de l'Histoire de l'Expédition de Russie. (IV.)

DÉSIGNATION des corps d'armée ET NOMS DES GÉNÉRAUX qui les commandaient.	DÉSIGNATION des divisions ET NOMS DES GÉNÉRAUX qui les commandaient.	DÉSIGNATION des corps d'armée ET NOMS DES GÉNÉRAUX qui les commandaient.	DÉSIGNATION des divisions ET NOMS DES GÉNÉRAUX qui les commandaient.
1er corps d'infanterie, commandé par le lieuten. génér. cte Wittgenstein.	5e division, général Kozatchkowski. 14e idem, général Ubanof. Une division de la réserve, général prince Repnin. Une division de cavalerie légère, général Kulnief.	7e corps d'infanterie, commandé par le lieutenant général Rhiewski.	26e division, général Paskiewitch. 27e idem, général Néwérowski.
2e corps d'infanterie, commandé par le lieutenant général Bagawout.	4e division, général prince Eugène de Wurtemberg. 17e idem, général Alsufief.	8e corps d'infanterie, commandé par le lieutenant général Barasdin.	12e division, général Kubelatin. 2e division de grenadiers, général prince Charles de Mecklembourg.
3e corps d'infanterie, commandé par le lieutenant général Tutchkof.	1re division de grenadiers, général comte Strogonof. 3e division, général Konownitzin.	9e corps d'infanterie, commandé par le lieutenant général Markof.	9e division, général..... 15e division, général..... une division de cavalerie légère, général Tchaplitz.
4e corps d'infanterie, commandé par le lieuten. génér. comte Schuwalof.	11e division, général Tutchkof. 23e idem, général Karpof.	Divisions qui ne faisaient partie d'aucun corps au commencement des hostilités.	division de grenadiers réunis, général comte Worontzof. 20e division, général comte Lambert. 18e division, général Kamenskoi.
5e corps (garde impériale), commandé par le grand-duc Constantin.	1re division de la garde, général Lawrof. 2e division de la garde, général..... division de grenadiers réunis, général..... corps de cavalerie, général Dmitri Gallitzin.	Corps de cavalerie (a),	1er corps de cavalerie, général Ouwarof. 2e idem, général baron Korf. 3e idem, général comte Pahlen. 4e idem, général baron Knorring. 5e idem, général Siewers. 6e idem, général Wassiltchikof.
6e corps d'infanterie, commandé par le lieutenant général Doctorof.	7e division, général Kaptzewitch. 24e idem, général Likatchef.		

Nota. L'on indiquera, dans le cours de l'ouvrage, les différens changemens qui surviendront dans le commandement des corps d'armée et des divisions, ainsi que les noms des généraux commandant les corps d'armée et les divisions qui rejoindront successivement l'armée russe.

(a) On a placé les noms des généraux qui commandaient les corps de cavalerie dans la colonne des généraux de division, parce que ces corps n'étaient réellement, par leur force, que des divisions.

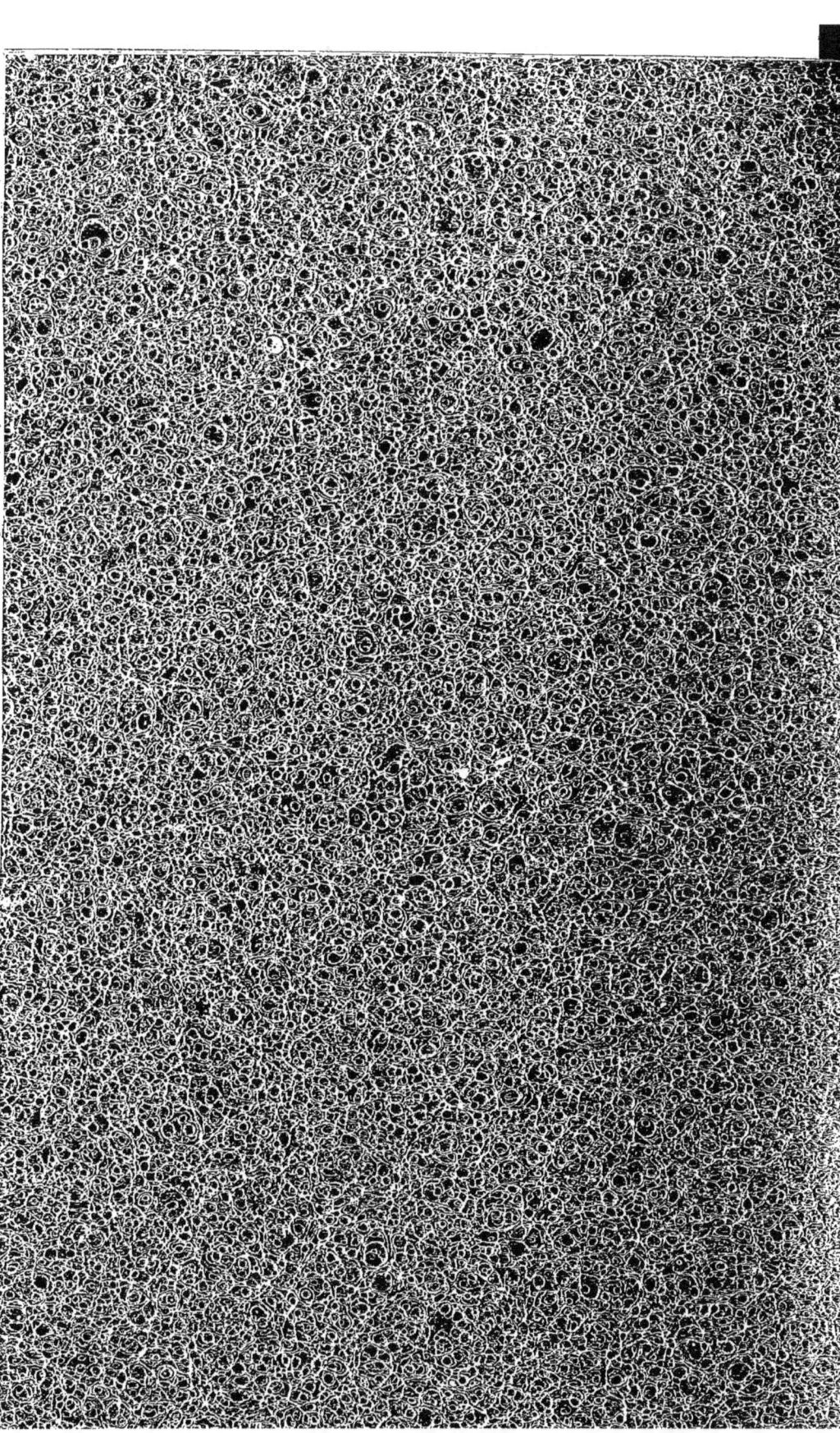

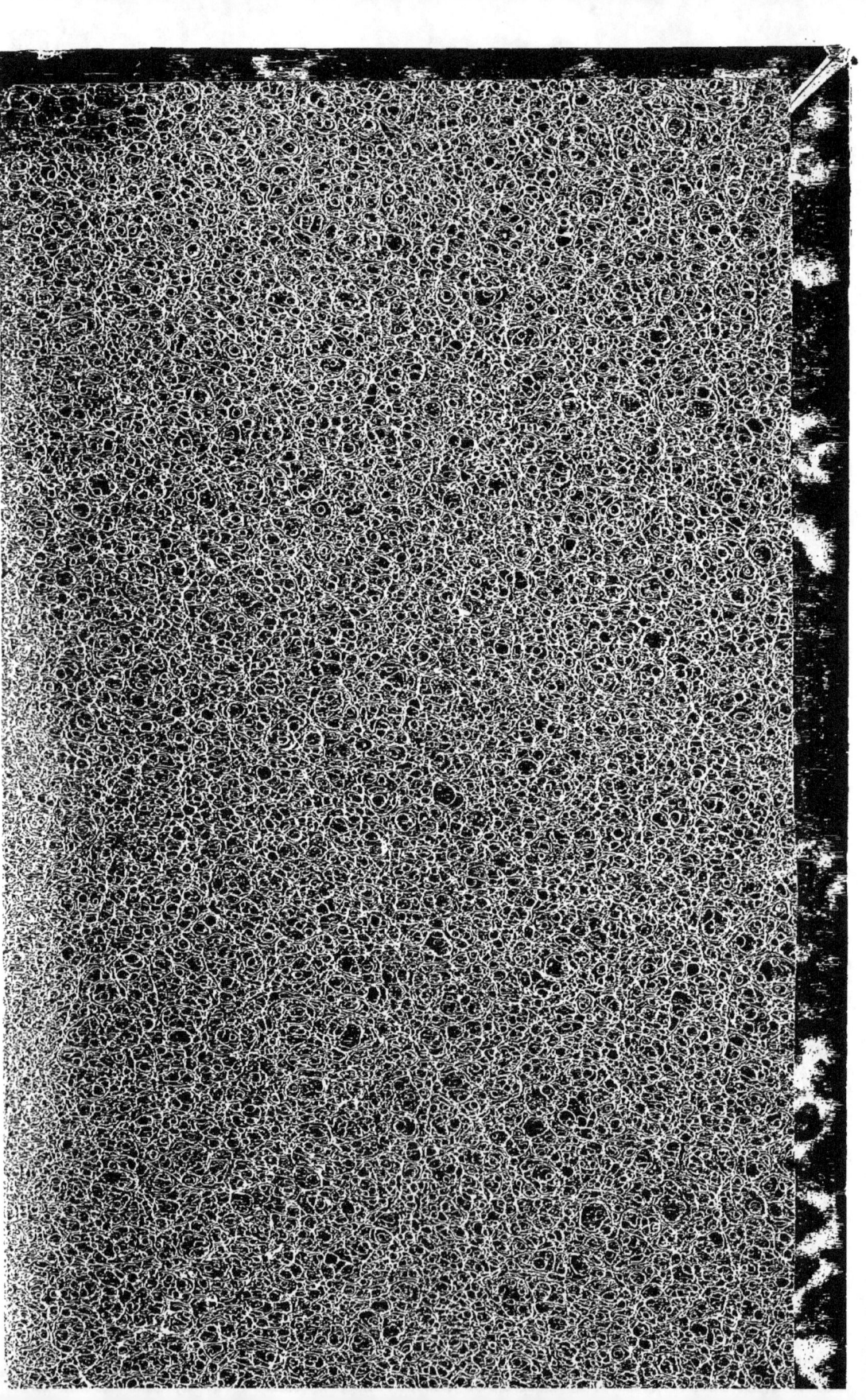

www.ingramcontent.com/pod-product-compliance
Lightning Source LLC
Chambersburg PA
CBHW050251230426
43664CB00012B/1911